THÈSE

POUR

LE DOCTORAT

TOURS, IMP. E. MAZEREAU — E. SOUDÉE, SUCCESSEUR

DROIT ROMAIN

DES DROITS DU VENDEUR NON PAYÉ

DROIT FRANÇAIS

DES DROITS DU VENDEUR NON PAYÉ

En cas de Faillite ou de Liquidation judiciaire de l'acheteur

THÈSE POUR LE DOCTORAT

PAR

Louis HOT

AVOCAT A LA COUR D'APPEL

L'ACTE PUBLIC SUR LES MATIÈRES CI-DESSUS

Sera soutenu le Jeudi 23 Mars 1893, à 1 heure

PRÉSIDENT : M. BOISTEL, PROFESSEUR

SUFFRAGANTS { MM. RATAUD / GARSONNET / LAINÉ } PROFESSEURS

LIBRAIRIE
DU RECUEIL GÉNÉRAL DES LOIS ET DES ARRÊTS
ET DU JOURNAL DU PALAIS
L. LAROSE & FORCEL, EDITEURS
22, RUE SOUFFLOT, PARIS
1893

A MON PÈRE — A MA MÈRE

A MA TANTE MADEMOISELLE PAULINE FOURNIER

A TOUTE MA FAMILLE

THÈSE DE DROIT ROMAIN

DROIT ROMAIN

DES DROITS DU VENDEUR NON PAYÉ

De tous les contrats le plus fréquemment employés apparaî t au premier rang la vente. C'est un des rouages essentiels du commerce et l'élément même de son développement. Elle est sous toutes ses formes, dans ses multiples emplois, ce qui intéresse au plus haut degré la prospérité d'un état. Son rôle est de mettre en rapport les forces productives de cet État. Isolées, elle seraient impuissantes ; tandis qu'elles trouvent dans leur rapprochement, grâce à la vente, de quoi se compléter mutuellement, et maintenir en équilibre la répartition des richesses d'un peuple.

Autant de raisons décisives pour les jurisconsultes romains, de lui ménager une place à part dans leur système juridique. A cause de son caractère usuel, ils en firent un contrat comme privilégié, et s'écartant du formalisme habituel de leur conceptions juridiques. C'était la rendre accessible à tous. Mais pour assurer le développement régulier des relations commerciales, ils veillèrent à garantir l'exécution des obligations des deux parties contractantes, en entourant de mesures protectrices les droits du vendeur et de l'acheteur.

Pour mettre la vente et avec elle trois autres contrats fréquents hors pair, et consacrer légalement cette séparation, on créa une exception à la vieille règle du droit romain que « le simple consentement n'a pas la puissance d'obliger », et une nouvelle classe de contrats fut formés : les contrats consensuels. La vente, *emptio venditio*, est précisément un de ces contrats par lequel une personne s'oblige à transférer tous les droits qu'elles a sur une chose, à une autre personne s'engageant de son côté à payer une somme d'argent convenue.

Trois éléments sont exigés pour la formation du contrat : le consentement, le prix et l'objet. Supposant l'accord préalable des parties sur ces trois éléments, nous nous proposerons d'étudier les garanties du vendeur.

A Rome, le droit civil est le droit honoraire assuraient de diverses manières protection à l'acheteur ; la bonne foi du vendeur était la règle essentielle de la vente ; en cas d'éviction, l'acheteur se trouvait armé de l'action *ex empto*, et le plus souvent aussi de l'action *ex stipulatu duplæ* ; enfin, la responsabilité du vendeur, aggravée par les édiles curules, s'étendait à tous les vices de la chose vendue, connus de lui et non déclarés.

Quant aux droits du vendeur, que comprenaient-ils ? Comment étaient-ils sanctionnés, quelles étaient les garanties que la loi lui offrait d'elle-même, et celles que l'on rencontrait d'ordinaire comme conventionnelles ? Tel est tout notre sujet.

———

CHAPITRE PRÉLIMINAIRE

ÉTENDUE DES DROITS DU VENDEUR

Et d'abord, que pouvait réclamer le vendeur ? C'est premièrement le prix convenu : l'acheteur, pour remplir son obligation, rendra le vendeur propriétaire des écus qu'il lui livre en paiement ; car dit Paul, « emptor, nisi nummos accipientis fecerit, tenetur ex vendito » (1, pr. D. XIX, IV — V, aussi 11, 2 *in fine* D. XIX, 1).

En second lieu, l'acheteur devait les intérêts du prix de vente. Cette obligation naissait pour lui du jour où il entrait en jouissance de la chose. C'est conforme, comme le dit Pothier, à « cette règle d'équité qui ne permet pas qu'il ait tout à la fois la jouissance de la chose et du prix » (Pothier, Vente, partie III, sect. II, n° 285). Les textes sont d'accord avec Pothier (13, 20 et 21 D. XIX, I — 16, 1 D. XXII, I — 18, 1 D eod. — 2, C. IV. XXXII — 5 C. IV, XLIX — Paul, Sent. II, XVII, 9 — Fr. Vat., n° 2). Concluons-en donc avec M. Accarias (II, 4ᵉ éd. p. 304) : « qu'à partir de la tradition, le prix non payé devient productif d'intérêts, et cela indépendamment de toute mise en demeure, et sans qu'il y ait lieu de distinguer si la chose vendue est frugifère ou non ». Nous ne distinguerons pas non plus entre la tradition translative de propriété et celle faite simplement à titre de précaire ; car le précariste est un possesseur bénéficiant des fruits jusqu'à restitution (13, 21 D XIX, 1).

L'acheteur qui avait droit aux fruits de la chose du jour de la tradition exigible (Paul, sent. II, XVII, 7 — Fr. Vat, nᵉ 15 — 13, 10 D. XIX, 1), devait comme compensation supporter les impôts dus par le fonds vendu (13, C IV, XLIX). Conséquemment, le vendeur qui les aurait acquittés, serait en droit de les réclamer à l'acheteur.

Comme autre chef de réclamation, le vendeur pouvait avoir à demander d'être indemnisé des dépenses faites à l'occasion de la chose, telles que frais d'entretien, de conservation, etc. Le remboursement en était possible, pourvu qu'elles eussent été faites de bonne foi, postérieurement à la vente, mais avant la tradition (16 C IV, XLIX — 13, 22 D XIX, 1).

Finalement, il pouvait se faire que le vendeur réclamât l'exécution de convention faites accessoirement au contrat de vente.

Ce n'est là qu'une application de la règle générale que, dans les contrats de bonne foi, les pactes adjoints *in continenti* ont la même force exécutoire que le contrat même, et sont comme lui sanctionnés par l'action qui en découle (7, 5 D II, XIV — 13 C II, III).

En vertu de ce principe, c'est par l'action *venditi* que le vendeur poursuivra l'exécution de ce que l'acheteur a pu promettre accessoirement au prix, faits ou prestations (6, 1 et 2; 13, 23 et 24 ; 21 4 D XIX, 1).

C'est encore par l'action *venditi* que le vendeur contraindra l'acheteur à enlever ce qu'il a acheté (9 D, XIX, 1), ou se fera restituer ce que l'acheteur a pu recevoir indûment dans la tradition de la chose, et qui n'était pas compris dans la vente : par exemple, les fruits de la chose antérieurs à la vente, le pécule de l'esclave vendu (29 D XVIII, 1).

Connaissant l'étendue des droits du vendeur, nous allons maintenant nous demander de quelle manière ils étaient sanctionnés par la législation romaine.

Notons que les règles que nous aurons à analyser sont les mêmes, qu'il s'agisse de meubles ou d'immeubles. Le droit romain n'avait pas établi entre ces deux catégories de biens, une différence aussi profonde que celle qu'a creusée l'ancien droit français, et que l'on retrouve, bien qu'atténuée, dans le droit actuel,

CHAPITRE PREMIER

Au début, nous trouvons deux modes principaux d'aliénation : la mancipatio pour les *res mancipi*, ainsi que l'*in jure cessio*. Pour les *res nec mancipi*, l'*in jure cessio* était à l'origine le seul mode possible d'aliénation, la tradition ne l'ayant remplacée qu'ultérieurement. Quant aux *res mancipi*, on employait plus volontiers la mancipation pour les aliéner [1].

Tels étant les modes d'aliénation, il est permis de croire que la vente, à une certaine époque du droit romain, n'était autre chose qu'une mancipation. Ce ne fut que plus tard, par l'effet d'une abstraction, que la mancipation devint un mode translatif de propriété en vue d'un but quelconque (Ulpien, Reg. XIX, 3). Mais d'abord les Romains ne séparèrent pas dans la translation de propriété la cause efficiente (mode translatif) et la cause impulsive (but poursuivi par l'aliénateur). La mancipation ne répondit à l'origine qu'à une situation particulière, la vente seule envisagée par le législateur romain. A ce moment, comment l'opération se passait-

[1] V. Accarias, I. 4ᵉ éd. p. 568.

elle entre les parties? La vente ainsi confondue avec la mancipation, n'était en somme qu'un échange entre l'objet vendu et un poids de métal. L'acheteur acquérait le *dominium ex jure quiritium* sur la chose, et l'aliénateur en retour devenait propriétaire du prix pesé que lui remettait l'acheteur. La mancipation suppose donc essentiellement que le vendeur a le domaine quiritaire de la chose vendue. Cela étant, il n'y avait pas de différence entre les parties qui, toutes deux, devaient échanger leur droit de propriété respectif sur le prix et sur l'objet. Et à cet époque reculée où la mancipation était si étroitement unie à la vente, le crédit ne devait pas exister dans la société romaine. Seule la vente au comptant était pratiquée; par conséquent il n'y a pas lieu de se demander quelles étaient alors les garanties du vendeur non payé.

Mais ce qui était une réalité, devint ensuite une pure solennité conservée par les Romains, très attachés à leurs anciens usages. D'acte concret répondant à une situation particulière, la mancipation devint un acte abstrait. De vente réelle, elle dégénéra en vente simulée et ne fut plus qu'un mode général de transfert de la propriété, s'adaptant à toute aliénation, à titre gratuit aussi bien qu'à titre onéreux. Les formes solennelles furent seules conservées, et la mancipation peut être regardée avec Gaius (comment I, 119), comme une vente fictive, *imaginaria venditio*. La vente cessa désormais d'être liée à la mancipation.

Les progrès de la monnaie contribuèrent à cette transformation. A l'origine, la frappe de la monnaie était inconnue et les métaux servaient de termes d'échange sous la forme de lingots bruts, ce qui rendait indispensable le contrôle de la balance dans les transactions. Le prix consistait en métal; il était pesé et remis au vendeur. Mais la monnaie se perfectionna. Servius Tullius aurait été le premier à marquer le bronze [1]. Après lui, les Décemvirs introduisirent la monnaie à Rome, le poids et la qualité en étant garantis par une empreinte officielle[2]. L'*æs signatum* remplaça donc l'*æs rude*, le numéraire, le lingot ; dès lors aussi le pesage du métal ne fut plus qu'une vaine opération, le poids de chaque pièce de monnaie établi une fois pour toutes. Seulement, les Romains maintinrent cette pesée désormais inutile. C'est alors que s'étant engagés dans la voie de la fiction, ils rendirent purement fictive l'opération en entier et que la mancipation, comme nous l'avons dit, perdit sa première physionomie pour devenir un mode général d'aliénation.

L'introduction de la monnaie ne fut pas, peut-on croire, le le seul progrès. La vente au comptant s'altéra elle-même et le vendeur, dans bien des cas, ne reçut plus qu'un prix fictif. Tout d'ailleurs se passait comme si une vente au comptant avait eu lieu ; l'acquéreur au cours de la procédure solennelle de la mancipation, touchait la chose, prononçait les paroles formelles et remettait à l'aliénateur le lingot, en guise de prix, mais sans le lui verser effectivement. La gêne que présentait la vente au comptant fit naître le crédit qui, sans la faire disparaître, modifia seulement la formalité *per æs et libram*, en la rendant fictive. L'invention du crédit remonte certainement avant la loi des XII Tables. Il est bien à supposer que les Décemvirs connaissaient la vente à crédit, puisque, si l'on en croit Justinien (Inst. II, I, 41), déjà à leur époque l'acheteur ne devenait propriétaire de la chose vendue et livrée que s'il avait satisfait le vendeur. De cette disposition, il est permis de conclure à la grande ancienneté de la vente ordinaire, non compliquée de la solennité *per æs et libram*

---

[1] Histoire de la monnaie romaine, par Th. Mommsen, traduction de Blacas, I. p. 176.

[2] Mommsen, op. cit. p. 179. — Bouché-Leclercq, Manuel des Instit. rom., p. 576.

Et de fait, il était indispensable que la vente consensuelle fût légalement reconnue, étant donné le grand nombre de choses usuelles *nec mancipi*, et conséquemment non susceptibles d'être mancipées. La simple tradition paraît au reste suffire, dès ces premiers temps, pour en donner la propriété quiritaire[1].

En résumé, la vente perdit peu à peu ses deux caractères essentiels qu'elle présentait au début ; elle se sépara progressivement de la mancipation qui ne fut plus qu'un mode d'aliénation comme la tradition ; ayant rompu les attaches qui n'en faisaient qu'un avec la mancipation, elle se suffit ainsi à elle-même sans autre forme légale que le consentement réciproque des parties. Enfin, de vente au comptant qu'elle était à l'origine, elle laissa s'introduire dans son organisation des modalités comme le terme ; le vendeur, au lieu de recevoir le prix en se dessaisissant de la chose, se contenta d'être le créancier de l'acheteur. Ces résultats nous paraissent acquis avant la loi des XII Tables.

Nous venons de voir que la réforme monétaire, en rendant inutile l'emploi de la balance, fit perdre au paiement son caractère de réalité nécessaire, et que dès lors dans une aliénation *per œs et libram*, rien ne s'opposait plus à une prestation purement fictive en guise de prix. La validité de l'acte ne s'attachait plus au fait matériel d'un paiement effectué[2].

---

[1] Ortolan, éd. Labbé, 12ᵉ éd. p. 233. — Un texte de Gaïus (Comment. II, 47) ne permet pas de douter que, à l'époque de la loi des XII Tables, l'on ne connût la distinction entre les *res mancipi* et les *res nec mancipi*. Pour aliéner les choses *mancipi*, la mancipation était nécessaire, tandis que la tradition suffisait pour les *res nec mancipi*.

[2] En ce sens : Jhéring, l'Esprit du droit romain, traduction Meulenaere, I, p. 231. — Giraud, de la Condition des débiteurs chez les Romains, p. 39.

On a essayé de soutenir que la mancipation n'était translative de propriété, à l'époque de la loi des XII Tables, que tout autant qu'il y avait remise effective du prix. On tire argument d'un texte des Institutes

On peut donc supposer légitimement que le vendeur n'est pas immédiatement payé bien qu'il livre la chose ; quels seront alors ses droits à cette époque reculée ?

La convention de vente lui donnait d'abord l'action ex-empto, et s'il ne pouvait obtenir le paiement, on devait le munir d'une *condictio sine causa* pour se faire restituer la chose. Le vendeur créancier du prix avait aussi à sa disposition les divers moyens que la loi romaine permettait d'employer contre les débiteurs, pour les contraindre à exécuter leurs obligations. La poursuite en justice lui était donc toujours ouverte contre l'acheteur, qui était ainsi menacé de la *manus injectio* et de la vente *trans Tiberim*. Mais l'acheteur n'avait-il pas encore la qualité de débiteur *nexus* ? Le vendeur y aurait trouvé cet important avantage que sans aucune action préalable en justice et sans aucun jugement antérieur, l'acheteur aurait été passible d'une contrainte rigoureuse, s'étendant même sur sa personne.

Le *nexus* se trouvait donc dans une terrible situation. La mancipation suffisait-elle à elle seule pour y placer l'acheteur ?

C'est probable à l'origine, *nexum* selon les auteurs désignant *quod per æs et libram geritur* [1] , et la mancipation étant

de Justinien où il est dit que non accompagnée du paiement du prix ou de garanties équivalentes, la tradition n'est pas translasive de propriété. Le texte ajoute : « Quod cavetur quidem etiam ex lege XII Tabularum » (Inst. II, I, 41). De ces mots, on a conclu que la loi des XII Tables était aussi exigeante pour la mancipation, et que le prix devait être versé pour que la mutation de propriété s'accomplît, parce que, soutient-on, cette loi ne reconnaissait pas la tradition comme opération juridique, et que la règle par conséquent ne pouvait s'appliquer qu'à la mancipation. Nous avons au contraire prouvé qu'à cette époque les effets de la tradition étaient déjà connus. Nous en conclurons devant la teneur affirmative du texte ceci seulement, que dès la loi des XII Tables, la tradition emportait mutation de propriété, pourvu que l'acheteur payât le prix ou en fournît des équivalents.

[1] Festus, p. 165.

un mode d'aliénation avec la formalité solennelle de la balance et de l'airain. Mais le *nexum* se sépara de la mancipation qui ne créa plus d'obligation pour l'acheteur. Cette séparation est déjà accusée par la loi des XII Tables, dont un fragment est ainsi conçu : Cum nexum faciet mancipiumque, uti lingua nuncupassit, ita jus esto (Table VI, fragm. 1). Et il ressort d'un passage de Varron (de lingua latina, éd. Muller, lib. VII, p. 105), que certains jurisconsultes ne comprenaient un nexum dans une mancipation que si, à la translation de la propriété, s'ajoutait chez les parties l'intention de faire naître une obligation. Or dans la vente, il est bien certain que l'intention première des parties est de se transmettre réciproquement la propriété de la chose et du prix [1]. Quoi qu'il en soit de cette controverse, ce qu'il y a de certain, « c'est qu'en l'an de Rome 429, ou peut-être 440, une loi Petilia libera tous les *nexi* et défendit qu'à l'avenir on engageât sa personne pour une obligation contractuelle. Le *nexum* ne subsista plus que pour les délits. » (Accarias, II, 3ᵉ éd. p. 841, n. 7).

Un passage déjà signalé des Institutes de Justinien (II, I, 41), nous montre encore une garantie importante, accordée au vendeur par la loi des XII Tables. Cette garantie légale consiste en ceci, que la propriété de la chose vendue ne passe du vendeur à l'acheteur que lorsque le prix a été payé ou que quelque équivalent en a été donné. Sinon, la propriété restait entre les mains du vendeur, qui pouvait valablement revendiquer la chose. La mancipation au con-

---

[1] M. Jhéring (Esprit du droit romain, traduction Meulenaere, III p. 241, et IV. p. 136) soutient aussi que seul dans une mancipation, le mancipant pouvait s'obliger et que la mancipation n'avait pas pour l'acheteur, quant au prix de vente dû, la force d'un *nexum*, et il rattache cet effet au principe que tous les actes formels du *jus civile* étaient unilatéraux, et que par suite un seul des contractants y était obligé.

traire, nous l'avons dit plus haut, transférait la propriété dans tous les cas, indépendamment du paiement effectif du prix. Cette différence tient peut être à ceci, c'est qu'elle avait l'aspect d'une opération au comptant. Si le vendeur se contentait d'un semblant de prix, il n'avait qu'à s'en prendre à lui-même. Rien de tel dans la tradition, dont les formes n'offraient aucune garantie. De là l'idée chez les auteurs de la loi des XII Tables, de lui donner compensation en le laissant propriétaire de la chose vendue et livrée dont il n'avait reçu ni prix ni autre équivalent.

A côté des garanties légales que nous venons d'énumérer, le vendeur pouvait s'en faire donner de conventionnelles. C'était, par exemple, un *expromissor* qui s'engageait en même temps que l'acheteur, ou un gage que fournissait celui-ci.

Tel était le droit des XII Tables, si nous en croyons Justinien (Inst., II, I, 44).

CHAPITRE II

Nous avons suivi le développement progressif de la vente ;
nous allons maintenant l'étudier à l'époque classique et dans
le droit de Justinien.

A cette époque que remarquons-nous ?

D'abord la vente, contrat consensuel, n'engendre que les
obligations ; nous avons déjà signalé comme très ancienne
son existence comme contrat consensuel, et nous avons fait
remarquer à la suite de quelle évolution successive, elle s'est
détachée de la mancipation pour ne plus former qu'une source
d'obligations, en laissant la mancipation devenir un mode général de transfert de la propriété. Que la vente ne fût pas en
droit romain translative de propriété, cela n'est pas douteux.
La vente n'était qu'une simple convention dans laquelle, par
dérogation aux vieux principes, le simple consentement était
une cause suffisante d'obligation. Or jamais la convention
n'eut pour résultat de transférer la propriété. C'est une règle
bien connue que « *traditionibus et usucapionibus dominia re-*

rum non nudis pactis transferuntur » (20 C II, III). Rien d'a-
nalogue aux articles 1138 et 1583 du Code civil. Non seulement la convention des partis n'entraîne pas le transfert, mais
le vendeur n'est pas même obligé d'opérer la translation.
L'acheteur a le droit d'exiger une possession paisible, qu'on
ne puisse lui enlever par l'exercice d'un interdit. Que le vendeur ne puisse transférer la propriété, les textes le
disent expressément, (V. 25, 1 D XVIII, 1 — 30, 1
D, XIX, 1). Mais il ne faut pas pousser trop loin la
règle ; elle était tempérée par l'obligation où était le vendeur de ne pas commettre de dol. Etait-il propriétaire ? Il devait faire une tradition translative de propriété ; que si l'objet
vendu était *res mancipi*, comme l'acheteur avait intérêt à
avoir le *dominium ex jure quiritium*, le vendeur devait em
ployer un des modes solennels de transfert, la mancipation
ou l'*in jure cessio* (Paul, Sent. I, 13ᵃ, 4 — Gaius Comment.
IV, 131) (1). Ainsi limitée dans son application, la règle que
l'obligation de transférer la propriété n'incombe pas au vendeur, se réduit à peu de chose. Il faut supposer qu'il a livré
une chose dont il se croyait, mais à tort, propriétaire. En ce
cas, tant qu'il ne souffre ni trouble, ni édiction, l'acheteur ne
peut pas se plaindre (3 C VIII, XLV). La limite des obligations du vendeur était donc que *rem emptori habere liceret.*

Ainsi, pour que la vente fût suivie de la translation de la
propriété, il fallait que les parties remplissent les formalités
nécessaires. La chose était-elle *mancipi ?* Elle devait être ou
mancipée ou cédée *in jure* ; la simple tradition suffisait pour
les *res nec mancipi*.

Seulement en recourant à la mancipation à l'*in jure*

---

1 Sous Justinien, la distinction entre les *res mancipi* et les *res nec
mancipi* ayant disparu, la tradition suffisait pour l'aliénation d'une *res
mancipi*. La suppression de cette distinction fut l'objet d'une Constitution en 531 (1 C. VII, XXXI).

cessio, le vendeur ne devait pas oublier que ces vieux modes impliquaient le transfert immédiat de la propriété, avant même que le prix fût payé. Si donc il se contentait d'un prix fictif, il perdait tout droit réel sur la chose, n'ayant plus pour ressource qu'une action purement personnelle, l'action *venditi*, ce qui l'exposait aux risques de l'insolvabilité de l'acheteur.

Ces deux modes d'aliénation du droit quiritaire excluaient l'apposition d'une modalité quelconque : le terme et la condition suspensifs comme contradictoires, avec l'affirmation par l'acheteur d'un droit actuel et certain ; le terme *ad quem* et la condition résolutoire, comme incompatibles avec le caractère de perpétuité que la propriété avait chez les Romains. L'insertion de pareilles clauses rendait nulle l'aliénation [1].

[1] La vente elle-même dans l'ancien droit paraît bien ne pas admettre non plus la condition. S'il en avait été autrement, pourquoi les Instilutes auraient-elles dit expressément: « *emptio tam sub conditione quam pure contrahi potest* » (Inst. III, XXIII, 4), alors que pour les autres contrats consensuels elles gardent le silence ? D'ailleurs il n'existait primitivement à cette époque que la vente au comptant, où la propriété était d'ores et déjà transférée, où toute idée de condition était impossible. Dans la suite, lorsque les transactions de plus en plus nombreuses firent recourir à la vente dans sa dernière forme, il est à présumer qu'on ne put pas d'abord y joindre une condition, dominé qu'on était par la tradition du passé. Ce ne serait qu'ultérieurement que l'on finit par admettre qu'un contrat, dont la volonté des parties était la loi, devait recevoir les modifications que les contractants apportaient à leur consentement. Au temps de Gaius, tout doute était dissipé sur l'admissibilité de la condition suspensive dans la vente ; « jam enim non dubitatur, quin sub conditione res veniri aut locari possint » (Gaius comment. III, 146). Quant à la condition résolutoire, elle pouvait être valablement insérée dans la vente, d'après le droit civil lui-même. Cette particularité spéciale aux contrats consensuels, puisque toute obligation affectée d'une modalité extinctive était réputée pure et simple, s'explique non pas tant par le caractère de bonne foi de ces contrats, que par cette considération qu'ils sont susceptibles d'être dissous par un accord de volontés en sens contraire, *rebus adhuc integris*. Ce *contrarius consensus*, dans le cas d'une condition résolutoire, au lieu d'intervenir après le contrat, a été concomitant de sa formation. C'est une

Ainsi en premier lieu la *mancipatio* et l'*in jure cessio* excluaient le terme et la condition suspensifs : *actus legitimi non recipiunt diem vel conditionem* (77, D. L, XVII). Mais si en raison de leur incompatibilité avec les déclarations et les affirmations solennelles de l'acte, ces modalités ne pouvaient y être exprimées, rien n'empêchait que ces vieux modes ne fussent employés pour une translation conditionnelle de la propriété, pourvu que les modalités fussent sous-entendues ; la forme ainsi sauvegardée, le terme ou la condition non insérés dans l'acte, mais résultant implicitement néanmoins de la convention des parties, étaient parfaitement licites et ne viciaient nullement le mode translatif : *expressa nocent, non expressa non nocent* (et la loi 77 D. L. XVII dit : nonnunquam tamen actus suprascripti tacite recipiunt, quæ aperte comprehensa vitium afferunt). En pareil cas, les actes légitimes étaient censés ne se former qu'à l'échéance du terme ou à l'événement de la condition. Jusque-là, l'acte est comme non avenu ; par une sorte de fiction, on le suppose se produire à l'arrivée de la modalité suspensive, pourvu qu'à ce moment, les parties soient encore capables d'y consentir. Conséquences : si à l'arrivée du terme ou à l'échéance de la condition, le vendeur est décédé ou a aliéné la chose, la propriété ne pourra plus être transférée à l'acheteur ; au lieu de l'aliéner, si le vendeur l'a seulement grevée de droits réels, l'acheteur n'aura la propriété que diminuée de ces charges.

dissolution anticipée, prévue *ab initio*. (V. Bufnoir, Théorie de la condition, p. 129, Accarias, Précis II 3ᵉ éd. p. 307). Deux pactes : *l'in diem addictio et la lex commissaria* sont des exemples de vente sous condition résolutoire. Nous y reviendrons ultérieurement en traitant des garanties conventionnelles du vendeur.

Pour ce qui est du terme suspensif ou même extinctif, il pouvait être inséré dans une vente. La règle : *ad tempus deberi non potest*, ne s'appliquait pas dans les contrats de bonne foi (V. Vernet, théorie des obligations, p. 125).

Tirons de tout ceci cette conclusion que, si la mancipation et l'*in jure cessio* entraînaient pour le vendeur le dessaisissement immédiat de la propriété de l'objet vendu, à vrai dire, il était au pouvoir des parties de retarder la translation de la propriété jusqu'au jour du paiement du prix, en en faisant une condition sous-entendue affectant l'*actus legitimus* employé.

Quant à la condition résolutoire, comme elle n'affecte pas l'acte translatif qui reste pur et simple, mais seulement le droit transféré, elle n'était pas incompatible avec les *actus legitimi* ; on conçoit très bien, en effet, qu'on puisse dans une mancipation ou dans une *in jure cessio* affirmer purement et simplement un droit conditionnellement résoluble. C'est ce qui paraît bien résulter des n⁰ˢ 48 à 50 Frag. Vat., où l'on trouve établi au moyen d'une *in jure cessio* un legs d'usufruit *ad conditionem*. Mais qu'une modalité extinctive soit compatible avec un *actus legitimus*, l'intérêt pratique pour la mancipation n'en est pas très grand, car elle ne s'appliquait bien souvent qu'à des droits non susceptibles de condition résolutoire. C'est ainsi que les servitudes prédiales rurales et la propriété étaient considérées comme des droits d'une nature essentiellement perpétuelle, se refusant à l'insertion d'une modalité extinctive. Seulement il y avait une différence assez inexplicable : tandis que la condition résolutoire affectant un transport de propriété, le rendait nul, une pareille modalité nsérée dans la constitution d'une servitude, était seule effacée. Quant à la translation d'une *res nec mancipi* par voie d'*in jure cessio*, elle ne pouvait avoir lieu *ad certam conditionem*. Restaient donc comme susceptibles d'une translation conditionelle ou *ad tempus* les servitudes personnelles, l'usufruit par exemple ; rien de plus naturel, puisque ces droits sont essentiellement temporaires.

La conséquence juridique de la mancipation est, comme nous l'avons vu, que le droit de propriété est transmis complètement, entièrement, sans conditions, comme sans restrictions. Etait-il possible aux parties d'atténuer par des pactes modificatifs l'effet immédiat de la mancipation? La volonté des parties était enchaînée pas deux étroites limites : les formes de l'acte, la nature du droit transféré. Les simples conventions que les contractants auraient pu ajouter à la mancipation n'étaient d'ailleurs pas primitivement sanctionnées. Ce n'est que plus tard qu'elles acquirent une valeur juridique.

Comme pacte adjoint à la mancipation et à l'*in jure cessio*, ce qui se rencontrait le plus fréquemment était le *pactum fiduciæ*. On en trouve des exemples dans Gaius (Comment II, 60) et dans Paul, Sent. II, XIII, 5 et 7). Ce pacte était employé surtout dans les aliénations à la suite d'une constitution en gage ou d'un dépôt; mais rien ne prouve qu'il ne pût accompagner également une aliénation précédée d'une vente. Gaius nous permet de croire qu'il y a *pactum fiduciæ* lorsque « quis rem alicui fiduciæ causa mancipio dederit » (Comment II, 59) et Boëce (sur les Topiques de Cicéron) définit la fiducie: « Fiduciam vero accepit cuicumque res aliqua mancipatur, ut idcirco quod restituendi fides interponitur ». Le pacte de fiducie formait un acte distinct de la mancipation ou de la *cessio in jure* dont il était l'accessoire; il présentait cette utilité très grande, que toute liberté y était laissée aux contractants pour régler leurs rapports relativement à la chose mancipée ou cédée *in jure* [1]. Le vendeur trouvait donc là un moyen de parer aux inconvénients du dessaisissement absolu qu'entraînait tout mode solennel

[1] Accarias, Précis, II, 4ᵉ éd. p. 402.

d'aliénation. Du *pactum fiduciæ* résultait pour lui l'action de bonne foi, *directa fiduciæ*, qui lui permettait d'obtenir la restitution de la chose vendue. Mais par cette action, personnelle seulement, au lieu d'obtenir une restitution qui le réintégrât pleinement dans son droit de propriété comme s'il n'avait jamais cessé d'y être, il ne redevenait propriétaire qu'*ex nunc*; reprenant la chose grevée des droits réels consentis par l'acheteur; si même celui-ci l'avait à son tour aliénée, force était au vendeur de se contenter du prix.

Même en l'absence d'un contrat de fiducie, le vendeur n'était pas entièrement désarmé. Car, s'il n'était pas payé par l'acheteur, il était muni d'une *condictio ob rem dati* pour se faire restituer l'objet mancipé. La translation de propriété n'avait été effectuée que dans le but d'obtenir le paiement du prix, lequel but n'étant pas atteint, si l'acheteur avait cependant conservé indûment la propriété de la chose, le principe d'équité que « nul ne peut s'enrichir aux dépens d'autrui, » n'aurait pas été respecté. Les textes sont formels en ce sens (16 D. XII, IV — 52 D. XII, VI — 65,4 D. eod. — 35,3 D, XXXIX,VI).

Mais cette *condictio ob rem dati* qu'accordait le droit civil était une action de droit strict, tandis que l'action *directa fiduciæ* était de bonne foi, et permettait au vendeur de se faire rendre compte des détériorations commises par l'acheteur sur la chose.

Comme mode d'exécution du contrat de vente, il y avait aussi la tradition.

A l'époque classique, elle suffisait pour le transfert des choses *nec mancipi*, et à leur égard elle conférait sur elles la même plénitude de droits que la mancipation sur les choses *mancipi*. [1]

---

[1] Que si la tradition était employée pour une res mancipi, elle confé-

Avec Justinien, qui abolit la vieille division des *res mancipi* et des *res nec mancipi*, la tradition, désormais seul mode d'aliénation, put indistinctement s'appliquer avec une même efficacité à toute chose corporelle.

Mais il y avait une particularité spéciale à la tradition de la chose vendue. C'est que l'acheteur ne devenait pas propriétaire avant d'avoir payé le prix : « Venditæ vero res et traditæ, non aliter emptori adquiruntur, quam si is venditori pretium solverit, vel alio modo ei satisfaceret : veluti expromissore aut pignore dato. Quod quanquam cavetur ex lege duodecim tabularum, tamen recte dicitur, et jure gentium, id est jure naturali, id effici. Sed si is, qui vendidit, fidem emptoris secutus fuerit, dicendum est, statim rem emptoris fieri » (Inst, II, I, 44).

Cette règle qui remonte ainsi que nous l'avons vu à la loi des XII Tables, était fondée sur l'interprétation de la volonté des parties : la loi présume que si le vendeur a consenti à se dessaisir de sa chose et à ne pas user de son droit de rétention, il a néanmoins l'intention de rester propriétaire tant que le prix lui est dû, et de ne pas s'exposer aux risques de l'insolvabilité de l'acheteur.

Aussi cette règle ne doit-elle pas être observée si les parties ont expressément ou implicitement manifesté une volonté contraire.

Ce qui avait lieu :

1° Lorsque le vendeur avait accordé un terme à l'acheteur pour le paiement du prix. L'acheteur devenait propriétaire

---

rait à l'accipiens non pas le véritable *dominium*, mais seulement une propriété diminuée, entraînant cependant pour celui qui en jouissait tous les avantages utiles d'une vraie propriété. On disait que l'*accipiens* avait la chose non pas *in dominio*, mais simplement *in bonis*. Gaïus, Comment. II, 40 et 41). Ce dédoublement de la propriété disparut avec Justinien.

dès le moment de la tradition « Si is qui vendidit, fidem emptoris secutus est, dicendum est statim rem emptoris fieri ». Le vendeur, en suivant la foi de l'acheteur, montrait qu'il avait confiance en lui.

2° Quand le vendeur se faisait donner une garantie pour assurer le paiement, en recevant un gage ou en exigeant un *expromissor*, c'est-à-dire une personne qui s'obligeait à payer le prix accessoirement à l'acheteur. (Inst. eod.). De même, quand l'acheteur offrait au vendeur un *fidejussor* pour cautionner son obligation : « ut res emptoris fiat, nihil interest utrum solutum sit pretium an eo nomine fidejussor datus sit ».

Il est bien naturel que dans de pareilles hypothèses l'acheteur devienne propriétaire dès l'instant de la tradition : le vendeur est assuré de ne pas perdre : la présomption qu'il a voulu rester propriétaire tant qu'il sera créancier, n'a pas ici de raison d'être.

Mais en dehors de ces cas, la tradition ne sera translative qu'après paiement du prix.

Nous savons qu'elle était le seul acte entre-vifs translatif qui se prêtât à l'insertion d'une condition expresse. Av l'arrivée de la condition, aucun droit n'était acquis à *l'accipiens*, et jusque-là le droit demeurait aux mains de l'aliénateur. Nous venons même de voir que dans l'hypothèse d'une vente pure et simple, sans terme accordé pour le paiement du prix, la tradition n'était translative que sous la condition de ce paiement.

Insérée dans une tradition, la condition en suspend les effets. *Pendente conditione*, le *tradens* a seul le droit de revendiquer la chose, car il n'a pas cessé d'être propriétaire; notamment dans l'hypothèse d'une vente pure et simple, le vendeur non payé ou non muni de garanties équivalentes, conserve le droit de revendiquer la chose contre l'acheteur jusqu'au paiement, la propriété n'étant transférée que sous la condition tacite que le prix sera acquitté.

L'aliénateur restant propriétaire, les actes de disposition qu'il pouvait faire sur la chose étaient valables ; mais il fallait tenir compte de ce principe, que la situation était indépendante des parties et subordonnée au contraire à l'événement de la condition. Les droits du *tradens* étaient limités en ceci, qu'il ne pouvait nuire au droit possible de l'*accipiens*. L'acheteur, *pendente conditione*, ayant reçu tradition de la chose, n'avait plus à craindre les droits que l'acheteur avait pu conférer sur la chose vendue.

En résumé, de l'événement de la condition dépendait la validité définitive de l'acte translatif. Le vendeur propriétaire intérimaire, pouvait bien transférer la propriété à autrui, mais ces droits ainsi conférés prenaient fin à l'arrivée de la condition qui faisait naître le droit de l'acheteur.

Bien qu'il y ait controverse et qu'aucun texte ne résolve la question, les fruits que produit la chose vendue *pendente conditione* paraissent devoir être attribués au vendeur. Sans aucun doute dans une vente à terme, les fruits perçus jusqu'à son échéance appartenaient au vendeur. Or l'entrée en jouissance de l'acheteur est reculée jusqu'à l'accomplissement de la condition. Il y a donc, peut-on dire, un terme implicitement contenu dans toute vente conditionnelle, et par analogie de ce qui s'observerait dans une vente à terme, le vendeur aura droit aux fruits : fructus medii temporis venditoris sunt (8, pr. D. XVIII, VI). C'est en ce sens que s'est prononcé notre éminent professeur M. Bufnoir, (Th. de la condition, p. 310 et 1.

Comme compensation, le vendeur avait à supporter les dépenses d'entretien qui sont une charge des fruits.

Pour les dépenses nécessaires ou simplement utiles, faites sur la chose vendue, le vendeur pour se les faire rembourser, pouvait opposer l'exception de dol à l'action de l'acheteur réclamant tradition.

Quant à la condition résolutoire, la tradition l'admettait tout autant que la condition suspensive, puisque, en principe, elle était régie quant à ses effets par la volonté des parties. Nous en verrons les conséquences en étudiant la *lex commissoria*.

CHAPITRE III

GARANTIES LÉGALES DU VENDEUR

Si nous recherchons, ainsi que nous nous le sommes proposé, quelles étaient les garanties légales que le droit romain
accordait au vendeur dessaisi de la chose vendue, nous n'en
trouvons qu'une bien certaine : la revendication.

Pour le paiement de tout ce qui lui est dû, et l'exécution
des conventions contenues dans le contrat, le vendeur avait
l'action *vendit* (13, 19 D. XIX, I). Ainsi armé, le vendeur,
si l'acheteur ne s'exécutait pas de lui-même, obtenait contre
lui une condamnation pécuniaire. Mais l'insolvabilité de
l'acheteur était un danger d'autant plus grand que l'action
venditi, purement personnelle, ne permettait au vendeur
que de venir sur les biens de l'acheteur en concours avec les
créanciers de ce dernier. N'obtenant pas l'équivalent promis,
le vendeur au moins avait-il la ressource de quelque voie
légale pour rentrer en possession du bien vendu? Etait-il
dans certaines circonstances préservé de toute perte?

Nous examinerons dans les diverses hypothèses d'un contrat de vente les garanties légales offertes au vendeur par la
loi romaine.

Cela fait, nous rechercherons quelles étaient les garanties conventionnelles que pouvait se ménager le vendeur.

1° La vente a été pure et simple ; les parties ont été d'accord sur le prix et sur la chose.

Si à la suite de la vente, il y a eu mancipation, nous avons vu qu'elle entraînait pour le vendeur le dessaisissement immédiat ; conséquemment, l'acheteur devenu propriétaire pouvait agir contre son vendeur par la revendication, s'il n'y avait pas eu prise de possession réelle, et le vendeur n'avait contre lui que le recours de l'exception de dol, fondée sur ce principe que dans un contrat de bonne foi, une partie n'est tenue d'exécuter son obligation que tout autant que l'autre s'exécute elle-même. — Si, toujours dans le cas d'une mancipation, il n'y a eu qu'un prix symbolique, mais mise en possession de l'acheteur, le vendeur, victime de son dessaisissement irrémédiable, n'avait de recours contre l'acheteur que par la voie de l'action *venditi* qui l'exposait à l'insolvabilité de ce dernier.

Tout autre était le cas où la vente devait s'exécuter par tradition. Tant qu'elle n'était pas opérée, la propriété restait au vendeur. Et il pouvait se refuser à livrer, tant que l'acheteur n'offrait pas de s'acquitter du prix (13, 8 D. XIX, I). A l'action *empti*, il opposait valablement l'exception *non adimpleti contractus,* ou l'exception de dol, simplement, sans même avoir besoin de les insérer dans la formule, l'action qui naissait du contrat de vente, étant de bonne foi.

Comme en droit français, à Rome le vendeur pouvait donc garder l'objet vendu tant que l'acheteur ne lui offrait pas le prix. Scævola dit qu'il ne voit pas pourquoi en pareil cas le vendeur n'aurait pas le droit de retenir l'objet *pignoris nomine* (22 D, XVIII, IV).

Cette garantie légale, c'est le *quasi-pignus,* comme l'appellent les textes : « Venditor enim quasi-pignus, retinere potest eam rem quam vendidit. » (13,8 D. XIX,I).

Ce droit de retention, dont le vendeur usait en s'abstenant de livrer, était indivisible. C'est en effet une sorte de gage, et c'est le propre de ce droit d'être indivisible. Les textes tirent eux-mêmes les conséquences de cette indivisibilité.

Si l'acheteur offre seulement une partie du prix, le vendeur peut intégralement retenir la chose. (13, 8, D. XIX, I).

Pareillement, tant que l'intégralité du prix n'est pas versée, le vendeur qui en a reçu une partie, est néanmoins en droit de ne pas se dessaisir de la chose (22 D. XVIII, IV).

L'indivisibilité du droit de rétention du vendeur lui servira encore pour repousser l'action *ex empto* intentée par un des héritiers de l'acheteur, si cet héritier n'offre de payer que sa quote part du prix (78, 2 D. XVIII, I).

Quoi qu'il en soit de l'utilité du droit de rétention, il ne devait pas être aussi fréquent que ses avantages tendraient à le faire supposer, étant trop contraire à l'intérêt ordinaire de l'acheteur d'entrer immédiatement en jouissance de la chose, pour ne pas décider les parties désireuses de s'entendre, à ne pas s'en prévaloir.

Il n'en est pas moins vrai qu'il offrait au vendeur de grands avantages, en le mettant à l'abri des risques de l'insolvabilité de son acheteur.

Dans tous les cas, il permettait à celui qui l'exerçait de jouer le rôle de défendeur.

Ajoutons enfin que c'est aussi pour le vendeur le moyen de hâter le paiement du prix. L'acheteur aura souvent peut-être un besoin pressant de la chose ; il se décidera plus vite à s'acquitter intégralement du prix.

Ce *quasi-pignus*, reconnu par les lois romaines au vendeur, ne lui confère ni droit de préférence, ni droit de suite.

Qu'il n'engendre pas un droit de préférence, cela n'est pas douteux ; mais en fait, il en présente toutes les utilités ; car si les créanciers de l'acheteur non encore libéré voulaient poursuivre le bien acheté, ils devraient recourir aux actions de leur débiteur, et, comme ce dernier, ils se verraient repousser par l'exception de dol opposable par le vendeur jusqu'à parfait désintéressement.

Quant au droit de suite, il n'est pas un des attributs du droit de rétention. Dépossédé de la chose, le vendeur ne saurait en qualité de rétenteur la poursuivre dans d'autres mains. Le droit de rétention se perd avec la possession.

Comme un créancier gagiste, le vendeur est responsable de la garde de la chose, sur laquelle il doit veiller en bon père de famille.

Pour les fruits de la chose vendue, le vendeur les acquiert jusqu'au moment de la tradition, puisque pendant cet intervalle, il ne cesse pas d'être propriétaire. Mais si à la suite de la vente, les parties avaient eu recours à une mancipation, non suivie pour l'acheteur d'une mise en possession réelle, mais seulement symbolique, le vendeur, qui avait cessé d'être propriétaire du jour de la mancipation, n'avait plus droit aux fruits. S'il ne les acquérait pas, du moins, pouvait-il les retenir en même temps que la chose, jusqu'à parfait paiement du prix. Et cela, pour ne pas rendre à peu près illusoire la retenue de la chose vendue entre ses mains.

2° Le vendeur qui n'a ni suivi la foi de l'acheteur en lui accordant un terme, ni reçu de lui une satisfaction quelconque, s'est dessaisi de la chose vendue en faveur de l'acheteur.

Si la chose était *res mancipi*, seule à l'époque classique la mancipation en pouvait transférer la propriété, et nous avons vu que si le vendeur avait à se reprocher l'imprudence d'une livraison non accompagnée du paiement du prix, il ne lui restait plus pour parer aux conséquences de son dessaisissement trop hâtif qu'une action purement personnelle contre l'acheteur.

Si les parties, bien que la chose fût *res mancipi*, s'étaient bornées à en faire tradition, l'acquéreur avait sur elle la propriété bonitaire, le *nudum jus Quiritium* restant au vendeur. Il en résultait que si l'acheteur ne payait pas, le vendeur propriétaire selon le droit civil, pouvait valablement la revendiquer entre ses mains.

La chose enfin était-elle *nec mancipi* ? Le vendeur, les Institutes nous l'ont appris, en était resté propriétaire malgré la tradition. Donc encore ici, il était armé de l'action en revendication pour la poursuivre entre les mains de l'acheteur ou des tiers subséquents. Et c'était inutilement que l'acheteur lui aurait opposé l'exception *rei venditæ* et *traditæ*, car il se serait heurté sans riposte possible à la *replicatio* du vendeur, fondée sur le dol de l'acheteur qui ne paie pas (1, 5 D. XXI, III).

Quelles étaient les conséquences de cette prérogative du vendeur non payé ? Pour lui, ce qui importait avant tout, c'était de rentrer en possession de sa chose, pour la sauvegarder des détériorations possibles de l'acheteur, et reprendre sur elle son droit de rétention. Or, à l'aide de la revendication, le vendeur obtenait-il la restitution de la chose, ou seulement son équivalent ? Ecartons d'abord les cas où le défendeur avait cessé de posséder par dol ou par sa faute, et posons-nous la question, toutes les fois que la restitution n'était pas impossible.

A l'époque primitive du système des actions de la loi, peut-être le vendeur non payé qui avait livré la chose, pouvait-il la recouvrer. C'est ce qui semble résulter d'un passage de

Gaius qui, étudiant ce qui avait lieu sous la période formulaire, nous prévient que la condamnation ne porte plus, comme cela se faisait autrefois, sur la chose même objet du litige, mais seulement sur une somme d'argent (Comment. IV, 48).

Sous la procédure extraordinaire également, le défendeur était passible d'une condamnation à la chose même (Inst. IV, VI, 32-17, C., VII, IV).

La question était très controversée pour la période de la procédure formulaire. Sans entrer dans le fond d'une discussion qui paraît épuisée et qui ne rentre d'ailleurs pas dans le cadre de ce travail, nous inclinerons vers l'affirmative.

Cette faculté que, selon nous, il faut concéder au vendeur resté propriétaire, de reprendre sa chose entre les mains de l'acheteur défendeur, malgré sa résistance, rend seule explicable la dérogation que les lois romaines avaient apportée aux effets ordinaires de la tradition, d'être translative par sa propre vertu. Sinon, si vraiment l'acheteur pouvait garder la chose en sa possession, à quoi bon reconnaître le vendeur comme propriétaire malgré la tradition, pour rendre immédiatement illusoire cette prérogative ? Il faut donc, sous peine d'admettre un résultat inexplicable, reconnaître que dans les actions arbitraires comme la revendication, le pouvoir du juge d'ordonner au défendeur une restitution en nature ne devait pas trouver chez ce dernier une résistance légalement invincible, mais qu'au besoin cet ordre devait se faire exécuter *manu militari*.

Si, comme nous le croyons, le vendeur non payé, demandeur à la revendication, pouvait en fin de compte obtenir la restitution de sa chose, cette action était pour lui une importante prérogative, Selon son intérêt, il avait le choix ou de rentrer en possession de la chose, ou d'en obtenir l'équivalent estimé par lui, sous serment (46, D. VI, 1), seul parti à prendre, si le défendeur par son dol ou par sa faute, avait cessé de posséder. En résumé, le vendeur non payé, armé de la revendication, évitait le concours des créanciers de l'acheteur.

Et il lui était relativement facile de recourir à cette prérogative.

Était-il embarrassé pour prouver qu'ils étaient lui et ses auteurs, propriétaires de la chose revendiquée, preuve exigée dans l'action en revendication ? il n'avait qu'à établir une durée de possession égale au temps nécessaire à l'usucapion, possession fondée en outre sur une *justa causa usucapiendi*, c'est-à-dire, sur un titre qui, s'il émanait du vrai propriétaire, aurait été suffisant pour transférer la propriété.

Mieux encore, s'il désirait ne pas être obligé de prouver sa possession pendant le temps exigé pour l'usucapion, il n'avait qu'à intenter l'action publicienne, mise par le droit prétorien à la disposition de toute personne *in causa usucapiendi*. Par elle, comme par la revendication, il reprenait la chose qu'il avait livrée et cette action dans laquelle il n'avait qu'à justifier d'une possession *ad usucapionem*, lui servait, soit qu'ayant fait, en exécution du contrat de vente, une tradition d'une *res mancipi*, il eût perdu le *nudum jus Quiritium*; soit qu'ayant vendu et livré une *res nec mancipi*, il profitât de la facilité de la preuve dans l'action publicienne ; soit encore qu'ayant aliéné la chose d'autrui, il fût en train de l'usucaper.

Une remarque importante à faire, que le vendeur agisse en revendication ou ait recours à l'action publicienne, c'est que rentré en possession de la chose, il recouvrait sur elle le droit de rétention dont nous avons parlé, avec ses avantages.

Mais ainsi recouvrée, la chose était en quelque sorte immobilisée dans son patrimoine ; il ne pouvait ni l'aliéner ni la grever de droits réels, parce que le contrat de vente restait encore debout avec toutes les obligations qu'il imposait aux parties. C'était un simple déplacement de possession. Très utile au vendeur, cette rentrée en possession le mettait à l'abri d'une usucapion possible de la part d'un tiers de bonne foi auquel l'acheteur aurait lirvé la chose. Elle lui permettait, s'il y trouvait avantage, de poursuivre l'exécution de la vente. Mais cette faculté appartenait aussi à l'acheteur, qui pouvait par son insolvabilité laisser le vendeur longtemps enchaîné par la convention. Pour se dégager des liens d'un contrat gênant, le vendeur devait avoir soin de s'en réserver expressément la faculté par une clause insérée dans la vente même. C'était la *lex commissoria* que nous étudierons plus tard.

Une question très débattue est celle de savoir s'il faut reconnaître au vendeur une autre garantie, celle des interdits possessoires.

Notons d'abord qu'à première vue, cela ne paraît pas impossible : pour pouvoir recourir aux interdits, il n'est pas nécessaire de posséder par soi-même ; il suffit que l'on ait l'*animus domini* : une autre personne peut avoir la simple détention matérielle de la chose. Or le vendeur est bien resté propriétaire, puisque dans l'hypothèse où nous sommes, il n'a pas été payé et qu'il n'a reçu aucune satisfaction permettant de supposer qu'il s'est contenté d'être créancier. Resté propriétaire, le vendeur a bien l'*animus domini* ; que s'il a consenti à livrer la chose, c'est pour ne pas au risque de manquer la vente, retarder trop longtemps le désir de l'acheteur d'entrer promptement en jouissance, rassuré d'ailleurs par les garanties légales que nous lui avons reconnues. En somme, sur quoi doit-on fonder la règle qu'il reste proprié-

taire, malgré la tradition qu'il a pu faire? C'est sur l'interprétation de sa volonté : s'il s'est dessaisi de sa chose, ce n'est
qu'en échange des prérogatives légales destinées à lui assurer soit la perception du prix, soit toute autre satisfaction
équivalente. Ces prérogatives légales, sur quoi reposent-elles?
Sur la propriété que s'est réservée le vendeur. Mais il y en
a d'autres, les interdits possessoires ; celles-là sont données
à celui qui possède. Ne peut-on pas alors prétendre que s'il a
tacitement soumis à la condition du paiement du prix la tradition relativement à son effet ordinaire de la translation de
la propriété, à cause précisément des avantages qu'il conservait en restant propriétaire, il a entendu apporter pareille restriction au transfert de la possession pour se ménager la
qualité de possesseur?

Il faut donc reconnaître que dans l'intention des parties, la
tradition ainsi faite sans que le vendeur ait reçu aucune satisfaction, est conditionnelle et quant à son effet immédiat de
faire passer la possession d'une main dans l'autre, et quant à
son effet indirect de la mutation de la propriété même. Le
vendeur est donc resté et propriétaire et possesseur ; tout ce
qu'il y a de changé, c'est qu'il possède par l'entremise de
l'acheteur.

On contestera, il est vrai, qu'il faille avoir la possession
avec l'*animus domini* pour jouir des interdits ; la simple possession suffirait sans prétention aucune à cet *animus*. Certes,
nous n'entendons pas prétendre que la possession *ad interdicta* soit la même que celle *ad usucapionem* qui exige le juste
titre et la bonne foi ; mais ce que nous soutenons, c'est que
de bonne foi ou non, avec ou sans titre, il faut pour avoir

---

¹ V. Machelard, Théorie des interdits, p. 266.

droit aux interdits, posséder *animo domini*, posséder pour soi-même. Cela est si vrai, que le *prædo* était possesseur *ad interdicta*, parce qu'il avait l'intention de se comporter en maître de la chose. Cette prétention, l'acheteur pouvait-il l'avoir tant qu'il n'avait pas payé le prix?

C'est encore en vertu de cette règle que les interdits étaient refusés à ceux qui n'étaient que simples détenteurs de la chose. Le commodataire n'aurait pas pu y recourir, pas plus que le colon (1,10 D. XLIII, XVI, — 6,2 D. XLIII, XXVI). Ils ne possèdent pas en effet pour eux, mais au nom de celui qui se prétend propriétaire. Objectera-t-on que le créancier gagiste a droit aux interdits, ainsi que le précariste (13,1 D. VI, II) et quelquefois aussi le séquestre (39 D, XLI,II)? Mais ce sont des cas exceptionnels, et il a fallu des textes pour leur concéder le droit aux interdits, à eux qui n'ont dans leur possession aucune prétention à se comporter en maîtres de la chose qu'ils détiennent. Pour le créancier gagiste, l'exception au droit commun était utile, il acquérait ainsi le moyen de se défendre par lui-même contre les tiers qui auraient menacé la possession de son gage. Au reste il était bien un véritable possesseur à l'égard de tous le monde, du constituant du gage lui-même. L'exception pour le précariste était utile, surtout dans le cas de vente. En effet, une concession en précaire avait son rôle tout indiqué dans le cas qui nous occupe. S'il est vrai, ainsi que nous essayons de le soutenir, que le vendeur resté possesseur malgré son dessaisissement de fait, conserve le droit aux interdits, il est permis de penser que l'acheteur pouvait manifester le désir d'être de son côté en état de se défendre contre les troubles apportés à sa détention de la chose. Le précaire offrait le moyen au vendeur de contenter son acheteur sans compromettre ses droits, ni perdre les avantages de la possession qu'il pouvait reprendre, grâce à l'interdit *de precario* (20 D. XLIII,XXVI) [1].

Concluons donc que pour avoir droit aux interdits, il faut, sauf les exceptions signalées tout à l'heure, posséder *animo domini*, c'est-à-dire posséder en ne reconnaissant pas sur la chose objet de sa possession d'autres droits égaux où supérieurs aux siens. Posséder, c'est exercer ses droits de propriétaire. L'acheteur qui n'a pas payé le prix, peut-il se croire propriétaire sans une erreur de droit trop grande pour être excusable? Pourrait-il essayer d'élever des prétentions à cette possession, indice de la propriété, sans se heurter à cette règle que : *nemo potest sibi ipse mutare causam possessionis* (19. I D.XLI, II?) Il faut donc pour que le détenteur d'une chose *alieno nomine* en devienne possesseur *ad interdicta*, que sa possession première fasse place à un autre.

Il y a pourtant un texte au Digeste qui paraît contraire à notre manière de voir. C'est la loi 8, livre VI, titre II. Gaius semble dire que malgré le non-paiement du prix, l'acheteur pouvait intenter l'action publicienne. Par suite, il en résulterait qu'ayant la possession *ad usucapionem*, il avait à fortiori la possession *ad interdicta*, au détriment du vendeur dépouillé du droit aux interdits par la tradition. Cependant le texte ne paraît pas décisif. Remarquons d'abord qu'il est conçu dans une forme purement conjecturale : « unde potest conjectura capi. » Mais quand bien même il serait plus affirmatif, il n'en est pas moins vrai que l'opinion du jurisconsulte serait erronée. Que faut-il en effet pour que la possession conduise à l'usucapion? La bonne foi d'abord, et de plus une *justa causa*, c'est-à-dire un titre révélant l'accord des parties sur la transmission de la propriété, et qui aurait

---

[1] En ce sens : Machelard, op. cit. p. 265 et s. — *Contra* : [Bufnoir, théorie de la condition, p. 395 et s.

effectivement été translatif, s'il eût émané du véritable propriétaire. Cette *justa causa* fait défaut à l'acheteur, puisque
la tradition se trouve virtuellement soumise à la condition du
paiement du prix, et que les parties sont censées avoir voulu
en affecter tous les effets. En résumé, peut usucaper celui
qui croit, mais à tort, être propriétaire ; l'acheteur de bonne
foi peut-il le croire tant qu'il n'a pas payé le prix ? Gaius
d'ailleurs en soutenant que malgré le non-paiement du prix,
l'acheteur était en droit d'intenter l'action publicienne, par
suite d'usucaper, se serait heurté à l'opinion contraire, que
nous apprennent les textes, et qui ne permettait à l'acheteur
d'intenter cette action qu'une fois son prix payé (4,32 D.
XLIV, IV — 2. D XXI, III). C'est-à-dire que, d'après les partisans de cette opinion, l'acheteur n'aurait pas pu usucaper, la
Publicienne étant seulement donnée à quiconque était *in
causa usucapiendi*. On ne saurait donc regarder la loi 8 de
Gaius comme décisive : Nous conclurons que l'acheteur
n'avait ni la possession *ad usucapionem*, ni la possession *ad
interdicta*.

Le vendeur avait donc droit aux interdits possessoires ;
nous n'irons pas toutefois jusqu'à les lui accorder contre son
acheteur même, à moins que ce dernier n'élève des prétentions à la possession.

En particulier, devons-nous lui accorder contre ce dernier
l'interdit *uti possidetis ?* Pour qu'il y ait lieu à cet interdit,
il faut que l'une et l'autre partie prétendent à la possession
de la chose : « Si de rei ejusdem possessione inter duos con-
tentio sit. » (Voet, ad Pandectas, XLIII, XVII, n° 3 *in fine*). Tel
n'est pas ce semble le cas de l'acheteur qui sait bien, à moins
d'une grave erreur de droit de sa part, qu'il n'est que détenteur et non possesseur. S'il le reconnaît, il n'y a plus de
débat sur la question de la possession, et par suite nous ne

sommes plus dans les termes de l'interdit (V. 1, pr. D. XLIII, XVIII). On a pourtant contesté que pour y eût lieu à cet interdit, il fallait de toute nécessité que ce fût une question de possession à trancher, et on a dit qu'il suffisait d'un trouble pour y recourir, y eût-il ou non débat sur la possession.

Si cette doctrine était vraie, il faudrait admettre que le vendeur pût intenter l'interdit *uti possidetis* contre l'acheteur auteur du trouble [1]. On s'appuie pour le soutenir sur la loi 3, 3 D. XLIII, XVII, qui prévoit le cas d'un locataire, s'opposant aux réparations que veut faire le propriétaire sur la maison louée. Le locataire n'est qu'un simple détenteur, comme l'acheteur, et pourtant Ulpien accorde au bailleur contre lui l'interdit *uti possidetis*. Mais on a tort, selon nous, d'invoquer ce texte, par ce qu'il y a bien dans l'hypothèse qu'il prévoit, débat sur la possession nécessaire à la mise en mouvement de l'interdit. Et la fin du texte dit en effet que le bailleur ne cherche pas à empêcher le locataire d'habiter, mais s'oppose à ce qu'il élève des prétentions à la possession : « ne possideret. » [2].

La possession des meubles était protégée par l'interdit *utrubi*. Ici encore pour qu'il fût accordé, il fallait qu'il y eût une question de possession soulevée : « Hoc interdictum de possessione rerum mobilium locum habet. » (1, 1, D. XLIII, XXXI). Seulement tandis que pour réussir dans l'interdit *uti possidetis*, il fallait être actuellement possesseur, dans l'interdit *utrubi*, celui-là triomphait des deux parties, qui avait le plus longtemps été en possession dans l'année antérieure à celle du procès. Néanmoins comme il s'agissait éga-

---

[1] En ce sens : de Savigny, traité de la Possession, § XXXVII, p. 450.

[2] En ce sens : Bélime, droit de Possession, ch. XIII, n° 320. — Machelard, th. des interdits, p. 223 et s. — Molitor, la Possession, etc., p. 131 et s.

lement dans l'interdit *utrubi* d'une question de possession, nous ne l'accorderons pas plus au vendeur contre l'acheteur que l'interdit parallèle *uti possidetis*, et cela pour des raisons analogues.

Les interdits possessoires que nous avons reconnus au vendeur, sauf à ne pas pouvoir les exercer contre l'acheteur, lui étaient utiles contre les tiers.

Si le vendeur était propriétaire de la chose vendue, il avait bien d'autres moyens de faire triompher son droit ; mais l'interdit était d'ordinaire le plus simple et le plus commode.

Si le vendeur n'était pas propriétaire, il avait intérêt à recourir à l'interdit. Il n'avait qu'à prouver qu'il était possesseur *ad interdicta*, sans avoir à faire la preuve de sa propriété ou d'une *justa causa*.

Enfin le but principal de l'interdit possessoire *uti possidetis* était, pour celui qui l'intentait, de se faire reconnaître possesseur, afin de jouir des avantages de la qualité de défendeur dans un procès sur la propriété. (Ins, IV, XV. 4). L'avantage était grand, car le défendeur conservait la possession de la chose litigieuse, si le droit de propriété n'était pas établi et prouvé.

3° Il y a eu vente et le vendeur a suivi la foi de l'acheteur auquel il a accordé un terme pour le paiement du prix.

La chose vendue était-elle *mancipi* ? Si elle a été mancipée. l'acheteur est devenu immédiatement propriétaire et il ne reste plus au vendeur que la ressource de l'action personnelle. Si elle a fait l'objet d'une simple tradition, l'acheteur ne saurait en être devenu propriétaire selon le droit civil. Il n'a sur elle que les droits d'un propriétaire bonitaire, tandis que le vendeur a conservé avec la qualité de propriétaire *ex jure Quiritium*, tous les avantages qu'elle entraînait, entre autre l'action en revendication si l'acheteur ne s'est pas exécuté à l'échéance du terme.

La chose vendue était-elle *nec mancipi* ? La simple tradition enlève au vendeur, nous l'avons vu, tout droit de propriété ; encore dans ce cas, il ne reste au vendeur comme garantie du paiement du prix que la ressource de l'action *venditi* contre l'acheteur (Inst. II, I, 41).

CHAPITRE IV

GARANTIES CONVENTIONNELLES DU VENDEUR

Toutes les fois qu'il en était réduit à l'action *venditi*, le vendeur pouvait bien sans doute en l'intentant obtenir une condamnation qu'il faisait exécuter contre son acheteur ; mais il avait à courir les risques de l'insolvabilité de ce dernier. Il était en effet dépouillé de toutes garanties. Aucun texte, comme nous le verrons dans un appendice final, ne reconnaissait à sa créance du prix, la qualité de privilégiée, et quant au droit de résolution, ainsi que nous le dirons plus tard, il devait se le ménager en faisant insérer dans la vente la *lex commissoria* ; car il n'y avait en droit romain rien de pareil à l'art. 1184 du code civil, qui suppose sous-entendue la condition résolutoire dans toute convention synallagmatique. On comprend donc combien le vendeur avait intérêt à chercher en dehors de la législation, dans la convention, des garanties propres à le mettre à couvert des chances du non-paiement du prix. Ceci nous amène à étudier de quelles différentes manières il pouvait y parer. Nous verrons successivement que le vendeur pouvait se faire donner des sûretés réelles, des sûretés personnelles, ou des garanties qu'il puisait dans des contrats accessoires ajouté à la vente, ou dans des clauses spéciales tendant à assurer le paiement du prix.

Section I. — Sûretés réelles

§ I. — *Droit de rétention conventionnel*

Nous avons vu que dans plusieurs cas, le vendeur était légalement en droit de retenir la chose vendue jusqu'à complet paiement du prix. Rien n'empêchait qu'il ne se réservât expressément ce droit, là où la loi ne le lui conférait pas d'elle-même. Il y avait un intérêt d'autant plus grand que la solvabilité de l'acheteur était plus incertaine.

§ II. — *Droit de gage*[1]

En présence de ce danger éventuel de l'insolvabilité possible de l'acheteur, il était naturel que le vendeur eût recours aux sûretés réelles qui affectaient la chose vendue elle-même à l'acquittement du prix. Le vendeur par exemple, gardait la chose vendue entre ses mains à titre de gage.

Un des principaux effets de la convention de *pignus* intervenue entre l'acheteur et le vendeur était de conférer à ce dernier sur la chose vendue un droit de rétention jusqu'à parfait désintéressement (9,3 D. XIII, VII) que le vendeur

---

[1] On sera peut-être tenté de nous critiquer pour avoir rangé le gage dans les sûretés réelles, car le contrat de gage n'implique pas l'existence d'un droit réel. Il est certain que le droit de rétention dont jouissait le créancier gagiste. ne lui conférait aucun droit de suite, mais il lui permettait de rester en possession jusqu'à recouvrement intégral de sa créance. C'est en raison de cette détention par le vendeur de la chose vendue, que nous avons été conduits à classer la garantie résultant du contrat de gage dans les sûretés réelles, c'est-à-dire affectant la chose vendue elle-même.

ait intérêt à retenir la chose en gage, lorsqu'il avait suivi la foi de l'acheteur, cela n'est pas douteux. C'était remédier ainsi à l'effet translatif de la tradition, le vendeur ayant tacitement consenti à laisser passer la propriété à l'acheteur en lui octroyant un terme. Mais cet intérêt disparaît quand le vendeur était naturellement armé du droit de rétention, comme dans les hypothèses que nous avons déjà précisées, notamment dans le cas où la vente a été pure et simple, mais non suivie de tradition. Dans les deux espèces, le vendeur est bien possesseur et en droit de garder la chose jusqu'à paiement du prix. Seulement son droit de rétention n'a plus le même fondement dans l'un ou l'autre cas. S'agit-il d'une vente pure et simple non suivie de tradition et de paiement du prix, le vendeur est resté non seulement possesseur, mais mieux encore, propriétaire. Conséquemment, il a à sa disposition avec toutes les voies légales qui protègent la possession, toutes celles qui garantissent sa propriété. Est-ce au contraire à la suite d'une vente à terme que le vendeur a stipulé qu'il conserverait la chose vendue à titre de gage, il en a perdu la propriété, il la détient à titre de créancier gagiste. Pour la défendre, il n'a que les interdits possessoires ; propriétaire, il agira en revendication. Simple créancier gagiste, il ne pouvait vendre qu'après l'échéance du terme et l'accomplissement des formalités légales ; propriétaire, il était libre d'opérer une revente de la chose déjà vendue, sauf, comme en revendant il se mettait dans l'impossibilité d'exécuter le contrat primitif, à être condamné envers le premier acheteur, dans la limite de l'intérêt que celui-ci avait à se faire livrer la chose. La fait-il vendre en qualité de créancier gagiste, il n'a jamais à restituer que ce qu'il a pu toucher dans la seconde vente, en sus du prix qui lui est dû dans la première.

En qualité de créancier gagiste, le vendeur avait droit aux interdits possessoires, Il n'en était pas ainsi primitivement, et si le créancier gagiste venait à être dépossédé de son gage, il n'avait aucun moyen d'en recouvrer la possession. Le droit prétorien vint à son secours en lui accordant les interdits possessoires. C'était tout ce qu'il fallait pour rendre le *pignus* une sûreté efficace. Aussi ne devint-il possesseur qu'ad *interdicta*, le bénéfice de la possession restant au constituant, notamment en ce qui concernait l'usucapion. L'acheteur n'avait donc pas à craindre que le vendeur par l'usucapion ne recouvrât la propriété de la chose qu'il avait vendue, ou qu'il continuât de l'usucaper s'il l'avait vendue bien que ne lui appartenant pas.

D'ailleurs, resté en possession de la chose vendue, le vendeur créancier gagiste n'en était pas resté propriétaire. La propriété, il l'avait perdue en suivant la foi de l'acheteur et il ne l'avait pas recouvrée en gardant la chose à titre de gage, car le contrat de gage conférait bien la possession au créancier, mais non la propriété (35, 1 D. XVIII, VII). Il en résultait que si un esclave avait fait l'objet de la vente, le vendeur qui l'aurait conservé à titre de gage, ne pouvait plus rien acquérir par lui (1, 15 D XLI, II).

Bien qu'en possession de la chose vendue *pignoris nomine*, le vendeur, qui avait le droit de la louer (23, pr. D. XX, I), ne pouvait s'en servir sans encourir les peines du *furtum* (54, pr. D. XLVII, II). Mais comme le fait observer M. Accarias (II, 4ᵉ éd. p. 264, n. 3), si le créancier gagiste ne pouvait se servir dans son intérêt personnel de l'objet du gage, devait-il au moins en percevoir les fruits, et en général faire les actes qu'exigeait l'intérêt du constituant. Nous en conclurons, en ce qui concerne le vendeur, qu'il devait imputer les fruits par lui perçus sur les intérêts du prix de vente.

Le vendeur devenu créancier gagiste, avait le droit de revendre la chose après l'arrivée du terme fixé et après avoir accompli les formalités imposées par la loi. Ce n'était pas là un des moindres avantages pour le vendeur. S'il était resté simple créancier chirographaire, non payé à l'échéance, il n'aurait pu faire vendre la chose vendue, quand même le prix eût été suffisant pour le désintéresser ; il était obligé d'en passer par une longue procédure qui aboutissait à la vente en masse de tous les biens du débiteur. Créancier gagiste, il avait le droit de vendre séparément la chose grevée de son gage.

La convention de gage n'offrait pas que des avantages pour le vendeur. Il avait à veiller sur la chose, sans pouvoir s'en servir, tout en ayant une assez lourde responsabilité. L'acheteur, de son côté, n'entrait pas en possession de la chose ; il ne pouvait donc en tirer ni utilité ni profit. Les parties avaient peut-être intérêt, pour mieux concilier leurs intérêts respectifs, à recourir à la convention d'hypothèque.

§ III. — *Droit d'hypothèque*

L'hypothèque permettait précisément à l'acheteur d'entrer en possession de la chose sans que le vendeur eût rien à redouter. Rien à craindre pour celui-ci de l'acheteur qui bien que propriétaire, ne pouvait grever la chose de droits réels au préjudice du vendeur. Grâce à l'hypothèque, le vendeur acquérait une action *in rem* ; s'il n'était pas payé à l'échéance, il pouvait en l'intentant, tout à la fois reprendre la possession soit entre les mains de l'acheteur, soit des tiers détenteurs subséquents, et procéder à la revente de la chose pour se payer sur le prix.

Quoi qu'il en soit de l'hypothèque et de ses avantages sur le gage, il est cependant à remarquer que, après la création prétorienne de l'action hypothécaire, ou quasi-servienne, on en arriva bientôt à étendre cette action au *pignus*. Et cette extension était d'ailleurs justifiée par ce caractère commun à l'hypothèque et au gage, de reposer chacun sur l'affectation d'une chose à la sûreté d'une dette. Il en résultait qu'il y avait bien des points communs à l'un et à l'autre ; les textes le disent eux-mêmes (5, 1 D. XX, I — Inst. IV. VI, 7). Le créancier gagiste pouvait donc s'il venait à être dépossédé, intenter l'action hypothécaire pour recouvrer la possession. Mais nous savons aussi qu'il avait à sa disposition les interdits possessoires. Quel avantage trouvait-il donc à agir par l'action hypothécaire? C'est que cette action était réelle et pouvait s'intenter contre tout détenteur de la chose grevée de l'hypothèque, tandis que l'interdit n'était donné que contre l'auteur de la dépossession violente. Dans ce cas, mais alors seulement, il était préférable pour le créancier gagiste de recourir à l'interdit; dans l'action hypothécaire, il fallait prouver que le constituant était propriétaire ou que tout au moins il avait la chose *in bonis*; tandis que dans l'interdit, la question de propriété ne se posait pas, la contestation se déroulant uniquement sur la possession.

Ainsi le vendeur resté créancier gagiste ou simplement hypothécaire, pouvait grâce à l'action quasi-servienne, suivre le bien vendu en quelques mains qu'il passât, obliger à le délaisser les tiers détenteurs, enfin le vendre pour se payer sur le prix. C'était donc pour lui un triple droit de suite, de vente et de préférence.

Si le vendeur avait les mêmes droits en cas de gage ou d'hypothèque, il ne faudrait pas faire une assimilation complète entre les deux hypothèses.

Il y avait cette différence importante que restant en possession de la chose vendue en la retenant à titre de gage, le vendeur en laissait l'acheteur en devenir possesseur en ne conservant sur elle qu'une hypothèque. Cette différence fondamentale était fertile en conséquences.

Le vendeur créancier gagiste était-il dépossédé, il pouvait agir immédiatement par l'action quasi-servienne en recouvrement de sa possession (14, pr. D XX, I). Etait-il seulement créancier hypothécaire, il ne pouvait se faire mettre en possession qu'à l'échéance du terme, l'acheteur eût-il dans l'intervalle sous-aliéné la chose.

Gardant la chose vendue *pignoris nomine*, le vendeur en conservait la possession avec tous ses avantages : le droit aux interdits et le droit de rétention, tant sur la chose elle-même que sur ses fraits et produits, et il la préservait aussi des détériorations que l'acheteur pouvait y apporter.

Enfin son droit de rétention le mettait à l'abri des dangers auxquels ne parait pas toujours une simple hypothèque. Créancier hypothécaire, le vendeur était primé sur le prix de la chose par les créanciers à hypothèque privilégiée ; par les créanciers hypothécaires antérieurs en date, et enfin par les créanciers à hypothèque générale, antérieurs à la vente (V. 2, D. XX, IV). Ces derniers mêmes pouvaient rendre inutile son hypothèque en faisant vendre précisément l'objet vendu. Et le vendeur n'avait aucun moyen d'obvier à ces inconvénients, les hypothèques en droit romain n'étant soumises à aucun régime de publicité.

En raison de cette clandestinité, l'hypothèque portant surtout sur les objets mobiliers ne pouvait être une sûreté aussi précieuse que le *pignus*, qui impliquait pour le gagiste le bénéfice de la possession.

§ IV. — *Droit d'antichrèse.*

Le vendeur pouvait encore se réserver sur la chose vendue des droits d'antichrèse. C'était une sorte de gage dans lequel le créancier gagiste retenait les fruits pour les compenser avec les intérêts de sa créance (33, D. XIII, VII — 11, 1. D. XX, I).

SECTION II. — SÛRETÉS PERSONNELLES

Le vendeur, s'il le préférait, convenait avec l'acheteur que ce dernier ne serait pas seul à supporter la charge du prix.

L'acheteur alors :

1° Ou faisait cautionner sa dette par un tiers qui s'engageait accessoirement à lui : c'était le cas d'un fidéjusseur, l'acheteur restant débiteur principal.

2° Ou trouvait une personne qui consentait à s'obliger en son lieu et place : c'était l'hypothèse de l'*expromissio*.

Dans l'un et l'autre cas, nous rappellerons que la tradition qui suivait la vente était translative de propriété (Inst. II, I, 41).

Si nous ne nous étendons pas sur les sûretés personnelles, ce n'est pas que le vendeur n'y trouvât grand avantage — il avait un débiteur de plus ; — mais c'est que l'adjonction de ce nouveau débiteur ne changeait pas les rapports de droit liant l'acheteur au vendeur, ou au contraire les faisait tout-à-fait disparaître.

———

CHAPITRE V

CONTRATS AJOUTÉS A LA VENTE

Certains contrats étaient parfois ajoutés à la vente. C'était notamment le bail et le précaire.

Les parties pouvaient y recourir soit après une vente à terme, soit également à la suite d'une vente au comptant. On comprend toutefois qu'ils n'avaient pas pour le vendeur la même importance dans l'un ou l'autre cas. C'était naturel; car d'un côté, il courait de grands risques, tandis que de l'autre, il n'avait à redouter que des inconvénients. Aussi, tandis que dans la vente au comptant, nous ne voyons le vendeur occupé qu'à chercher un moyen commode de rentrer en possession de la chose, dans la vente avec terme, au con-contraire, il cherchera à retenir la propriété même, en ôtant tout l'effet translatif à la tradition.

Ceci bien établi, il nous reste à examiner dans chaque hypothèse la situation respective des parties.

A 4

§ I. — *Contrat de bail*

En cas de bail intervenu entre l'acheteur et le vendeur, celui-ci y trouvait cet avantage :

Si la vente était au comptant, d'acquérir une voie commode de restitution de la chose sans être obligé de faire une preuve compliquée comme dans les actions réelles : c'était l'action *locati*.

Si la vente était à terme, de rester propriétaire nonobstant la tradition faite à l'acheteur, qui en sa qualité de locataire, n'était que simple détenteur.

Par cette action *locati* personnelle et de bonne foi, le vendeur poursuivait l'exécution du contrat de bail, c'est-à-dire, le payement du loyer, la réparation due par l'acheteur, pour détérioration de la chose et enfin sa restitution faute de payement du prix de vente.

Ordinairement le contrat de louage donnait naissance à deux obligations réciproques ; il n'en était pas ainsi entre le vendeur et l'acheteur. Si celui-ci était tenu par l'action *locati*, comme un locataire véritable, le vendeur, tout en jouissant des prérogatives de sa qualité de bailleur, n'en supportait pas les charges. C'est du moins ce que dit au Digeste la loi 20 § 2, XIX, II. C'était donc une convention tout à l'avantage du vendeur, qui pouvait facilement rentrer en possession de la chose vendue.

Mais l'action *locati* était seulement personnelle, nous l'avons dit ; elle ne pouvait donc être intentée que contre l'acheteur, et s'il se refusait à se dessaisir de la chose, le vendeur n'obtenait qu'une condamnation pécuniaire. Il lui était d'ailleurs libre d'agir en revendication, et de faire exécuter par la force armée l'ordre du juge intimant à l'acheteur de restituer la chose ; l'action *locati* pouvait cependant être préférable pour le vendeur en ce que, pour triompher, il n'avait qu'à faire la preuve de la convention de louage. Il y avait donc recours :

1° S'il lui était impossible de prouver qu'il était propriétaire, preuve exigée dans la revendication ;

2° S'il ne pouvait pas même prouver une juste cause à sa possession, preuve suffisante, mais nécessaire dans l'action publicienne.

Au contraire, il avait intérêt à agir par l'action réelle :

1° Dans le cas de l'insolvabilité de l'acheteur, une condamnation pécuniaire étant encore illusoire ;

2° Lorsque l'acheteur avait remis la chose à des tiers passibles seulement d'une action *in rem*.

Enfin l'acheteur, comme tout locataire, n'avait que la simple détention de la chose ; le vendeur restait possesseur *ad usucapionem* et *ad interdicta* (16 D. XVIII, VI-6, 2 D. XLIII, XXVI — I, C. VII, XXX). Il pouvait donc se défendre par les voies possessoires contre les troubles dans sa possession, et il devait même défendre l'acheteur auquel les interdits étaient refusés (9, pr. D. XIX, II).

L'acheteur tenu du loyer de la chose, le devait-il encore en s'acquittant du prix de vente ? Tout dépendait de la convention des parties, le louage étant un contrat de bonne foi, avec cette restriction que le loyer ne saurait être dû que pour le temps écoulé entre la tradition et le paiement intégral du prix de vente (21 D. XIX, II)[1].

La convention de louage entre le vendeur et l'acheteur pouvait encore se rencontrer lorsque la chose restait entre les mains du vendeur à titre de gage (35,1 D. XIII, VII).

[1] En ce sens, Accarias, I, 4ᵉ éd. p. 583, n. 2.

§ II. — Convention de précaire

Comme la convention de louage, la convention de précaire permettait au vendeur au comptant de rentrer aisément, et quand bon lui semblait, en possession de la chose vendue, et au vendeur à terme, de rester propriétaire nonobstant toute tradition.

Il est même permis de croire que l'on recourait de préférence au précaire, en raison de ses avantages sur une convention de bail.

Le vendeur restait possesseur *ad usucapionem* et reprenait à son gré, *ad nutum*, la détention de la chose, en révoquant la concession en précaire. Cette faculté essentielle de révocation, même un terme eût-il été concédé (12, pr. D. XLIII,XXVI), tient à ce que, primitivement, le précaire n'engendrait ni droits, ni obligations. C'est ainsi que le concédant n'avait aucune action contre le précariste pour reprendre sa chose. Il fallut créer une voie spéciale de recours, l'interdit *de precario* (14 D. eod.). Cet interdit était donné pour reprendre la chose tenue en précaire, non seulement contre le précariste, mais encore contre ses héritiers (8,8 D. eod.). Plus tard, tout en restant révocable *ad nutum*, le précaire donna lieu contre le précariste à une action personnelle, l'action de bonne foi *præscriptis verbis*, selon Ulpien (2,2 *in fine* D. eod), la *condictio incerti*, par conséquent de droit strict, comme toutes les *condictiones*, s'il faut en croire Julien (19, 2 D. eod) 1.

---

1 On oppose il est vrai les derniers mots du texte de Julien qui embleraient bien indiquer que, comme Ulpien, il avait en vue l'action *præscriptis verbis*. Mais on peut croire que ces mots ont été ajoutés au texte primitif, car Julien aurait probablement, avec l'école sabinienne dont il faisait partie (2, 47 *in fine*, D. 1. II). rejeté l'action *præscriptis*

A côté des avantages que le vendeur rencontrait dans la concession de la chose en précaire, il y en avait aussi pour l'acheteur. La possession, en effet, était comme dédoublée, la possession *ad usucapionem* restant au vendeur, celle *ad interdicta* passant à l'acheteur. Celui-ci avait donc les interdits contre tous ceux qui le troublaient dans sa possession, sauf contre le vendeur, à l'égard duquel il n'était pas censé posséder (4,1 ; 17, D. eod).

Grâce à tous ces moyens, le vendeur pouvait donc, quand il lui plaisait, reprendre la chose, et cela en prouvant simplement la convention de précaire, sans être tenu de fournir les preuves difficiles exigées dans les actions réelles.

Ajoutons en terminant que le précaire se constituait tant sur les meubles, *in rebus etiam mobilibus*, comme dit Ulpien (4, pr. D. eod), que sur les immeubles, et qu'il pouvait se rencontrer sur la chose engagée, lorsque le vendeur l'avait retenue comme affectée à la sûreté de sa créance (35, 1 D. XIII, VII).

verbis. Cette action d'ailleurs est de bonne foi, d'après l'opinion générale (Inst. IV, VI. 28 — 2,2 D. XLIII. XXVI — I, pr. D. XIX, III). V. Accarias, II, 4e éd. p. 257, n. 2 et nº 870-2º.

CHAPITRE VI

CLAUSES SPÉCIALES DU CONTRAT DE VENTE TENDANT A GARANTIR LE
PAIEMENT DU PRIX

Nous arrivons maintenant à l'étude des clauses spéciales
de la vente destinées à garantir le paiement du prix. C'était
principalement le *pactum reservati dominii* et la *lex commissoria*.

SECTION I. —— PACTUM RESERVATI DOMINII

Il nous faut d'abord dire quelques mots du *pactum reservati dominii*, clause en vertu de laquelle le vendeur se réservait la propriété de la chose jusqu'au paiement du prix. Il
était alors dans la même situation que s'il n'avait pas accordé
de terme à l'acheteur; c'est-à-dire que, resté propriétaire,
il pouvait exercer contre lui les actions réelles.

Ce pacte ne se conçoit donc que dans les ventes à terme,
le vendeur au comptant non payé ne perdant pas ses droits
de propriétaire. Il était exprès ou tacite : exprès lorsque les
parties manifestaient formellement leur intention d'y recou-

rir ; tacite lorsqu'elles le laissaient seulement supposer ; ce qui arrivait, à n'en pas douter, dans les ventes à terme suivies d'une convention de bail ou de précaire, le vendeur se réservant alors la propriété de la chose vendue.

Le pacte *reservati dominii* replaçait donc les parties dans la situation d'une vente au comptant. Concluons-en, comme nous avons essayé de le soutenir, que le vendeur était alors propriétaire et possesseur non seulement *ad usucapionem*, mais encore *ad interdicta*.

SECTION II. —— LEX COMMISSORIA.

§ I.—— *Le droit romain n'admettait pas la résolution de plein droit de la vente*

Le code civil accorde formellement au vendeur le droit de résolution en son article 1654. Il n'en était pas ainsi en droit romain.

Dans les ventes au comptant, le vendeur n'avait pas d'action résolutoire. Il était armé de la revendication, et rentrait ainsi en possession de la chose vendue ; mais cette restitution n'entraînait pas la résolution du contrat de vente ; il subsistait toujours, nous l'avons déjà vu, et chaque partie avait le droit de l'invoquer.

Dans les ventes à termes, il n'y avait pas davantage de résolution légale. Si donc, ayant suivi la foi de l'acheteur, il avait fait une tradition translative de propriété, il n'avait, en cas de non paiement du prix, aucun moyen, aucune *condictio*, pour résoudre la vente et redevenir propriétaire. Jamais la résolution de la vente ne pouvait résulter du non paiement du prix au terme convenu.

Il en était autrement dans les contrats innommés, tels que

l'échange. Dans ces contrats, en effet, la résolution existait de plein droit au profit de celui qui avait exécuté son engagement : l'autre partie, au contraire, ne s'exécutait-elle pas, elle était passible de la part de l'autre d'une *condictio*. Dans l'hypothèse d'un contrat *do ut des*, la partie qui en exécution de ce pacte avait transféré la propriété à l'autre, pouvait, si elle n'obtenait pas une translation réciproque, réclamer la restitution de ce qu'elle avait aliéné par la *condictio ob rem dati, re non secuta*. Cette *condictio* ne lui fut même pas enlevée quand plus tard on admit aussi à son profit l'action *præscriptis verbis*; pour obtenir de la partie récalcitrante l'exécution de ses engagements (5, 1 et 2, D· XIX, V).

Pourquoi donc la vente, comme les contrats innommés, ne donnait-elle pas naissance à la *condictio ob rem dati, re non secuta, ou à la condictio ob pœnitentiam?* C'est que dans la vente, les obligations de l'acheteur et du vendeur une fois nées, étaient indépendantes l'une de l'autre. Le vendeur s'est obligé parce que l'acheteur s'est lui-même obligé; la cause de l'obligation de l'un est l'obligation de l'autre; la naissance de l'une est la condition de la naissance de l'autre; mais après, ces deux obligations n'ont pas de sort commun; si le vendeur a fait tradition de la chose, c'est pour s'acquitter de son obligation; s'il n'est pas payé, il ne saurait prétendre à la restitution de la chose par une *condictio ob rem dati, re non secuta*, parce que le transfert de la propriété, qu'il a effectué à une raison d'être, destiné qu'il est à éteindre son obligation. On ne peut donc pas dire qu'il y ait *causa non secuta*. Dans l'hypothèse d'un contrat innommé, au contraire, *do ut des*, la dation de l'un des contractants a pour cause la dation en retour de l'autre. L'une d'elles venant à manquer, l'autre n'a plus de cause, et par suite, celui dont elle émane peut répéter ce qu'il a donné. Supposons un échange: le coéchangiste, qui aurait aliéné la chose promise sans obtenir une aliénation réciproque de celle que l'autre s'est engagé à lui transférer en retour, intenterait valablement la *condictio*, car *res non secuta est*.

Une imprudence de l'acheteur pourrait dans une circonstance spéciale conduire en fait au même résultat qu'une résolution légale. Il faudrait supposer une vente non suivie de tradition, et l'acheteur réclamant sa mise en possession par l'action *empti* sans payer le prix. Le vendeur repousserait l'acheteur par une exception de dol, et celui-ci ne pourrait plus désormais demander en justice l'exécution du contrat de vente, même en offrant de payer le prix, sans se heurter à l'exception *rei in judicium deductæ*, invoquée par le vendeur. Ce n'est là, à vrai dire, qu'un moyen de défense, et ce ne devait être que très rarement qu'il pouvait s'en servir.

Il est donc rationnel, ainsi que nous venons de le démontrer que le vendeur non payé ne puisse, en s'appuyant sur la résolution de la vente, réclamer la restitution de la chose dont il a transféré la propriété à l'acheteur (8 C. IV, XXXVIII — 12 C., III, XXXII).

Mais s'il n'y avait pas de résolution légale, il était permis au vendeur de se réserver ce droit par l'insertion dans la vente d'une clause expresse, et l'on comprend combien ces clauses devaient être fréquentes à Rome : c'était la *lex commissoria*.

§ II. — *Définition de la lex commissoria. — Son utilité quand elle intervient après une vente à terme ou après une vente au comptant. — Peut-elle être ajoutée à la vente sous forme de condition suspensive ?*

La *lex commissoria* était un pacte par lequel il était convenu entre le vendeur et l'acheteur que si ce dernier ne payait pas le prix, la vente serait résolue.

Ces deux mots : *lex commissoria*, ont donné lieu quant à leur signification et à leur partie à des controverses très vives. Trompé par le mot *lex*, un interprète du droit romain a cru qu'il s'agissait d'une loi votée par le peuple dans ses comices. Cujas s'est chargé de rectifier cette singulière opinion et Favre dit lui aussi : « ex quo intelligimus quam ridiculi fuerint qui de lege commissoria ita scripserunt quasi sit una ex romanis legibus a populo rogatis, senatorio magistratu interrogante. » (Rationalia, de Lege Comm. XVIII, III, ad l. 1, tome V p. 350). *Lex* veut simplement dire un pacte intervenu entre les parties, pacte avec force obligatoire : « lex hodie dicitur communi nomine omnibus pactionibus, quæ legem contractui dant. » (Cujas, Paratitla Dig. lib, XVIII, tit. III.). Mais c'est principalement le qualificatif de *commissoria* qui a divisé les auteurs. Ainsi Cujas dit que si le pacte a été appelé commissoire, c'est parce qu'en l'invoquant le vendeur « in universam venditionem committit », c'est-à-dire ébranle la vente elle-même (Paratitla Dig., eod). Selon Voet (ad Pandectas, lib. XVIII, tit. III, de Lege Comm. tome I, p. 626), *commissoria* veut dire que le vendeur a entre les mains le sort du contrat en entier : « Venditio tota committitur, arbi, trio venditoris. » Ce qui est le propre du pacte commissoire, selon Doneau, c'est l'idée du retour de la chose vendue, du domaine de l'acheteur dans celui du vendeur. Le premier est frappé d'une déchéance pareille à celle qui atteint celui qui fraude le fisc (Doneau, Comment. in Cod. lib. VIII, tit. XXXV, tome 9, p. 1224). Quant à Ant. Favre (loc. cit.), la *lex commissoria* repose pour lui en entier sur le non paiement du prix par l'acheteur. C'est ce que les parties avaient prévu qui arrive ; la condition se réalise, la vente doit alors se résoudre conformément à la loi des parties. Ainsi ce qui caractériserait selon Favre le pacte commissoire, c'est que l'événement qui y est prévu y arrive, sans le secours d'un fait positif, comme le pacte de *in diem addictio*, qui nécessite de la part du tiers *adjiciens* des offres supérieures à celle de l'acheteur.

Quoi qu'il en soit du sens précis que les auteurs donnaient au mot *commissoria*, ce qui domine dans cette expression, c'est l'idée de déchéance qui sera encourue sous la condition de l'arrivée d'un événement futur et incertain. Cette déchéance, c'est une sorte de clause à caractère de pénalité, et de fait, de même que l'on dit *pœna committitur*, la clause pénale est encourue, de même *lex committitur* signifiera que la résolution de la vente l'est également.

On trouve bien aussi, pouvant s'ajouter à une convention de gage, une *lex commissoria*; mais elle n'avait guère de commun que le nom avec la clause que nous étudions; sauf pourtant le caractère de pénalité. Grâce à elle, en effet, le créancier gagiste, si le débiteur ne s'était pas acquitté à l'échéance, conservait définitivement comme propriétaire la chose retenue par lui jusque-là à titre de gage. Cette clause qui mettait le débiteur à la merci de son créancier, fut défendue par une constitution impériale (3 C. VIII, XXXV).

Le pacte commissoire pouvait-il intervenir après une vente au comptant comme après une vente à terme?

Dans ce dernier cas, son utilité apparaît évidente. Le vendeur, en effet, n'est plus propriétaire; il est exposé à l'insolvabilité de l'acheteur. Avec la *lex commissoria*, il se réservait un moyen, l'acheteur ne payant pas, de réclamer la chose vendue. Il est vrai que d'abord la *lex commissoria* n'entraînait que la résolution du contrat; mais au moins le vendeur y trouvait-il cet avantage, que s'il parvenait à se faire restituer la chose, il pouvait en disposer à son gré, sans craindre que l'acheteur n'invoquât plus tard le contrat, et vraisemblablement celui-ci devait préférer restituer que de s'exposer à une condamnation pécuniaire, supérieure peut-être à la valeur de l'objet. Mais c'est vraiment dans le dernier état du droit qu'éclate l'utilité de la *lex commissoria*. Accomplie, elle produisait en effet non seulement la résolution de la vente, mais encore le retour *ipso jure* de la propriété au vendeur.

Quant à l'hypothèse d'un pacte commissoire greffé sur une vente au comptant, les textes gardent le silence, et semblent supposer au contraire un délai fixé dans la convention. Il n'y a cependant aucune raison qui s'oppose à ce que la clause soit insérée dans la vente, aussi bien quand le vendeur doit par la tradition rester propriétaire, que lorsqu'en livrant il cesse de l'être. Et son utilité, quoique moins grande dans une vente au comptant, n'en est pas moins très réelle. Grâce à elle, le vendeur n'avait pas, comme dans la revendication, à faire la preuve de sa propriété. Elle avait cet autre avantage de décharger le vendeur des obligations dérivant du contrat de vente ; tandis que, si après livraison le vendeur non payé reprenait la chose vendue, en intentant l'action en revendication, la restitution obtenue ne portait aucune atteinte au contrat, qui restait en vigueur avec tous ses effets, notamment celui de lier le vendeur. Celui-ci se trouvait donc obligé de garder indéfiniment la chose, et ne pouvait en disposer sans s'exposer à un recours en dommages-intérêts, possible de la part de l'acheteur revenu à meilleure fortune, et réclamant tradition de la chose en échange du prix. Il faudrait en dire autant, si la vente n'avait été suivie d'aucune tradition, et si la *lex commissoria* s'était accomplie sans que le vendeur eût perdu son droit de rétention.

La *lex commissoria* était, avons-nous dit, un pacte adjoint à la vente ; comme la vente était un contrat de bonne foi, il y avait lieu d'appliquer au pacte commissoire les règles relatives aux pactes adjoints à un contrat de bonne foi : ces règles, nous allons les rappeler brièvement.

Etait-ce un pacte ajouté au contrat *in continenti*, c'est-à-dire à l'instant même de sa formation, il faisait corps pour ainsi dire avec lui, et il était sanctionné par une action (13, C., II, III), qui était celle du contrat même (7, 5 D II, XIV).

Mais il en était autrement des pactes adjoints *ex intervallo*, c'est-à-dire après la formation du contrat. Ils ne donnaient naissance à aucune action ; on ne pouvait les opposer qu'à l'aide d'une exception (13, C. II, III). Telle était la règle ; mais elle fléchissait et admettait des restrictions en matière de contrats consensuels. Le pacte ne touchait-il qu'aux *adminicula*, c'est-à-dire qu'aux éléments accidentels du contrat, il ne produisait toujours qu'une exception. Atteignait-il les *substantialia*, les éléments essentiels de la convention, alors il opérait *ipso jure*, c'est-à-dire qu'il était susceptible d'exécution tant par voie d'action que comme moyen de défense, pourvu d'ailleurs qu'il intervînt avant tout commencement d'exécution du contrat *rebus adhuc integris*. Un tel pacte, en réalité, n'était qu'une nouvelle convention, modifiant l'ancienne dans son essence et la remplaçant même (7. 6. D. 2, XIV, pr. D. XVIII, I) [1]. En particulier, la *lex commissoria* était une véritable convention en sens contraire de la vente ; or de même que les contrats consensuels naissaient en somme d'un simple pacte, de même pouvaient-ils se dissoudre de plein droit, par un nouveau pacte en sens opposé. C'était une application de ce que les Romains appelaient le *contrarius consensus*. Mais pour que le pacte fût une convention pouvant remplacer la première, était-

---

[1] En ce sens : Accarias, II, 3ᵉ éd. p. 564, n. 2.

il au moins nécessaire que celle-ci fût susceptible d'être remplacée, ce qui ne pourrait plus être, si l'une des parties avait en vertu du contrat primitif procédé à un commencement d'exécution échappant à toute répétition. Tel serait le paiement partiel du prix. Et comme il serait injuste que la partie qui a déjà bénéficié de l'exécution de l'obligation de l'autre contractant, profitât de la dissolution du contrat, celui qui s'est acquitté de son obligation serait en droit, malgré le pacte dissolutoire, de forcer son cocontractant à s'exécuter de son côté. En résumé, la *lex commissoria* intervenue après la vente *re non integra*, ne peut plus être sanctionnée par l'action du contrat, ne peut pas davantage servir de base à une action (7, 4 D. II, XIV), et par suite ne peut être invoquée que comme moyen de défense, c'est-à-dire comme une exception. A ce titre, elle pourra, rarement pourtant, être utile au vendeur. L'hypothèse à prévoir est la suivante : il y a eu vente, suivie de tradition de la chose vendue ; les parties conviennent, *re non integra*, d'une *lex commissoria* ; l'acheteur pour une raison quelconque a restitué la chose au vendeur ; la condition résolutoire contenue dans la *lex* s'accomplit et l'acheteur l'argent en main, réclame l'exécution de la vente ; le vendeur dans ce cas se retranchera valablement derrière l'exception tirée du pacte commissoire pour garder la chose.

Le pacte commissoire était-il toujours adjoint à la vente, sous forme de condition résolutoire, comme le supposent les textes, ou bien au contraire était-il possible d'en faire une condition suspensive, formulée, par exemple, en ces termes : *si intra decem menses pretium solutum sit, res empta habeatur*.

La *lex commissoria* était-elle suspensive, il en résultait les conséquences suivantes :

A. *Pendente conditione*, c'est-à-dire tant que la condition est en suspens, le contrat n'est pas encore formé. Aucun droit, aucune obligation ne prend naissance.

Par suite : l'acheteur n'a aucune action pour obliger le vendeur resté propriétaire à faire tradition ; — la perte for. tuite de la chose vendue met obstacle à la formation du contrat, et le vendeur la supporte ; [1] — les fruits sont acquis au vendeur ; — l'usucapion continue de courir au profit du vendeur, si déjà il était *in causa usucapiendi* ; s'il était possesseur de mauvaise foi, il n'y a pas lieu à usucapion ; il ne peut usucaper, ni l'acheteur non plus, car il est de principe qu'elle ne peut procéder que du jour où la tradition aurait été translative, si elle eût émané du véritable propriétaire, c'est-à-dire en matière de vente, du jour du paiement [2] ; — enfin, la propriété reste au vendeur, comme la possession . Nous allons voir bientôt ce qui découle de cette dernière conséquence.

---

[1] Mais la perte partielle n'empêche pas la naissance du contrat, elle reste à la charge de l'acheteur (Vernet, théorie des Obligations, p. 133). Le principe de la rétroactivité de la condition accomplie intervenait ici, pour faire regarder la vente comme pure et simple, dès l'instant même de la convention ; cette idée de rétroactivité ne pouvait être invoquée par le vendeur en cas de perte fortuite totale. pour se décharger du risque sur l'acheteur ; parce que, précisément à cause de cette perte survenue, la condition ne s'accomplissait plus en temps utile.

[2] Que l'acheteur ne puisse usucaper tant que le prix n'est pas payé, cela est bien certain. puisque la vente n'est pas encore formée : il lui manque donc le juste titre. Nous avons même soutenu que si l'acheteur ne payait pas, la tradition qui avait pu lui être faite en exécution de la vente ne lui conférait ni la possession *ad usucapionem*, nous venons de le dire, ni même la possession *at interdicta* ; cela revient à dire que nous n'avons vu dans l'acheteur qu'un instrument de la possession du vendeur, un détenteur précaire. Conséquemment, nous en déduirons qu'il possède *ad usucapionem* seulement du jour du paiement, sans pouvoir y ajouter la possession antérieure.

[3] Même comme le dit M. Accarias (II, 3e éd. p. 480, n. 3), tant que la condition reste pendante, non seulement les parties n'ont pas d'action l'une contre l'autre. mais l'exécution anticipée du contrat ne ferait pas qu'il existât. En conséquence, l'acheteur répèterait son prix, s'il l'avait payé par erreur (16, pr. D. XII, VI).

Toutes les solutions que nous venons de rappeler se trouvent résumées dans la loi 8, pr. D. XVIII, VI [1].

B. *Eveniente conditione*. Voyons maintenant les effets de l'accomplissement de la *lex*.

Si la *lex* s'accomplit, c'est-à-dire si le prix est payé ; autrement dit encore, si la condition se réalise, la vente devient pure et simple.

Conséquences :

Si la tradition n'a pas été faite, l'acheteur est en droit de la réclamer ; — l'usucapion court dès ce moment au profit de l'acheteur ; — la propriété de la chose vendue est désormais acquise à l'acheteur, mais à dater de ce jour et sans aucune rétroactivité, ainsi que les textes permettent bien de le supposer ; « sed interim res non statim fiunt ejus, cui donatæ sunt, sed tunc demum, cum mors insecuta est. Medio igitur tempore, dominium remanet apud eum, qui donavit » (11, pr. D. XXIV, I) [2] ; — si le vendeur a, *pendente conditionne*, grevé la chose de droits réels, l'acheteur n'est pas obligé de les respecter [3].

---

[1] V. sur cette loi : Bufnoir, th. de la Condition, p. 246 et s.

[2] En ce sens, Bufnoir, op. cit. p. 407 et s.

[3] On serait tenté de rattacher un pareil résultat à ce que la propriété prendrait naissance sur la tête de l'acheteur, rétroactivement au jour de la vente ; mais nous avons reconnu que l'arrivée de la condition n'avait aucun effet rétroactif sur la transmission de la propriété. Les textes le supposent, puisqu'ils disent que la propriété ne passe à l'acquéreur qu'à l'arrivée de la condition, et, que l'aliénateur conserve ses droits jusqu'a ce moment (V. 11 pr. D. XXIV, I *supra* — 12, 5 D. VII, I). Il est préférable d'appliquer cette importante conséquence de la tradition faite avant tout paiement par la règle : *nemo plus juris ad alium transferre potest quam ipse habet*, qui doit s'entendre aussi bien de l'étendue que de la durée des droits que l'on peut conférer. Il est certain en effet que les droits de l'aliénateur étaient susceptibles de s'éteindre, le cas échéant, par l'accomplissement de la condition. Comment donc aurait-il pu transmettre à autrui des droits non soumis aux mêmes éventualités, aux mêmes chances d'extinction que les siens propres ?

C. *Deficiente conditione*, la vente ne prend jamais naissance ; c'est comme si les parties n'avaient jamais contracté ensemble.

Telles sont les conséquences qui résulteraient d'une *lex commissoria* suspensive. Si au contraire elle avait été ajoutée à la vente comme condition résolutoire, « *si intra decem menses, pecunia soluta non est, fundus inemptus sit* », nous serions en présence de tous autres résultats.

Cette différence venait de ce que les deux conditions n'affectaient pas de la même manière les rapports de droit entre les parties. Avec une condition résolutoire, ces rapports étaient considérés comme purs et simples dès leur naissance, et pour que l'on n'en doute pas, les textes insistent sur cette idée, particulièrement pour la vente : « *pura est emptio,* disent-ils, *quæ sub conditione resolvitur* » (2, pr. D. XVIII, II).

Sans entrer dans les détails, nous déduirons de ce qui précède que :

A. *Pendente conditione :* la vente était déjà formée ; — les risques étaient pour l'acheteur ; — il pouvait exiger la tradition qui le rendait propriétaire, si le vendeur l'était ; ou dans le cas contraire, le mettait *in causa usucapiendi*, s'il était lui-même de bonne foi ; — les fruits et accessoires étaient immédiatement acquis à l'acheteur ; — étant propriétaire, il était aussi possesseur de la chose, et possédait tant *ad interdicta* que *ad usucapionem* (2, 1 D. XVIII, II).

B. *Eveniente conditione*, les parties devaient se remettre au moyen de restitutions réciproques dans le même état que si rien n'était intervenu entre elles ; — dans le dernier état du droit, la propriété de la chose faisait retour *ipso jure* au vendeur ; mais comme nous le verrons, sans effet rétroactif ; — les droits réels consentis par le vendeur sur la chose, pendant la suspension de la condition, étaient assimilables à ceux émanant d'un *non dominus* [1].

C. *Deficiente conditione*, la vente n'est pas résolue ; elle est réputée pure et simple dès le jour de la convention.

Concluons de ce parallèle entre les effets différents de la *lex commissaria*, envisagée par les parties comme condition résolutoire ou seulement suspensive, qu'il y a intérêt et grand intérêt à savoir s'il était possible de donner au pacte commissoire la forme d'une condition suspensive.

Déjà les vieux auteurs étaient en désaccord sur cette question. Cujas, Voët et Doneau [2] laissaient aux contractants la liberté du choix ; Ant. Favre la leur refusait [3].

Il y a, il faut le reconnaître, de très sérieux arguments pour soutenir que la vente avec pacte commissoire ne pouvait être qu'une vente pure et simple, *quæ sub conditione resolvi potest*.

Comment, voilà une convention destinée à protéger efficacement les droits du vendeur, qui va précisément se retourner contre lui ? Et c'est bien ce qui va arriver, dit-

---

[1] Et la non rétroactivité de la condition s'étendait même sur la vente qui disparaissait et prenait fin (4, pr. D. XVIII, III), sans être effacée dans le passé. Cette remarque n'est pas sans intérêt, car la tradition faite à l'acheteur ne se trouve jamais l'avoir été sans *justa causa* ; il a donc pu s'il y avait lieu, usucaper avant l'arrivée de la condition, et nous nous demanderons si le vendeur *in causa usucapiendi* avant la vente et reprenant la chose après l'événement de la condition, pouvait joindre à sa possession celle de l'acheteur. Oui, à l'origine, quand le retour de la chose au vendeur était traité comme une rétrocession et non comme une résolution ; il s'établissait alors des rapports d'ayant cause entre l'acheteur et le vendeur, et l'*accessio possessionum* s'opérait, à la condition que le vendeur fût toujours de bonne foi (19 D. XLI, III). Ce qui resta vrai encore dans le dernier état du droit, bien qu'il n'y eût plus de rétrocession, les anciens principes pouvant toujours être invoqués (V. Bufnoir, théorie de la condition, p. 485).

[2] Cujas, comment. ad tit LIV, lib. IV, Cod. tome 9, col. 388. — Voet ad Pandectas, tome I, p. 626. — Doneau. de jure civili, lib. XVI, cap. XIX, § VI, tome 4, col. 899.

[3] Favre, Rat. de Lég. Comm. XVIII, III, tome 5 p. 349.

on, si la *lex commissoria* forme une condition suspensive. Car l'acheteur a entre les mains le sort du contrat ; si son intérêt le lui conseille, il paiera le prix et fera exécuter la vente ; sinon, il l'empêchera de se former en ne payant pas dans le délai assigné. Le vendeur, singulière anomalie, est lié par le contrat ; l'acheteur, tout au contraire, est libre de ne pas mettre à exécution ses obligations ! La chose vendue vient-elle fortuitement à se détériorer, c'est le vendeur qui le supportera. Mais le droit romain lui-même s'opposait à un pareil résultat ; un tel pouvoir entre les mains de l'acheteur ne lui paraissait pas possible et sous la qualification de condition potestative, il le prohibait en annulant le contrat de vente lui-même (7 pr. D. XVIII, I — 8 D. XLIV, VII — 17 ; 46, 3. D. XLV, I — 13, C. IV, XXXVIII).

Cet argument est-il bien décisif ? peut-être l'acheteur n'est pas obligé, mais faut-il en conclure que le vendeur ne l'est pas non plus ? Les textes nous donnent des exemples où le vendeur seul l'est d'abord, C'est ainsi que d'après les Institutes (III, XXIV, 4), la vente peut être valable, bien qu'affectée de la condition que, dans un certain délai, l'objet plaira à l'acheteur *si Stichus intra certum diem tibi placuerit.* Pareillement encore au Digeste (34, 5, XVIII, I), la vente *ad gustum* n'est autre qu'une vente soumise à la condition suspensive de son agrément. Un acheteur se rend à son insu acquéreur de lieux affectés au culte ou de toute autre chose hors du commerce ; le vendeur, qui l'a trompé, est passible de l'action *empti* sans pouvoir riposter par l'action *venditi.* N'est-ce pas encore ici un cas où une convention synallagmatique n'oblige que l'un des contractants [1] ? Il n'y avait donc rien dans une *lex commissoria* suspensive, qui fût incompatible

---

[1] V. Bufnoir, op. cit. p. 123.

avec les principes du droit romain ? Et d'ailleurs, le contrat était-il si complètement livré à la merci de l'acheteur ?

Le terme arrivé sans paiement du prix, le vendeur ne pouvait-il à son gré ou invoquer la résolution de la vente, ou n'en pas tenir compte, et poursuivre l'exécution du contrat en réclamant le prix ?

Battus dans l'argument tiré des principes du droit, nos adversaires invoquent les textes. Sans doute, ils nous concèdent qu'Ulpien, dans la loi 2 Dig. XVIII, II, admettait dans une vente avec clause d'*addictio in diem* la possibilité de l'insertion de cette clause comme condition suspensive, si telle était la volonté expresse des parties; mais ils prétendent que le jurisconsulte s'écartait par là de la théorie générale et qu'il se refusait nettement dans la loi 1 Dig. XVIII, III à laisser la *lex commissoria* affecter cette forme. C'est ce qui résulterait des termes dont il s'est servi : hésitants lorsqu'il parle de l'*in diem addictio*, affirmatifs pour le pacte commissoire.

Voici d'ailleurs comment est conçue la loi 1 § 1 : « Si fundus commissoria lege venierit, magis est, ut sub conditione resolvi emptio, quam sub conditione contrahi videatur » : On prétend que l'expression *magis est* n'a pas un sens comparatif mais un sens absolu; c'est une affirmation. Il est permis de trouver que cette interprétation dénature la portée de l'expression dont le sens le plus vrai est : *il est preferable*, et l'on peut traduire la phrase d'Ulpien ainsi : Si un fonds a été vendu avec la clause commissoire, il est préférable de considérer la vente comme résoluble sous condition, que comme conclue sous condition. La loi ainsi traduite, Ulpien nous laisse clairement entendre que s'il vaut mieux présumer que la *lex commissoria* est résolutoire, il n'est pas impossible qu'elle soit suspensive.

Pour soutenir qu'en théorie au moins on pouvait affecter

la vente d'une *lex* suspensive, on peut s'appuyer sur la loi 2 § 3 au Digeste XLI, IV, qui semble bien décisive. Elle se place dans l'hypothèse de la vente d'une chose faite sous la condition du paiement dans un certain délai ; si cette condition est résolutoire, la vente sera *perfecta ab initio,* et réputée pure et simple. Par suite aussi, comme nous avons eu occasion de le dire, l'acheteur possédera *ad usucapionem pendente conditione* (2, 4 D. eod — 2, 1 D. XVIII, II). Si la condition est suspensive, les résultats seront tout autres, et tant que la condition restera en suspens, aucune usucapion ne sera possible pour l'acquéreur. Mais c'est ce que Sabinus suppose dans le texte en disant : « *non usucapturum nisi persoluta pecunia* » ; il se plaçait donc dans le cas d'une *lex commissoria* suspensive. La suite du texte ne permet pas d'en douter. Paul qui rapporte l'opinion de Sabinus la critique ; mais ses réserves mêmes laissent bien croire à la possibilité d'une *lex commissoria* suspensive. Il fait seulement observer qu'il ne faut pas donner à ce que dit Sabinus une portée trop générale : il faut distinguer si cette clause est une condition ou une convention : *sed videamus utrum conditio sit hoc an conventio.* Si c'est une convention continue Paul, il vaut mieux dire que la vente sera résolue que non formée, en cas de non paiement. Ici encore nous retrouvons sous la plume de Paul la même expression *magis* dont s'est servi Ulpien dans la loi 1, eod. tit. Les deux expressions sont pareilles et leur sens identique. Tout ce que l'on peut avancer, c'est que pour les deux jurisconsultes, seule la *lex commissoria* résolutoire était présumée, la *lex* suspensive n'étant pas impossible, mais devant clairement résulter de l'intention et des termes des parties. [1]

---

[1] Il y a un texte que l'on fait fréquemment intervenir dans la controverse dont nous nous occupons actuellement ; c'est la loi du juriscon-

Mais si le pacte commissoire pouvait valablement prendre la forme d'une condition suspensive, en fait on ne rencontrait guère dans la pratique qu'une *lex commissoria* sous condition résolutoire. C'est d'abord ce que les textes supposent bien en ne présentant la vente avec pacte commissoire que comme affectée d'une semblable condition. Et cela se comprend, puisque ce pacte avait pour but de garantir les droits du vendeur. Il n'est pas vraisemblable qu'il le consentît de

suite Hermogénien 38 § 2, D. XXXV, II, ainsi conçue : « Cujus ususfructus alienus est, in dominio proprietatis connumeratur ; pignori dati, in debitoris ; sub lege commissoria distracti, item ad diem addicti, in venditoris. ». Ce texte sert d'argument tant pour l'une que pour l'autre opinion, tandis qu'à la vérité il est complètement étranger à la question débattue. Dans cette loi, Hermogénien se préoccupe du calcul de la quarte Falcidie et spécialement du cas d'un esclave sur lequel plusieurs personnes ont des droits. Dans quel patrimoine doit-on ranger l'esclave donné en usufruit, en gage, ou vendu enfin avec pacte commissoire? Le jurisconsulte répond pour cette dernière hypothèse : dans le patrimoine du vendeur. C'est donc qu'il suppose que celui-ci en est resté propriétaire : or il faut pour cela que la vente soit faite sous condition suspensive, sinon ce serait l'acheteur qui en serait propriétaire. Donc, dit-on, cette loi confirme bien l'opinion selon laquelle le pacte commissoire est susceptible de suspendre les effets de la vente. — A cela, on répond qu'Hermogénien ne doute pas que la *lex commissoria* ne soit résolutoire, et par suite que l'acheteur ne soit propriétaire de l'esclave ; mais que cependant on peut toujours en considérer le vendeur comme tel, en vertu de ce principe que : *is qui actionem habet ad rem recuperandam ipsam rem habere videtur* (15 D L, XVII); que si l'on objecte qu'interpréter ainsi la pensée du jurisconsulte, c'est s'obliger à compter l'esclave dans les deux patrimoines du vendeur et de l'acheteur propriétaire lui aussi, *pendente conditione* au moins, on détruit cette objection à l'aide du *principium* de la loi, où il est dit : *statuliber heredis non auget familiam*, c'est-à-dire que l'esclave affranchi sous condition ne fait pas partie des biens du défunt. Il appartient bien pourtant à l'héritier en attendant l'événement de la condition, de même qu'à l'acheteur. Mais le jurisconsulte ne le range dans le patrimoine ni de l'un ni de l'autre, parce que pour lui, tant qu'un bien n'est pas irrévocablement entré dans le patrimoine, il ne doit pas y figurer.

Les deux opinions se réclamant de la loi d'Hermogénien avec des arguments aussi convaincants d'un côté que de l'autre, il reste à trouver une meilleure explication du texte.

Lorsqu'il s'agissait d'appliquer la Falcidie, il fallait bien dans l'extinction des forces de la succession tenir compte des droits conditionnels. Plusieurs procédés s'ouvraient ; Gaius nous l'apprend dans la loi 73 telle façon que, sans se décharger des risques de la chose, il perdît les principaux avantages du pacte. Conclure la vente sous condition suspensive, mais c'était rendre la volonté de l'acheteur maîtresse du sort du contrat. Convenir d'une *lex commissoria* résolutoire, c'était au contraire pour le vendeur se réserver le droit exclusif de s'en prévaloir pour demander la résolution de la vente, ou au contraire de ne pas l'invoquer, et de faire retomber les risques sur

§ 1, D. XXX, II. Ces droits, on pouvait les compter pour leur valeur vénale, c'était pour l'héritier un forfait ; le droit était traité comme pur et simple, à ses risques et périls, suivant que la condition se réalisait ou non ; ou bien l'héritier et les légataires se donnaient mutuellement des cautions, ce qui permettait soit de ne pas compter du tout les droits conditionnels, soit de les regarder comme purs et simples. Voici alors l'hypothèse de notre loi : elle est double. D'abord, c'est un esclave libre sous condition suspensive. Cette condition est supposée réalisée ; l'esclave est donc censé libre ; comme tel il ne fait pas partie des biens de la succession. Seulement, si la condition venait à défaillir, comme il n'aura pas cessé d'en faire partie, l'héritier, en prévision de cette éventualité, est obligé de promettre sous caution aux légataires de leur tenir compte de cette plus-value possible. En second lieu, il s'agit dans la loi d'un fonds de terre vendu avec une *lex commissoria*.

Qu'elle soit résolutoire ou suspensive, le procédé sera le même : on traitera le bien comme n'ayant pas cessé de faire partie de la succession : l'héritier sera en conséquence obligé d'en tenir compte au légataire. A leur tour, ceux-ci s'engageront avec caution à restituer ce qu'ils auraient reçu en trop, si les droits de l'acheteur ne sont pas résolus. Toute la différence entre les deux cas de *lex commissoria*, c'est que si elle est résolutoire, on devait la réputer accomplie ; défaillie, au contraire, si elle est suspensive.

Ainsi interprétée, cette loi est donc bien étrangère à la question de savoir si, selon les préférences des parties, la clause commissoire peut être suspensive ou résolutoire. En tout cas, il serait peut-être imprudent d'argumenter en s'appuyant sur elle. Un auteur, Jacob Voorda (ad legem Falc. Comment. p. 143 et 178), accuse Tribonien d'avoir mis dans le titre du Digeste consacré à la loi Falcidie, ce qui en réalité avait été écrit par Hermogénien au sujet de la loi Fusia Caninia. Voorda, avec raison, tire argument du *principium* de la loi 62 au D. XXXV, II, qui semble bien indiquer que, dans une succession pour le calcul de la Falcidie, s'il y a des choses communes avec d'autres personnes, elles ne doivent entrer en compte que pour la part du défunt. Or le § 1 de la loi d'Hermogénien est contraire à cette règle, puisqu'il fait figurer un esclave commun à deux maîtres dans le patrimoine de l'un et de l'autre, comme s'il appartenait en entier à chacun d'eux.

l'acheteur en poursuivant l'exécution du contrat ; car la perte totale survenue *pendente conditione*, n'empêchait pas le maintien de la vente au préjudice de l'acheteur [1], si la condition faisait défaut. D'ailleurs il eût été dangereux pour le vendeur que la résolution eût lieu de plein droit ; en effet, si après la perte de la chose, la condition résolutoire se réalisant, c'est-à-dire, si l'acheteur ne payant pas, le vendeur n'eût pas pu s'opposer à la résolution, elle se serait produite à son préjudice, et il aurait supporté la perte ainsi que le fait remarquer Pomponius (2 D, XVIII, III).

Ainsi, comme la *lex commissoria* résolutoire constitue seule une efficace protection des droits du vendeur, nous ne nous occuperons plus dorénavant que d'elle, laissant de côté le pacte commissoire avec effet suspensif.

§ III. — *Conditions d'accomplissement de la lex commissoria*

Quelles étaient les conditions de l'accomplissement de la *lex commissoria* ?

Il y en avait deux :

1° Le prix ne devait pas avoir été intégralement payé, 2° il fallait que le vendeur eût invoqué son droit de résolution.

Pour que le pacte commissoire produisît son effet, l'acheteur ne devait pas s'être acquitté du prix en entier. Le non paiement du prix, c'est le fait résolutoire prévu par la volonté des contractants.

Pour étudier cette première condition, une distinction doit être posée : ou aucun terme n'a été fixé pour le paiement, ou au contraire un délai a été accordé à l'acheteur.

1° La *lex commissoria* est pure et simple : aucun terme n'a

[1] Bufnoir, th. de la cond. p. 463.

été assigné pour l'accomplissement de la condition, c'est-à-dire pour le paiement.

Il faut évidemment pour que le vendeur ait le droit de demander la résolution, que l'acheteur soit en retard, et il ne le sera que si préalablement le vendeur lui a fait une sommation, une *interpellatio* (32, pr. D. XXII, I). Cette mise en demeure ne pourra être faite qu'après un certain délai. Ce ne sera pas comme le veut Voet (ad Pand. lib. XVIII, tit. III, n° 4, tome I. p. 627), un délai de 60 jours, tel que l'accorde la loi 31, 22 D. XXI, I ; parce qu'il s'agit dans cette loi d'un *pactum displicentiæ* inséré, sans fixation de terme, uniquement en faveur de l'acheteur, et qu'il serait arbitraire d'étendre l'application du texte dont l'hypothèse est tout autre. Dans les deux cas, au reste, le délai n'a plus la même nature : dans la loi 31, c'est un délai de 60 jours, passé lequel l'acheteur ne pourra plus invoquer le pacte ; le délai, dont il nous reste à préciser la durée, est un délai pendant lequel le vendeur ne pourra agir. Il vaut mieux n'en accorder à l'acheteur qu'un modéré (23 *in fine*, D. XLIV, VII). Quant à sa durée, ce sera une question de fait à trancher par le juge, après avoir examiné si l'interpellation a été faite en temps utile, si elle n'a pas été trop hâtive, si la convention ne cachait pas un terme tacite. En résumé, il en décidera en tenant compte des circonstances qui ont accompagné le contrat, avec la largeur d'appréciation qu'autorisent les actions de bonne foi, telle que l'action naissant de la vente : « In bonæ fidei autem judiciis, libera potestas, disent les Institutes (IV, VI, 30), permitti videtur judici ex bono et æquo æstimandi, quantum actori restitui debeat », et Marcien dans la loi déjà citée 32, pr. D. XXII, I : « Mora fieri intelligitur non ex re, sed ex persona ; id est, si interpellatus opportuno loco, non solverit. Quod apud judicem examinabitur ».

L'acheteur a été interpellé. Peut-il néanmoins en payant, empêcher la résolution résultant de la *lex*? C'est ce que Cujas (Comment. Dig. XLIV, VII, 1. 23, tome 8, col. 351 B.) soutenait, en permettant à l'acheteur de purger la demeure jusqu'à la *litis contestatio*. Il est assez vraisemblable, au reste, qu'il pût payer après une sommation ayant pour but de le lui enjoindre. D'ailleurs les principes eux-mêmes autorisent cette solution. Le juge devait, pour apprécier le bien fondé du droit du demandeur, se reporter au moment de la *litis contestatio;* l'acheteur de son côté, ne pouvait purger sa demeure en payant après l'arrivée du terme; mais ici, il n'y en a pas d'assigné pour le paiement. Si donc l'acheteur paie, ou fait des offres de paiement avant la *litis contestatio,* les prétentions du vendeur n'auront plus de raison d'être; l'acheteur se sera valablement libéré. Les textes ne le disent pas expressément pour la *lex commissoria;* mais pour la clause pénale, ils ne permettent pas de douter que seule, en l'absence de terme, la *litis contestatio* n'entraîne pour le débiteur l'impossibilité d'échapper à la peine stipulée (21, 12 D. IV, VIII — 84 D. XLV, I.). Or les points communs à la clause pénale et à la *lex commissoria* sont nombreux; on est donc autorisé à étendre à l'une les règles de l'autre. Ainsi l'interpellation n'étant indiquée nulle part comme entraînant la déchéance du débiteur, il faut décider que, faite à l'acheteur à la suite d'une vente avec *lex commissoria* pure et simple, elle n'empêche pas l'acheteur de prévenir en payant la résolution de la vente, pourvu toutefois qu'à la suite des poursuites intentées par le vendeur en résolution, il n'y ait pas déjà *judicium acceptum.*

2° Un terme a été fixé dans le pacte commissoire; c'est-à-dire que pendant un certain temps, le vendeur ne pourra demander la résolution, la vente d'ailleurs pouvant contenir le même terme pour le paiement, ou au contraire être pure et simple et permettre au vendeur d'en poursuivre immédiatement l'exécution. La seule échéance du terme vaut sommation à l'acheteur de payer, en entraînant l'accomplissement de la *lex* : *dies interpellat pro homine;* telle était la règle que l'on appliquait rigoureusement. C'était conforme à la volonté des parties, qui étaient convenues que la vente serait résolue si le prix n'était pas payé dans un délai donné (4, 4 D. XVIII, III — 12 C. VIII, XXXVIII). L'acheteur ne saurait s'étonner qu'il en fût ainsi : il savait bien que le non paiement du prix lui ferait, à l'échéance, encourir la résolution. S'il était désireux d'empêcher l'application de la clause, il devait payer, et intégralement : une fraction du prix, même peu importante, restant due, la résolution s'en suivait néanmoins (6, 2 D. XVIII, III). Mais au moins pouvait-il exiger une sommation de la part du vendeur? Non, toute interpellation était inutile : « Sciat minime se posse debitor ad evitendam pœnam adjicere, quod nullus eum admonuit », dit la loi 12, déjà citée, au code, VIII, XXXVIII. Il est vrai que cette dernière loi vise la *stipulatio pœnæ* ; mais l'extension à la *lex commissoria* ne saurait être critiquée, en raison de l'analogie existant entre la clause commissoire et la clause pénale, lesquelles étaient toutes deux conçues de façon à être encourues, à défaut d'exécution de l'obligation principale dons le délai assigné. D'ailleurs on peut tirer argument de la loi 10 D. XVIII, V. Elle suppose qu'un acheteur avec clause commissoire, Seius, a payé une fraction de ce qu'il devait, et qu'après, il est devenu cotuteur des enfants de son vendeur. Dans cette nouvelle situation, il néglige de s'acquitter du restant de sa dette entre les mains des autres tuteurs, et de le mentionner dans ses comptes de tutelle. Scævola, dont est tirée la loi 10, nous apprend que la vente devait être résolue, sans déclarer une sommation nécessaire. Il n'en avait pas pourtant toujours été ainsi. Ulpien nous signale les doutes qui s'étaient élevés : « Marcellus, lib. XX, dubitat, dit-il, commissoria utrum tunc locum habeat, si interpellatus non solvat, an vero si non obtulerit ». Mais il ajoute aussitôt : « Et magis arbitror, offerre eum debere, si vult se legis commissoriæ potestate solvere ».

A l'expiration du terme, l'acheteur ne payant pas, encourt donc la résolution de la vente. Il faut toutefois que le vendeur veuille l'invoquer. C'est cette option que nous allons maintenant étudier.

Ce droit exclusif du vendeur de faire résoudre la vente ou d'en poursuivre l'exécution, n'a rien de surprenant, puisque le pacte commissoire intervenait uniquement en sa faveur. S'il n'avait pas le droit de maintenir la vente malgré l'acheteur, en réalité, il était obligé de supporter les risques qui devaient être à sa charge. Selon son intérêt du moment, l'acheteur ou ferait exécuter la vente, ou au contraire ne remplirait pas ses engagements.

Il est donc nécessaire, pour l'accomplissement de la *lex commissoria*, que le vendeur veuille l'invoquer ; mais il est libre dans son option. « Nam legem commissoriam, dit Ulpien, quæ in venditionibus adjicitur, si volet, venditor exercebit : non etiam invitus (3 D. XVIII,III). Si l'acheteur est solvable, si la chose a perdu de sa valeur par suite de détériorations, ou même si elle a péri tout-à-fait, le vendeur réclamera l'exécution de la vente ; s'il redoute l'insolvabilité de l'acheteur, si la chose vendue s'est augmentée par des accroisse ments, si le marché était désavantageux pour lui, il préférera la résolution.

Mais cette option laissée au vendeur ne peut être exercée qu'une fois. Dès qu'il s'est décidé, il n'est plus à même de revenir sur sa décision : « nec posse, si commissoriam elegit, postea variare », dit Ulpien 4, 2 *in fine* D. XVIII, III — 7, D. eod.). Cette option d'ailleurs poura être simplement tacite : s'il a par exemple, accepté un paiement partiel après le paiement échu, il sera censé avoir renoncé à se prévaloir de la *lex commissoria* (6, 2 *in fine* D. eod.). A l'inverse, s'est-il prononcé pour la résolution de la vente, il ne peut, regrettant sa décision, faire maintenir le contrat, en offrant restitution des avantages retirés par lui de la résolution. Le vendeur pourra de diverses manières manifester son intention ; si elle n'est pas expressément déclarée, ce sera une pure question de fait de savoir s'il a suffisamment indiqué son choix.

Ce choix, quand doit-il être fait ?

A premier abord, il semblerait bien résulter de la loi déjà citée 4, 2. D. eod, que le vendeur est obligé de se décider dès l'expiration du terme apposé dans la *lex commissoria*, s'il ne veut pas s'exposer à des offres valables de paiement faites par l'acheteur. Voici en effet la teneur de cette loi : « Eleganter Papinianus lib. III. Responsarum scribit : statim, atque commissa lex est, statuere venditorem debere, utrum commissoriam velit exercere, an potius pretium petere : nec posse, si commissoriam elegit, postea variare ». Le mot *statim* paraît bien indiquer que le vendeur ne saurait différer. Il ne faut pas en effet, que l'acheteur ait à souffrir de son hésitation. Cependant Doneau (comment. de Jure Civ. lib. XVI, cap. XIX, tome 4, col. 899, n 4) semble accorder au vendeur un *modicum tempus* pour réfléchir et se déterminer. Il s'appuie pour cela sur la loi 21, 1 D. XIII, V, où Paul, dans l'hypothèse d'un pacte de constitut sans fixation de jour pour le paiement, dit qu'il aura lieu au bout de dix jours. Le jurisconsulte sous-entend donc un terme, parce qu'il était de l'essence même du pacte de constitut, convention par laquelle un débiteur s'engageait à payer à jour fixe une dette préexistante. On ne voit pas en vertu de quelle analogie entre les deux pactes, on étendrait le texte de l'un à l'autre. Et cette extension, si elle était possible, on ne devrait peut-être pas la faire, car, ainsi que le dit M. Accarias (II, 4ᵉ éd. p. 617, n. 2) : « On conjecture avec raison que la fixation de ce délai appartient à Justinien. Un hellénisme (*non minus decem dierum*) et une expression barbare (*exactio celebretur*) en témoignent. Il est donc probable que, faute de terme indiqué, le droit classique réputait l'obligation immédiatement exigible ». La question de savoir si, à l'échéance du terme, le vendeur est en demeure de faire son option, reste donc entière.

Deux textes pourtant disent bien que le débiteur peut purger sa demeure en s'acquittant de ses engagements : « Stichi promissor, post moram offerendo, purgat moram », dit la loi 73, 2, D, XLV, I, et la loi 91, 3 D. cod. ajoute : « Eum, qui moram fecit in solvendo Sticho, quem promiserat, posse emendare eam moram postea offerendo. »

Ces textes sont-ils décisifs ? Non, car leur hypothèse n'est pas celle d'un débiteur de somme d'argent avec clause commissoire, mais celle d'un débiteur de corps certain. Ce débiteur de corps certain est en faute, parce qu'il ne paie pas, et cette faute, il en supportera les conséquences ; c'est-à-dire qu'il gardera à sa charge les risques de la chose, tant qu'il tardera à s'exécuter. L'acheteur, ce n'est pas parce qu'il diffère de payer qu'il est en demeure et que la clause commissoire est réalisée, c'est parce qu'il n'a pas procédé au paiement avant l'expiration du délai fatal. Il faut donc maintenir, malgré ces textes, que, la clause ayant pris naissance par l'échéance du terme, l'acheteur ne peut plus en offrant le prix, priver le vendeur du droit de l'invoquer : « Celsus ait, si arbiter intra kalendas septembres dari jusserit, nec datum erit, licet postea offeratur, attamen semel commissam pœnam compromissi non evanescere : quoniam semper verum est, intra kalendas datum non esse (Ulpien, 23, pr. D. IV, VIII). Faites après l'échéance du terme, les offres de l'acheteur seraient donc tardives ; s'il pouvait encore se libérer, la clause commissoire introduite en faveur du vendeur, se retournerait en réalité contre lui. Celui-ci n'est donc pas obligé de se prononcer dès l'échéance du terme ; c'est à l'acheteur, si le vendeur tarde trop, de le contraindre à le faire. Quant au texte de Papinien, on ne peut en déduire qu'une chose, que dès que la clause est réalisée, le vendeur peut faire son choix.

Il n'est pas douteux que la demande judiciaire du prix, n'entraîne renonciation à l'action résolutoire [1]. La loi 7 au Dig. XVIII, III, le dit en termes formels : « Post diem commissoriæ legi præstitutum, si venditor pretium petat, legi commissoriæ renunciatum videtur nec variare et ad hanc redire potest. »

Devons-nous en dire autant de la demande extra-judiciaire ? La question est débattue.

Pour l'affirmative, on fait remarquer qu'en faisant sommation à l'acheteur, le vendeur manifeste son intention de maintenir la vente, et par là même de renoncer à son droit de résolution. Pour la négative, on observe avec assez de raison qu'il est naturel que l'interpellation n'ait pas les mêmes effets que la demande en justice, puisque l'une sert de préliminaire aux poursuites, tandis que l'autre en fait partie ; que voir dans la sommation une prétendue renonciation du vendeur à son droit de résolution, c'est ajouter à des actes qui

---

[1] En ce sens : de Savigny, traité de droit romain, t. V, p. 275, 1.

d'eux-mêmes ne la font pas supposer, une présomption renonciative à un droit d'option ; ce que le silence des textes n'autorise pas.

Les jurisconsultes romains n'étaient pas d'accord entre eux sur la question. Marcellus dont l'opinion est critiquée par Ulpien, dans le texte que nous avons déjà cité, 4, 4. D. XVIII, III, exigeait une interpellation préalable à l'exercice de l'action résolutoire. C'est qu'apparemment pour Marcellus, l'interpellation ne faisait pas perdre au vendeur le bénéfice de son option. Et Paul dans la loi 38, pr. D. IV, IV, semble bien, malgré son hésitation, partager cette opinion. L'hypothèse dont il s'occupe dans cette loi, est la suivante : Après une vente d'un fonds de terre avec pacte commissoire, l'acheteur était mort avant l'arrivée du terme, laissant une enfant mineure ; ses tuteurs n'ayant pas payé ce qui restait dû sur le prix, malgré les sommations répétées du vendeur, celui-ci revendit le fonds. La pupille demanda la *restitutio in integrum* que lui refusèrent successivement le préteur et le préfet de Rome, mais que l'empereur lui accorda en dernier ressort. Paul dit bien que la décision de l'empereur a été inspirée par ce fait, que l'échéance du terme fixé pour l'accomplissement de la condition résolutoire était survenue pendant la minorité, ce qui a pu empêcher la pupille d'être fidèle aux engagements pris dans le contrat de vente ; et surtout motivée en droit sur ce que le vendeur aurait tacitement renoncé à l'action résolutoire, en faisant après l'arrivée du terme des interpellations réitérées, et en demandant en justice l'achèvement du paiement ; mais qu'en fait, ce qui a été la cause de la réformation par l'empereur de la sentence des premiers juges, c'est que : « lex commissoria displicebat ei », car autrement Paul croit les premiers juges mieux fondés dans le jugement qu'ils ont rendu. « Putabam bene judicatum », dit-il [1].

L'acheteur qui désire ne pas s'exposer à l'action du vendeur fondée sur la résolution de la vente doit avoir soin de payer ce qu'il doit avant l'arrivée du terme convenu ; ou, s'il n'en a pas été fixé, avant qu'il n'y ait *judicium acceptum* sur les poursuites intentées contre lui par le vendeur. Ce paiement doit être intégral ; une faible portion non acquittée autoriserait le vendeur à invoquer le pacte commissoire. Mais il va sans dire que l'acheteur, libéré de toute autre manière qu'un paiement, par un mode quelconque d'extinction des obligations, n'encourra pas la résolution.

Il ne l'encourra pas davantage, si le non-paiement ne lui est pas imputable ; ce qui se présenterait en cas d'absence du vendeur à l'échéance du terme, si celui-ci n'a confié à personne le soin de recevoir le prix (4, 4 in fine. D. XVIII, III), ou bien s'il est mort sans laisser d'héritier, ou sans que l'héritier institué ait fait adition, ou s'il est mineur et qu'il ne soit pas encore en tutelle (17, 3, D, XXII, I). Il n'y a pas à distinguer entre les motifs de l'absence du vendeur ; excusables ou non, on ne saurait rien reprocher à l'acheteur : « quid enim imputari ei, qui solvere etiamsi vellet, non potuit ? » (17, 3, D. eod.). Seulement, si l'absence est légitime, l'acheteur devra pour arrêter les poursuites intentées contre lui en résolution, désintéresser sans délai le vendeur : qu'il soit donc toujours sur ses gardes, prêt à payer dès que le vendeur l'exige, s'il ne veut pas le laisser valablement invoquer son droit de résolution (51, 1, D.

---

[1] Remarquons à propos de cette loi que la minorité de l'acheteur n'empêcherait pas le vendeur d'user de son droit de résolution. Le texte en décide bien autrement, mais Paul élève contre cette décision des critiques qui montrent que telle n'était pas sa manière de voir.

XIX, I). L'acheteur d'ailleurs ne souffrira pas d'un calcul frauduleux du vendeur, qui consisterait à s'absenter au moment du paiement, ou à ne pas le recevoir pour se ménager la ressource de poursuivre l'acheteur, alors qu'il ne serait plus en mesure de se libérer ; l'acheteur, victime de ce dol, ne serait pas obligé pour échapper à l'application de la *lex* de s'acquitter immédiatement.

Il échapperait encore à la résolution, si le vendeur avait à se reprocher quelque négligence dans l'exécution de ce qui lui incombait. La loi 10, 1, D. XVIII, V, nous en fournit un exemple. Dans le cas qu'elle prévoit, le vendeur n'a pas fourni, comme il s'y était engagé dans le contrat de vente, un fidéjusseur pour garantir l'acheteur d'évictions possibles ; c'est en vain qu'il se prévaudrait de la résolution encourue par suite du non-paiement à l'échéance ; il ne devait être payé, aux termes de la convention, qu'après avoir donné caution. Tel est encore le cas où il n'a pas voulu recevoir sans bonnes raisons ce que l'acheteur lui devait et voulait lui payer, et' où ensuite ce dernier a été mis fortuitement dans l'impossibilité de le faire. (V. 72, pr. D. XLVI, III).

En résumé, toutes les fois que le vendeur mettra obstacle par son fait à l'exécution de l'obligation de l'acheteur en temps opportun, si postérieurement celui-ci se trouve, sans sa faute, empêché de s'acquitter, le vendeur ne pourra user contre lui de son droit de résolution : « quod si non habet cui offerrat, potest esse securum. » (4. 4. D. XVIII, III).

Le vendeur ayant mis par sa faute l'acheteur dans l'impossibilité de payer, celui-ci n'encourt pas la résolution ; mais pour l'éviter, doit-il faire de simples offres de paiement, ou doit-il de plus consigner la somme due ? Il est certain qu'en consignant, il se met plus sûrement à l'abri, puisque la consignation libère comme le paiement. « Obsignatione totius debitæ pecuniæ solemniter facta, liberationem contingere, manifestum est. » (9, C. VIII, XLIII). Il ne paraît pas toutefois que le vendeur pût l'exiger de l'acheteur. On a essayé de le soutenir en s'appuyant sur la loi 7 au Code, IV, LIV.

Il s'agit dans cette loi d'une vente avec clause de réméré. Si l'acheteur se dérobe à la restitution du prix pour garder la chose, le vendeur, pour vaincre sa résistance, doit faire des offres suivies de consignation. « Sed si se subtrahat, ut jure dominii eamdem rem retineat, denunciationis et obsignationis depositionisque remedio contra fraudem potest juri tuo consulere. » Que cela soit vrai pour le pacte de réméré, c'est ce qui est naturel, puisqu'il autorise le vendeur à résoudre le contrat, à la condition de restituer le prix reçu. Il doit donc, pour pouvoir l'invoquer devant la résistance frauduleuse de l'acheteur, non seulement offrir, mais encore consigner le prix. Mais conclure de là à une pareille obligation de l'acheteur, désireux d'échapper à l'application de la *lex commissoria*, c'est ce qu'on ne saurait admettre sans faire une extension arbitraire. Le vendeur est certes en perte si l'acheteur ne paie pas ; mais il serait mal venu de se plaindre du retard que celui-ci y apporte, étant lui-même la cause directe de ce retard. Il ne peut pas retourner contre l'acheteur ce qu'il a à se reprocher.

Les textes ne mentionnent pas non plus la nécessité d'une consignation. C'est d'abord le texte d'Ulpien que nous avons cité (4, 4 D. XVIII, III).

Il déclare que si l'acheteur n'a trouvé pour percevoir le prix, ni le vendeur, ni son mandataire, il n'a rien à craindre, sans ajouter que pour rester en sûreté, ils doivent consigner.

C'est encore la loi 8 au même titre du Digeste. En voici l'hypothèse : Une femme a vendu un fonds de terre avec clause commissoire. A l'échéance, prêt à payer, l'acheteur ne trouvant pas sa venderesse, fait constater qu'il est en mesure de le faire, et l'on enferme les pièces d'argent dans un sac sur lequel les témoins apposent leur sceau. Le lendemain, le fisc, créancier de la venderesse, fait défense à l'acheteur de payer. En pareille circonstance, Scævola pense que la résolution n'est pas encourue. C'est donc que la consignation n'est pas nécessaire ; il a suffi à l'acheteur de faire seulement des offres de paiement ; on ne s'expliquerait pas en effet, s'il y avait eu consignation, en présence de son effet, aussi complètement libératoire que le paiement, comment la saisie-arrêt du fisc aurait pu être faite utilement.

La loi 8 présente un nouveau cas où, malgré le non-paiement, la résolution ne pouvait être demandée ; c'est celui où l'acheteur ne payait pas le vendeur à cause d'une opposition qu'il avait reçue d'un des créanciers de ce dernier.

§ IV. — *Effets de l'accomplissement de la lex commissoria.*

Nous connaissons les conditions nécessaires à l'accomplissement de la *lex commissoria* ; il nous reste à déterminer exactement les effets mêmes de cet accomplissement.

L'arrivée de la condition résolutoire contenue dans le pacte commissoire entraînait la résolution de la vente, *res inempta fit, emptio resolvitur*, selon le langage des textes. Le droit romain prohibait dans les stipulations la condition résolutoire comme le terme extinctif, par cette même raison, qu'ils étaient inconciliables avec le principe de la perpétuité des obligations. Mais il admettait que l'on insérât une condition résolutoire dans un contrat de vente, comme dans un contrat consensuel quelconque. Cette différence qui méritait d'être signalée, « tient plus vraisemblablement, dit M. Accarias (II, 3e éd. p. 307), à ce que les contrats consensuels se résolvent, tant qu'ils n'ont reçu aucune exécution, par un accord de volontés en sens contraire de celui qui les a fait naître. Or pourquoi cet accord de volontés ne pourrait-il pas avoir lieu d'avance et être subordonné à une condition? »

Insérée dans un contrat de vente, la *lex commissoria* ne modifiait aucunement les principes qui le régissaient d'ordinaire. Toutes les fois donc que la vente était faite sans terme, la tradition n'était pas translative de propriété. Le vendeur avait-il, au contraire, suivi la foi de l'acheteur, celui-ci devenait propriétaire.

La *lex commissoria* était un pacte ajouté à la vente; comme telle, elle suivait les règles s'appliquant aux pactes adjoints à un contrat de bonne foi. Était-elle ajoutée à la vente *in continenti*, l'action du contrat, l'action *venditi* par conséquent, la sanctionnait. N'intervenait-elle qu'*ex intervallo*, c'est seulement sous forme d'exception que le vendeur pouvait l'invoquer: il devait donc dans ce dernier cas être défendeur au procès, ce qui implique également qu'il était en possession de la chose.

Mais en fait, le plus ordinairement, la *lex commissoria* insérée dans la vente prenait la forme d'une condition résolutoire.

Alors, *pendente conditione*, l'acheteur avait le droit de demander sa mise en possession de la chose vendue (l'action *ex empto* lui était ouverte à cet effet), et d'usucaper au titre *pro emptore*, s'il était de bonne foi. Par contre, il devait supporter les risques, la perte fortuite de la chose ne privant pas le vendeur du droit d'en demander intégralement le prix.

Si la condition résolutoire s'évanouissait, les obligations, respectives des parties restaient ce qu'elles n'avaient cessé d'être, pures et simples.

Reste le cas où la condition résolutoire venait à échoir. Rien de plus simple, si la vente n'avait pas encore reçu d'exécution ; les obligations de chaque partie étaient éteintes ; l'acheteur aurait offert en vain le paiement du prix, le vendeur se serait invinciblement retranché derrière la *lex commissoria*. Mais les difficultés surgissent si nous supposons maintenant la tradition faite en exécution de la vente. Il faudra voir si suivant les époques, la condition n'affecte que la vente, ou affecte simultanément et le contrat et le transfert de la propriété.

Ce qu'il y a d'abord de certain, c'est que l'événement de la condition résolvait la vente. C'est donc sans cause que tous ses effets s'étaient produits, et il y avait obligation pour les parties à procéder au moyen de remises et de restitutions respectives, au rétablissement du statu quo antérieur.

La plus importante de ces restitutions était d'abord celle de la chose même. A quel titre le vendeur rentrait-il en possession de ce qu'il avait vendu, c'est ce que nous examinerons ultérieurement.

Avec la chose, le vendeur avait-il le droit d'en réclamer les fruits ? Il est certain que la vente sous condition résolutoire étant une vente pure et simple, l'acheteur en était dès la tradition propriétaire (2, 1 D. XVIII, II). On a prétendu qu'il n'était pas obligé de les restituer en sa qualité de possesseur de bonne foi. Qu'il invoque ce titre contre le véritable propriétaire, s'il a acquis la chose *a non domino*, sa prétention sera bien fondée et il la gardera; mais comment s'armer de cette prétendue bonne foi pou profiter d'un contrat dont sa négligence a entraîné la réso lution? Les textes cités pour décharger l'acheteur de cette obligation ne sont pas assez concluants (2,1 D. eod — 2,4 D XLI, IV). Sans doute ils reconnaissent bien qu'il a droit aux fruits dans une vente sous condition résolutoire; mais c'est là une attribution qui n'a rien de définitif, car ils n'indiquent pas si la même solution doit être donnée, le contrat venant à être résolu. Et ils ne pouvaient pas en décider ainsi, car la résolution prononcée, la perception devenait sans cause, et la restitution s'imposait à l'acheteur. Neratius, précisément dans le cas d'une vente avec *lex commissoria*, ne permettait pas à l'acheteur de les conser- ver : « Quia nihil pene eum residere oportet ex re, in qua fidem fefellisset. » Le motif donné par le jurisconsulte ne s'appliquerait sans doute plus à une vente conclue avec *addictio in diem* ; mais dans cette hypothèse pas plus que dans la précédente, l'acheteur ne saurait conserver les fruits [1]. C'est ce que décide Ulpien dans la loi 6, pr. D. VIII, II. Ajoutons toutefois avec Paul (36, 5 D. V, III) que « fructus intelliguntur deductis impensis, quæ quæ- rendorum, conservandorumque eorum gratia fiunt. »

Ulpien (4, 1 D. XVIII, III) reconnaît aussi à l'acheteur le droit de garder les fruits, s'il a payé une partie du prix.

Les accroissements que la chose avait reçus étaient éga- lement restitués par l'acheteur (12 D. XII, IV).

Enfin la portée de la restitution qui lui incombait était très extensive. Devaient ainsi être restitués : les indemnités qu'il devait à cause de détériorations à lui imputables [2],

---

[1] En ce sens : Maynz, II, 3e éd., p. 350.
[2] Quant à celles survenues fortuitement, c'est le vendeur qui les sup

les dommages-intérêts obtenus à l'occasion de la chose au moyen d'actions intentées par lui. Les mêmes actions non encore exercées, telles que l'action de vol, l'interdit *quod vi aut clam*, le vendeur avait le droit de se les faire céder (4, 4 D. XVIII, II). En résumé, ce qui était susceptible de restitution, c'étaient les « *omnia commoda rei.* » [1].

Souvent même l'acheteur était tenu à plus. En vertu d'une clause assez ordinairement ajoutée à la vente, il devait dans le cas d'une revente pour un prix inférieur à la première, payer la différence au vendeur : « In commissoriam etiam hoc solet convenire, ut, si venditor eumdem fundum venderet, quanto minoris vendiderit, id a priore emptore exigat. » (4, 3 D. XVIII, III) [2]. Bien que cette clause fût assez usitée, et qu'en raison même de sa fréquence et du caractère de bonne foi de la vente, quelques auteurs, notamment M. Accarias (II, 4ᵉ éd., p. 313, n. 1), aient soutenu qu'elle devait être sous-entendue dans toute vente, c'est ce qui ne paraît pas absolument démontré : on peut croire avec Ant. Favre (Rat. lib. XVIII, tit. III, ad l. 4, § 3, t. 5, p. 352 *in fine*) que pour être fréquemment insérée, cette clause n'était cependant pas usuelle comme la *stipulatio pœnæ*, sous-entendue dans toutes les ventes, et que si le terme *solet* devait être interprété avec une telle force probante, il faudrait pareillement soutenir que l'hypo-

---

porterait. Nous avons vu, en effet, que s'il préférait résoudre la vente, c'est sur lui que pèseraient les risques ; la résolution, quand la condition s'est réalisée, s'effectuant à son préjudice.

[1] Doneau, Comment. de Jure Civ. lib. XVI, cap. XVI, t. 4, col. 893.

[2] C'est ce qui arrive dans notre droit à l'adjudication qui n'a pas satisfait aux conditions du cahier des charges. Il est procédé à une nouvelle adjudication, et si le prix n'atteint pas le montant de la première enchère, l'adjudicataire sur lequel se poursuit la seconde est tenu de parfaire la différence : il supporte les conséquences de sa « folle enchère. »

thèque doit, malgré le silence des parties, résulter de la vente comme de tout contrat de bonne foi, puisque d'après Gaius (15, 1 D. XX, 1), (*hypotheca*) *quotidie inseri solet cautionibus*.

Le vendeur à son tour pouvait se trouver obligé envers l'acheteur.

Celui-ci peut avoir fait sur la chose trois sortes de dépenses : ou des dépenses voluptuaires, pour lesquelles il n'a certainement aucun recours ; ou des dépenses nécessaires qu'il peut réclamer au vendeur, cela n'est pas douteux (16 D. XVIII, II) ; ou des dépenses simplement utiles ; le vendeur sera tenu jusqu'à concurrence de la plus-value. C'est la solution qui semble la meilleure dans le silence des textes. Il est vrai que dans la loi 16, Ulpien ne parle que des impenses nécessaires ; mais l'argument à *contrario* qu'on en tirerait, ne serait pas probant, « car la décision rapportée est un rescrit, dans lequel l'empereur ne statuait que sur les impenses nécessaires, parce qu'il se tenait dans les termes du fait qui lui avait été soumis. » [1]. Ce serait d'ailleurs injustement que le vendeur ne serait pas obligé de les rembourser, et dans une action de bonne foi, le juge doit veiller à ce que l'une des parties ne s'enrichisse pas sans raison aux dépens de l'autre.

Il pouvait arriver que comme preuve de la conclusion du contrat, l'acheteur eût donné des arrhes au vendeur. Ce dernier, en cas de résolution, devait-il les rendre à l'acheteur ? C'est négativement qu'il faut répondre à cette question, d'accord en cela et avec les principes : l'acheteur n'a à se plaindre qu'à lui-même si le contrat est résolu ; et avec les textes : la loi 6 pr. D. XVIII, III, dit d'une façon très géné-

---

[1] Bufnoir, th. de la Condition, p. 474.

rale : « Et id quod arrhæ vel alio nomine datum esset apud venditorem remansurum » [1]. Nous en dirons de même des frais du contrat [2].

Mais le vendeur était-il autorisé à garder les acomptes qu'il avait reçus ? Les textes paraissent bien lui en accorder le droit. C'est d'abord la fin de ce passage que nous venons de citer, où Scævola permet au vendeur de retenir non seulement les arrhes, mais tout ce qu'il a reçu à ce titre ou autrement : *Vel alio nomine.* C'est encore la loi 4, § 1, D. eod. que l'on invoque en faveur du vendeur : « Sed, quod ait Neratius, habet rationem : ut interdum fructus emptor lucretur, quum pretium, quod numeravit, perdidit. Igitur sententia Neratii tunc habet locum, quæ est humana, quando emptor aliquam partem pretii dedit ». Donc le vendeur garde bien ce qu'il a touché du prix, puisque en ce cas l'acheteur retient les fruits perçus. Et d'ailleurs les arrhes dont on ne lui impose point la restitution, constituent une fraction même du prix ; sans cela la loi 8 D. XVIII, III ne s'exprimerait pas ainsi : « Acceptis arrhæ nomine certis pecuniis, statuta sunt tempora solutioni reliquæ pecuniæ ; » mais en des termes indiquant que ce n'est pas une fraction, mais bien la totalité du prix qui reste due. Et l'on ajoute qu'une telle solution n'est pas injuste, car de tout ce qui arrive à l'acheteur qui laisse résoudre la vente, il n'y a rien : « quod non nisi ex culpa sua sentiat ». (Favre, Rat. lib. XVIII, tit. III, ad l. 6, t. 5, p. 355) [3].

Pourtant nous ne suivrons pas cette opinion à cause de ses conséquences qui n'aboutissent rien moins qu'à une

[1] Molitor, les Obligations, I, n° 177-2°.
[2] En ce sens : Maynz, II, 3ᵉ éd. p. 351.
[3] En ce sens : Buïnoir, op. cit. p. 473, n. 1. — Molitor. id. I, n° 510. — Accarias, II, 4ᵉ éd, p. 314.

contradiction. L'acheteur, qui dans la limite de ses moyens, aura rempli ses engagements en s'acquittant d'une portion très importante peut-être du prix, serait victime de son empressement. On lui infligerait la perte de tout ce qu'il a payé, tandis que l'acheteur qui laisserait le terme arriver sans remplir aucune de ses obligations, n'encourrait aucune peine pour sa négligence ! Un tel résultat est inadmissible. Les arguments sur lesquels s'étaie l'opinion contraire ne sont d'ailleurs pas irréfutables. Les arrhes ne doivent pas être confondues avec les acomptes ; elles sont la preuve matérielle de la conclusion du contrat ; les sommes que l'acheteur donne au vendeur ne sont vraiment des acomptes que lorsque le contrat est formé ; si le vendeur les retenait elles se trouveraient sans cause entre ses mains (1, 2 D. XII, VII), puisque la vente étant résolue, les parties doivent se remettre dans l'état où elles se trouvaient comme si la vente n'avait jamais eu lieu. — On donne à la loi 4 § 1 une portée générale, mais à tort peut-être ; car Ulpien a pu se placer dans une hypothèse où, par convention expresse, le vendeur était autorisé à garder les acomptes. Enfin les termes de la loi 6 *vel alio nomine* désignent non point ce que le vendeur a reçu sur le prix, mais tous les frais qui accompagnent la conclusion de la vente, tels que les frais du contrat et autres accessoires que comportait l'usage. [1]

Si le vendeur n'avait pas le droit de garder les acomptes déjà versés par l'acheteur, une convention expresse pouvait le lui conférer. La loi 4, 1 D. XVIII, III, comme dédommagement, permet à l'acheteur de ne pas rendre les fruits perçus. Cujas (ad tit. LIV, lib. IV Cod. t. 9,

---

[1] En ce sens : Maynz, II, 3e éd. p. 351.

col. 389 D.) y voyant une compensation, n'accorde à l'acheteur les fruits que proportionnellement à la fraction du prix payée par lui. Ne serait-il pas préférable de les laisser tous sans distinction à l'acheteur? Les termes de la loi n'établissent pas de proportion et semblent dictés par des considérations humanitaires en faveur de l'acheteur, assez rigoureusement puni en ne rentrant pas dans ses acomptes.

La question des risques ne semble pas devoir se poser en fait dans une vente affectée d'une *lex commissoria*. Sans doute, *pendente vel deficiente conditione,* l'acheteur supportera les risques ; peut-être aussi devrait-on soutenir avec M. Bufnoir (th. de la cond. p. 452 et s.), et contrairement à l'opinion générale, que la perte de la chose ne restera plus à la charge de l'acheteur, une fois la condition résolutoire accomplie ; mais comme dans notre hypothèse d'une vente avec clause commissoire, la vente ne se résout pas de plein droit, et que, suivant son intérêt, le vendeur est libre d'invoquer ou non le pacte, il ne sera pas assez imprudent pour demander la résolution d'un contrat dont l'objet a péri, pour s'exposer à en assumer les conséquences. Donc c'est bien l'acheteur qui subira la perte.

§ V. — *Voies de restitution ouvertes au vendeur par suite de l'accomplissement de la lex commissoria.*

Voyons maintenant quelles étaient les actions données au vendeur pour arriver à l'exécution de la *lex commissoria.* Nous lui avons reconnu deux droits bien distincts, entre lesquels son option pouvait se mouvoir. Il lui était loisible de demander le paiement, en maintenant le contrat, ou d'invoquer la résolution. S'il prenait ce dernier parti, il avait le droit de réclamer à l'acheteur la restitution de tous les avantages que lui avait procurés le contrat. Parmi ces restitutions, la principale était celle de la chose. Le droit romain aurait pu lui ouvrir deux voies de restitution : l'action personnelle et l'action réelle.

On ne saurait douter que le vendeur n'eût une action personnelle contre l'acheteur. « De tout temps, dit M. Accarias (II, 3ᵉ éd. nᵒ 614), ce put être une *condictio sine causa* fondée sur ce que le contrat qui avait motivé le transport de propriété, a cessé d'exister. » (1, 2 D. XII, VII). Que les textes ne mentionnent pas expressément au profit du vendeur l'existence d'une telle *condictio*, cela se comprend, parce que le vendeur avait des moyens préférables à mettre en jeu pour arriver à obtenir la restitution. Mais les principes généraux ne s'opposent pas à ce qu'on la lui accorde, car la *lex commissoria* accomplie, nous sommes bien dans l'hypothèse où, comme disent les textes, *causa non secuta est*, ce qui donne lieu à la *condictio*. Seulement, à cause de ses inconvénients, il n'était pas fréquent que le vendeur y recourût. En effet, cette *condictio* de droit strict, comme en général toutes les *condictiones*, n'ayant pas pour base la convention des parties, ne permettait pas au vendeur de réclamer toutes les prestations qui pouvaient être dues par l'acheteur pour l'exécution du contrat, des dommages-intérêts notamment. Il fallut donc lui ouvrir d'autres voies de restitution.

Seulement, sur ce point, les jurisconsultes romains ne s'entendirent pas. Tandis que l'école sabinienne lui permettait d'agir par l'action *venditi*, les Proculiens proposaient l'action *præscriptis verbis*. La loi 6, 1 D. XVIII, I. renferme la trace indéniable des dissensions qui séparaient les écoles. Pomponius, qui se rattachait à l'école sabinienne, s'y exprime ainsi : « Si fundus annua, bima, trima die ea lege venisset, ut, si in diem statutum pecunia soluta non esset, fundus inemptus foret, et ut, si interim emptor fundum coluerit fructusque ex eo perceperit, inempto eo facto restituerentur, et ut quanti minoris postea alii venisset, ut id emptor venditori præstaret; ad diem pecunia non soluta placet venditori ex vendito eo nomine actionem esse. Nec conturbari debemus, quod inempto fundo facto dicatur actionem ex vendito futuram esse; in emptis enim et venditis potius id actum, quam id quod dictum sit sequendum est, et quum lege id dictum sit, apparet duntaxat actum esse, ne venditor emptori pecunia ad diem non soluta obligatus esset, non ut omnis obligatio empti et venditi utrique solveretur. » Il ressort de cette loi que les Sabiniens se fondaient pour étendre l'action *venditi* au cas qui nous occupe sur le caractère de bonne foi de la vente ; elle donne naissance, à la charge de chaque partie, à des obligations qui se déterminent *ex æquo et bono*, et pour les apprécier, il faut rechercher, non pas tant les termes qu'ont employés les parties, que ce qu'elles ont voulu faire. Or en insérant dans le contrat la clause commissoire en faveur du vendeur, elles l'ont envisagée comme déchargeant éventuellement le vendeur, en laissant tenu l'acheteur. Les jurisconsultes sabiniens ajoutaient qu'on ne devait pas s'étonner que l'action *venditi* survécût à la cause qui l'avait fait naître ; car la *lex commissoria* adjointe *in continenti* à la vente, en faisait partie intégrante et en tirait sa force, et ils la considéraient plutôt comme une source d'obligations inverses à celles qui en découlaient, que comme destinées à l'anéantir. D'autres textes d'ailleurs consacrent l'usage de l'action *venditi*, après l'accomplissement de la condition résolutoire (4, pr. D. XVIII, III — 6 D. XVIII, V — II, 5 et 6 D. XIX, I).

Pourtant il y avait de bonnes raisons fournies par les Proculiens. Ils s'étonnaient que ce fût précisément l'action même de la vente qui servît à la résoudre ; ils préféraient donner l'action *præscriptis verbis*. Rien d'illogique en effet à ce que le vendeur y recourût ; car une vente suivie de tradition et conclue sous la condition que, le cas échéant, la propriété serait retransférée au vendeur, est assimilable à un contrat innommé *do ut des*. Dès lors il a l'action *præscriptis verbis* pour forcer l'acheteur, quand la condition s'est accomplie, à exécuter l'obligation née de ce contrat innommé en lui retransférant la propriété, comme le lui imposait le pacte adjoint à la dation.

Quoi qu'il en soit de cette controverse, les deux opinions furent admises simultanément, et des textes consacrèrent la coexistence de ces deux actions au profit du vendeur. C'est ce qu'exprime Paul dans la loi 6 D. XVIII, V, dans le cas d'une vente *ad comprobationem*, et Alexandre Sévère dans une constitution (2. C. IV, LIV) pour l'hypothèse du réméré. On ne voit pas ce qui empêcherait d'admettre la même option dans tous les cas. D'ailleurs l'intérêt de cette controverse est purement théorique, car il n'y avait aucun avantage à choisir l'une de ces actions plutôt que l'autre.

Elles assuraient toutes deux au vendeur non pas seulement la simple restitution de la chose, mais avec elle, celle de tous les bénéfices procurés à l'acheteur par le contrat ainsi que le paiement de dommages-intérêts, s'il y avait lieu. Tous les accessoires seront donc compris dans l'action, et l'acheteur devra rendre les fruits perçus depuis la tradition (6, pr. D. XVIII, II), indemniser le vendeur des détériorations qu'il a pu commettre, et en général du préjudice qu'il lui a causé (14, 1 D. eod.), et lui céder enfin les diverses actions acquises par lui à l'occasion de la chose (4, 4 D. cod — 11, 10. D. XLIII, XXIV).

Ces deux actions étaient de bonne foi ; on ne conteste pas ce caractère à l'action *venditi*, et quant à l'action *præscriptis verbis*, c'est ce qui paraît aussi probable. Les Institutes lui reconnaissent cette qualité, lorsqu'elle est donnée pour sanctionner un contrat d'échange ou *d'æstimatum* (IV, VI, 28) ; la loi 2, 2 D. XLIII, XXVI, lorsqu'elle est exercée en vertu d'un précaire et la loi 1 pr. D. XIX, III, d'une façon générale dans tous les cas. Car on ne voit pas pourquoi, comme le fait remarquer M. Accarias (II, 4ᵉ éd, p. 1004, n. 2), elle changerait de nature avec les circonstances. Elle suppose un pacte synallagmatique ; or toute convention de cette espèce fait naître une action de bonne foi.

Pouvaient-elles être arbitraires ? Leur caractère d'actions de bonne foi ne les en empêchait pas, puisque l'action *depositi* revêtait à la fois les deux formes. Les actions *bonæ fidei* au surplus n'étaient pas toujours arbitraires, mais seulement lorque le magistrat, en délivrant la formule, y insérait la clause *nisi restituat*, à raison des satisfactions dues par le défendeur et susceptibles d'être fournies par lui en nature : transport de propriété, restitution matérielle quelconque [1].

En ce qui concerne la possibilité dans l'action *præscriptis verbis* de conférer au juge l'*arbitrium*, c'est ce qu'indique la loi 9 D. XIX, V [2]. Mais l'action *venditi* était-elle aussi arbitraire ? De Savigny (t. 5, p. 139) soutient que jamais on ne lui appliqua l'*arbitraria formula*, parce qu'elle n'était pas donnée dans « les actions résultant des contrats dont la fin n'est pas de rétablir un état de choses antérieur, mais d'en

---

[1] Accarias, II. 4ᵉ édit. p. 991.
[2] Accarias, op. et loc. cit.

créer un nouveau. » Mais dans la solution qu'il donne, il n'avait certainement en vue que l'action *venditi* tendant au paiement. Intentée au contraire pour résoudre le contrat, il est évident qu'elle était destinée à remettre les parties dans la situation qu'elles avaient avant la conclusion du contrat. La question reste donc entière pour l'action *venditi* résolutoire. Il est permis de penser qu'elle devait être arbitraire. Ayant pour but de faire rentrer la chose dans le domaine du vendeur, elle appartient bien à la classe des actions dans lesquelles le défendeur pouvait procéder à une restitution matérielle : ce qui est le signe distinctif des actions arbitraires. Ce qui confirme cette solution, c'est que si elle n'avait pas offert les mêmes avantages que l'action *præscriptis verbis*, la controverse entre les Sabiniens et leurs adversaires n'aurait pas eu seulement un intérêt spéculatif, mais en aurait présenté dans la pratique dont les traces nous seraient parvenues [1].

Il y a d'ailleurs un cas où l'action *venditi* résolutoire échappera à tout caractère arbitraire : c'est lorsque le vendeur n'aura pas livré la chose : à l'arrivée de la condition, il ne pourra exercer son choix qu'entre les deux applications de l'action *venditi*, tendant l'une au paiement, l'autre à la résolution du contrat.

L'intérêt de la solution apparaîtra plus vif si l'on nous concède, comme nous nous sommes efforcé de le démontrer, que du moins à partir d'Ulpien, le juge pouvait faire exécuter son *jussus* par la force, *manu militari*.

Il faut toujours apporter la restriction suivante : c'est que le vendeur n'aura pas d'intérêt à ce que l'ancien *venditi* soit arbitraire, si l'acheteur a cessé de posséder ; il y a là

---

[1] V. Léveillé, de la résolution pour inexécution des charges, p. 48, n° 107.

un obstacle de droit que la *manus militaris* est impuissante à lever. Même en possession de la chose, l'acheteur pouvait rendre impossible le recours à la force pour faire exécuter l'ordre du juge ; car cet ordre consiste dans un acte juridique, la retranslation de la propriété au vendeur pour lequel on ne peut se passer du concours du défendeur.

Mais doit-on voir dans le *jussus judicis* une *justa causa usucapiendi*? M. Léveillé (op. cit. p. 57 *in fine*) y incline : « L'aliénateur, dit-il, grâce à l'action arbitraire, reprenait certainement au moins l'*in bonis*. »

D'après lui, l'ordre du juge aurait les mêmes effets que le second décret du magistrat dans la *cautio damni infecti*, après qu'elle a été refusée par le propriétaire de l'immeuble qui menace ruine. Tous les deux auraient la valeur d'un juste titre d'acquisition. C'est ce qu'il serait bon d'appuyer sur des textes, qui sont muets sur la question.

Il reste démontré après ce que nous venons de dire, que muni d'actions personnelles, susceptibles ou non de devenir arbitraires, selon qu'on nous suivra dans nos raisonnements ou qu'on les écartera, le vendeur sous condition résolutoire avait à craindre de l'acheteur des actes de disposition totale ou partielle : totale, sous aliénation de la chose vendue ; partielle, hypothèques ou servitudes, ou en général, démembrements quelconques de la propriété ; dangers à redouter par le vendeur jusqu'à sa réintégration dans ses droits de propriétaire. Sans doute, si l'acheteur ne restituait pas la chose, il était bien condamné *in id quantum venditoris interest* ; mais son insolvabilité pouvait faire obstacle à la complète exécution de sa condamnation.

Le vendeur armé comme nous venons de le voir des actions personnelles, pouvait-il aussi recourir à une action réelle pour se faire rendre la chose vendue ? L'avantage en était grand, puisque par l'action *in rem* susceptible d'être intentée contre tout tiers détenteur, il évitait les inconvénients inhérents aux actions personnelles. Ces avantages étaient encore plus appréciables pour ceux qui refusaient la qualité d'arbitraires aux actions résolutoires *venditi ou præscriptis verbis*.

Pour ce qui est de la revendication, l'action *in rem* par excellence, le vendeur l'avait certainement, s'il était resté propriétaire de la chose vendue ; il en était ainsi toutes les fois que la tradition n'avait pas été translative, soit parce que la chose vendue était *mancipi*, soit parce que le vendeur n'avait pas suivi la foi de l'acheteur, soit parce qu'il lui avait concédé la chose à bail ou en précaire, celui-ci n'étant encore que simple détenteur,

Mais, si la propriété avait été transmise à l'acheteur, quels étaient les effets de la résolution sur ses droits? La condition résolutoire qui affectait valablement le contrat de vente, agissait-elle aussi sur le transfert de la propriété, de telle sorte que venant à s'accomplir, son retour de l'acheteur au vendeur s'effectuât *ipso jure*? Supposons, sauf à le démontrer, qu'il en fût ainsi ; alors le vendeur était en droit de revendiquer la chose, non seulement entre les mains de l'acheteur dont la propriété avait pris fin, mais contre tout détenteur qui se serait fait vendre la chose par l'acheteur, sans être exposé à l'insolvabilité de l'acquéreur primitif ou subséquent. Et la propriété résoluble de l'acheteur s'évanouissant, les droits réels de toutes sortes conférés par lui sur la chose, prenaient fin à leur tour. Que la propriété au contraire, ne fût pas susceptible d'être transférée *ad tempus vel ad conditionem*, aucun de ces résultats ne se produisait ; si l'acheteur réintégrait le vendeur dans ses droits de propriétaire, c'était par une rétrocession : immédiatement il naissait entre eux des rapports d'ayant-cause, qui obligeaient le vendeur à respecter tous les droits réels établis sur la chose *pendente conditione*.

Mais s'il en était autrement, et si dans le dernier état du droit, la propriété revenait *ipso jure* aux mains du vendeur, quelle utilité de lui reconnaître la faculté de recourir aux actions personnelles, dont nous avons reconnu l'infériorité ? On ne peut pas lui contester le droit de les intenter, sauf la *condictio* qui avait pour but de réclamer une translation de propriété — or le vendeur était redevenu propriétaire de plein droit. — Quant aux actions *venditi* et *præscriptis verbis*, rien ne l'en empêchait, pour redemander, non plus la transmission de la propriété, mais la simple remise de la chose et de ses accessoires. Si en principe les actions personnelles ne pouvaient être refusées au vendeur, celui-ci avait-il du moins intérêt à les employer de préférence à l'action réelle ?

Il faut d'abord écarter les cas où le vendeur n'avait à sa disposition que les actions personnelles : il en était ainsi quand il avait vendu et livré la chose sans en être propriétaire. Cette tradition, si l'acheteur était de bonne foi, mettait celui-ci *in causa usucapiendi*. Si au jour de l'accomplissement de la *lex*, son usucapion n'était pas achevée, le vendeur certainement ne pouvait réclamer la remise de la chose qu'au moyen des actions personnelles. L'acheteur eût-il achevé d'usucaper, la résolution de la vente ne rendait pas le vendeur de plein droit propriétaire ; il ne l'avait jamais été. Son effet était de faire revivre les droits de ce dernier, mais non pas de lui restituer ceux qu'il n'avait eus [1] . Donc ici encore les actions personnelles lui étaient

---

[1] Accarias, II, 4ᵉ édit. p. 315.

seules ouvertes. L'acheteur était bien tenu de rendre la chose, puisqu'il ne devait garder aucun avantage provenant du contrat, mais c'était pour lui une simple action personnelle.

Dans ces deux hypothèses, nous avons implicitement supposé que le vendeur, non propriétaire, avait suivi la foi de l'acheteur. S'il en était autrement, comme la tradition aurait été tacitement affectée de la condition du paiement, l'acheteur n'aurait possédé que pour le vendeur ; ce dernier par suite profitait exclusivement de l'usucapion. Si le temps requis pour sa durée était expiré, le vendeur, devenu propriétaire, avait la revendication contre l'acheteur et tout tiers détenteur ; sinon, l'action publicienne donnée à toute personne *in causa usucapiendi*.

Mais lors même que le vendeur avait à sa disposition tant les actions réelles que personnelles, il pouvait cependant trouver quelquefois intérêt à agir *in personam*.

C'était pour lui le moyen d'éviter les difficultés qu'aurait soulevées, dans l'action réelle, la preuve à établir de sa qualité de propriétaire.

L'intérêt suivant, plus important, suppose démontré que la condition résolutoire n'avait en s'accomplissant aucun effet rétroactif. Si l'on ne conteste pas cette proposition, que nous essayerons de justifier plus tard, voici ce qui en résulte : C'est que, seules, les actions personnelles étaient encore ici permises au vendeur pour réclamer les fruits et divers accessoires de la chose, produits *pendente conditione*, ainsi que les indemnités dues pour détériorations imputables à l'acheteur, toujours *pendente conditione*, et généralement toutes les restitutions dues à l'occasion de la chose, et dont la cause était antérieure à l'arrivée de la condition. En effet, en vertu de la non-rétroactivité, l'acheteur se

trouve avoir été propriétaire incommutable tant qu'elle
était en suspens ; les droits qu'il acquérait ainsi sur les
divers chefs de restitution que nous venons d'énumérer
n'étaient donc pas résolubles, et s'il était obligé de les
rendre, ce n'était que personnellement, en tant qu'il devait
restituer tous les profits du contrat. Aussi le vendeur, si
l'acheteur les avait cédés, ne pouvait-il les revendiquer
contre le tiers détenteur. Si même l'acheteur n'avait cessé
de posséder, l'action en revendication eût été inutile pour
toutes ces restitutions ; car elle ne pouvait porter que sur
des faits postérieurs à la naissance du droit qui sert de base
à l'action. C'est donc en vain que le vendeur eût réclamé des
restitutions ayant leur cause avant l'accomplissement de la
condition ; le juge n'aurait pas valablement statué sur elles [1].

Malgré tout, la supériorité de l'action *in rem* sur l'action
in personam était incontestable, et le vendeur avait le
plus grand intérêt à être muni de la revendication. Deman-
dons-nous donc si de tout temps le droit romain a admis
que la propriété soit transférée sous condition, de façon à
ce que l'acquéreur n'ait sur la chose vendue que des droits
résolubles, ou s'il faut faire des distinctions suivant les
époques.

Il faut bien préciser la question : Le droit romain reconnaissait bien qu'en cas de legs *per vindicationem* sous condition, l'héritier faisant adition *pendente conditione*, devenait
propriétaire de l'objet légué sous la condition résolutoire
qui tenait en suspens l'exécution du legs, et qu'en cas de
vente sous condition suspensive, le vendeur restait propriétaire sous condition résolutoire ; mais ne condamnait-il pas,
comme contraire à l'essence de la propriété, qui était d'être

---

[1] En ce sens : Bufnoir, th. de la Cond. p. 477 et s. — Accarias, II, 4º éd.
p. 315.

perpétuelle, l'insertion de clauses portant qu'à l'échéance d'un certain terme ou à l'arrivée d'une condition donnée, la propriété serait *ipso jure* retransférée à l'aliénateur ?

Trois systèmes peuvent se concevoir : ou bien à aucune époque, comme le dit entre autres Maynz, on ne put, à Rome, transférer la propriété *ad tempus vel ad conditionem*; — ou au contraire, ce fut toujours permis; c'est ce qu'enseignaient surtout les Glossateurs et s'est aussi l'opinion de M. de Vangerow ; — ou, avec les partisans d'un troisième système intermédiaire soutenu en France, il faudrait distinguer : Dans l'ancien droit, il était vrai de dire que la prohibition était formelle ; mais déjà, pendant la période classique, quelques jurisconsultes luttèrent pour faire accorder au vendeur l'action réelle, qui ne lui fut tout à fait reconnue que sous la législation de Justinien [1]. C'est ce dernier système qui semble le plus conforme à l'esprit des textes.

D'un grand nombre, il résulte d'abord qu'il est vrai d'affirmer que le droit romain classique n'admettait pas le transfert de la propriété sous condition résolutoire : « Si stipendiariorum prædiorum proprietatem dono dedisti, ita ut post mortem ejus, qui accepit, ad te rediret, donatio irrita est, cum ad tempus proprietas transferri nequiverit. » (Fr. Vat. n° 283). D'ailleurs si la validité du transfert de la propriété, *ad tempus vel ad conditionem*, n'avait jamais été prohibée, quel besoin aurait eu Justinien d'insérer au Code, VI, XXXVII, sa constitution 26 ? Et à côté de ces textes exprès, il en est d'autres dans le Digeste qui sont aussi formels, bien

---

[1] En ce sens : Pellat, Propriété et Usufruit, 2e édit. p. 279 et s. — Ortolan, édit. Labbé, app. VII, livre III ; — Machelard, Dissertations de dr. rom. et de dr. fr. p. 195 et s. ; — Vernet th. des Oblig. p. 136 ; — Demangeat, 3e éd., I p. 600 et II p. 355 ; — Bufnoir, op. cit. p. 136 et s. ; Léveillé, op cit., p. 45 et s. ; — Accarias, II, 3e édit. p. 483 et s.

qu'ils ne reconnaissent qu'implicitement la défense de trans·
férer temporairement la propriété.

Si précisément dans l'hypothèse d'une vente conclue avec *lex commissoria*, la constitution 3 au code, IV, LIV, refuse l'action en revendication au vendeur pour reprendre la chose vendue, et ne lui reconnaît que des droits purement personnels, c'est qu'*ipso jure*, par l'effet de la résolution, la propriété ne fait pas retour à l'aliénateur. Ce retour ne s'effectuait pas davantage de plein droit entre les mains du donateur *mortis causa*, s'il survivait au donataire ; seule l'action personnelle lui était reconnue (12, D. XII, IV — 38, 3 D. XXII, 1 — 35, 3 ; 39 D. XXXIX, VI).

Admettre qu'à l'origine le droit romain reconnaissait la possibilité de transférer la propriété *ad conditionem*, c'est donc se mettre en contradiction avec tous ces textes ; c'est méconnaître la règle dont témoigne Justinien (26 C. VI, XXXVII), que jusqu'à lui le legs transférant une propriété seulement temporaire était nul ; c'est enfin, comme le fait observer M. Bufnoir (op. cit. p. 161), rendre inexplicable l'emploi du contrat de fiducie avant la création du gage : « Comment, ajoute notre éminent professeur, le débiteur qui voulait donner sa chose en gage, aurait-il consenti à en transférer la propriété, en ne se réservant que le droit d'en exiger la rétrocession après le paiement de sa dette, s'il avait pu sauvegarder plus énergiquement ses intérêts en transférant la propriété, *donec pecunia solvatur*, de manière à la recouvrer de plein droit, dès qu'il aurait satisfait le créancier. »

Ulpien, un des premiers, battit en brèche l'ancienne théorie et accorda à l'aliénateur, dans plusieurs circonstances, la revendication, au lieu de la simple action personnelle, exclusivement ouverte avant lui comme moyen

de recours. Ainsi, supposant une donation à cause de mort,
le jurisconsulte se demande à qui appartient la revendication : la condition est-elle suspensive, elle peut être intentée par le donateur durant sa vie ; après sa mort, par le
donataire, c'est-à-dire que *pendente conditione,* la propriété
reste au donateur ; jusqu'ici il n'y a rien de changé ; mais
où l'innovation se produit, c'est lorsque Ulpien s'occupe du
cas où la donation est affectée d'une condition résolutoire.
Voici les termes dont il se sert : « Si vero sic, ut jam
nunc haberet (cui donatum est), redderet, si convaluisset
vel de prælio, vel peregre rediisset, potest defendi, in
rem competere donatori, si quid horum contigisset : interim autem ei cui donatum est. Sed et si morte præventus
sit is, cui donatum est, adhuc quis dabit in rem donatori »
(29 D. XXXIX, VI). Ses tendances nouvelles s'aperçoivent
bien dans cette phrase ; la condition résolutoire accomplie, c'est au donateur qu'appartient le droit de revendication.
Seulement, par l'hésitation qui se trahit dans son langage,
Ulpien semble bien confirmer que tel n'était pas le droit
commun à son époque. Et ce n'est pas seulement pour le
cas de donation qu'il affirme ses idées. C'est encore à
propos de l'*in diem addictio* qu'il adopte la même opinion.
Pour lui, lorsqu'une vente est conclue avec cette clause,
tant que personne n'a fait au vendeur de meilleures offres
suivies d'acceptation, c'est à l'acheteur qu'il appartient de
revendiquer la chose, s'il y a lieu ; mais, dès que le vendeur a adhéré aux nouvelles propositions, il redevient
immédiatement propriétaire : il est en droit de revendiquer : « Sed et si cui in diem addictus sit fundus, ante-
quam adjectio sit facta, uti in rem actione potest, postea non
poterit. » (41, pr. *in fine* D. VI, I) [1].

[1] Quelques auteurs, Maynz entre autres (Maynz, II, 3ᵉ éd. p. 354, n.

Il est à remarquer qu'Ulpien n'a pas suivi son inclination à réformer le droit sur le retour de la propriété à l'aliénateur, dans l'hypothèse prévue par lui dans la loi 9 pr. D. XXIII, III.

Cet hypothèse est double : nous ne nous occuperons pas de la première des deux espèces qu'elle embrasse, parce que dans le premier cas, il s'agit d'une dation faite, non pas sans condition, mais en vue d'un but, lequel n'étant pas atteint, *causa non secuta*, la *condictio* naissait.

Mais dans le second cas, Ulpien suppose qu'une personne a fait une donation à une future épouse, sous la condition que le mariage aurait lieu. Le mariage rompu, si la donation a été faite sous condition suspensive, le donateur pourra revendiquer l'objet de la donation, n'ayant pas cessé d'en être propriétaire ; si c'est sous la condition relative que la donation a été faite, la propriété a été immédiatement transférée ; le donateur ne pourra qu'agir en répétition par la *condictio*.

Ulpien n'appliquait donc pas d'une façon générale sa nouvelle théorie. Or nous n'avons aucun texte qui nous signale sa décision en ce qui touche la vente avec pacte commissoire. Malgré ce silence, et en vertu de l'analogie existant entre la vente conclue avec *in diem addictio*, et celle avec *lex commissoria*, pactes affectant en général le contrat

38), expliquent la loi 41 par l'obligation où est l'acheteur de céder les actions que la chose lui a donné le droit d'intenter ; la cession serait tenue pour accomplie, et le vendeur pourrait exercer la *reivindicatio utilis*. Il faut pour cela supposer qu'à l'arrivée de la condition, l'acheteur n'est plus en possession de la chose. Et l'explication proposée et repoussée par les mots qui terminent le *principium* du fragment 41. La solution que donne Ulpien est très nettement exposée par lui. *Pendente conditione*, c'est à l'acheteur propriétaire intérimaire, qu'il reconnaît le droit d'exercer l'action en revendication ; « postea non poterit. » C'est donc une fois la condition accomplie, un refus formel. Or si l'acheteur n'a pas le droit d'agir en revendication, comment parler d'une cession fictive au profit du vendeur ?

d'une condition résolutoire, nous croyons qu'il aurait étendu sa théorie au cas du pacte commissoire [1].

Quoi qu'il en soit de cette incertitude, il serait inexact de croire qu'Ulpien ait été le seul partisan de cette innovation.

Marcellus partageait les mêmes tendances. C'est même sur l'autorité de ce jurisconsulte qu'Ulpien s'appuie pour fortifier sa théorie. Il n'a donc pas la prétention d'en exposer une nouvelle. Ainsi dans la loi 4, 3 D. XVIII, II, il rapporte la décision de Marcellus et tire de sa doctrine la conséquence que les droits consentis par l'acheteur *pendente conditione* s'évanouissent avec la disparition des siens propres. De même dans la loi 3 D. XX, VI, il cite encore l'avis de Marcellus pour soutenir que les hypothèques prennent fin au cas d'*in diem addictio,* quand la condition résolutoire s'accomplit.

On a essayé de soutenir que tous les jurisconsultes romains admettaient cette doctrine, et on y a été amené par plusieurs textes qui donnent le nom de revendication à l'action intentée par l'aliénateur pour reprendre la chose après l'arrivée de la condition résolutoire.

Déjà les anciens interprètes du droit romain avaient été frappés de ces antinomies, plus apparentes que réelles, des

---

[1] Du moment qu'Ulpien admettait la translation de la propriété *ad tempus,* il est logique de penser qu'elle pouvait être transférée sous cette restriction par la *mancipatio* et l'*in jure cessio,* aussi bien que par la tradition. Si l'on n'insérait pas valablement dans les *actus legitimi* les clauses transmettant temporairement la propriété, telles que le *dies ad quem* ou la condition résolutoire, c'était que ces modalités étaient contraires à la nature du droit de propriété ; sans cela, comme elles n'avaient rien en elles-mêmes de contradictoire avec l'affirmation d'un droit certain et actuel, faites par l'acquéreur, elles auraient valablement pu être apposées dans un mode solennel d'aliénation, si le droit aliéné était susceptible de les revêtir, comme l'usufruit (Fr. Vat. n° 48) dans l'ancien droit, comme enfin la propriété dans le système d'Ulpien.

textes qui, dans les mêmes cas, donnent les actions *in rem* et *in personam*. Ils n'avaient pas remarqué que la théorie d'Ulpien était autant un progrès qu'une innovation ; ce qui expliquait pourquoi l'admission au profit du vendeur de l'action réelle n'avait pas fait exclure l'ancienne action personnelle, et comment toutes les deux avaient pris place dans le nouveau système : le vendeur ne pouvant se servir de l'action personnelle que contre l'acheteur, et ayant la faculté d'intenter la revendication, même contre les tiers. Voici la distinction qu'ils avaient imaginée : en rédigeant la clause résolutoire, les parties avaient-elles employé des expressions impliquant qu'elles avaient voulu donner à la clause un effet absolu, la résolution opérait *erga omnes ipso jure* : les mots qui avaient une telle efficacité étaient les *verba directa* ; les verbes dont s'étaient servies les parties étaient au présent ou au passé : *si intra certum tempus pecunia soluta non sit, res inempta sit.* Si la phrase n'était pas aussi énergique, comme lorsque les parties avaient employé le futur, les *verba* étaient dits *obliqua ;* la résolution n'opérait plus qu'à l'aide d'une rétrocession ; le vendeur ne pouvait agir que par l'action personnelle : tel était l'effet de la clause : *si ad diem pecunia soluta non sit, fundus restituatur* [1].

Mais cette distinction arbitraire ne suffisait pas à rendre compte des décisions des textes qui donnaient tantôt l'action réelle, même en cas de *verba obliqua,* tantôt l'action personnelle, les *verba* étant cependant *directa.* De là une nouvelle classe d'expressions résolutoires, les *verba communia,* susceptibles d'être rangées, suivant les circonstances, dans l'une des deux anciennes formes.

Enfin l'ancien droit lui-même répudia ce système trop

---

[1] Voet, ad Pandectas, lib. XVIII, tit. III, n° 2, t. I, p. 626.

subtil et arbitraire : « Subtiles sunt, dit d'Argentré (de Laudimiis, col. 2361), istæ de verborum vi jurisconsultorum argutiæ, quæ ad actiones rerum improbe traducuntur ad eludendos consensus et simplicium inventiones. ».

Cujas, pour savoir de quelle action on devait munir le vendeur, distinguait le cas où il avait loué la chose à l'acheteur, à bail ou à précaire ; alors *quia non videtur dominium ab emptore recessisse*, Cujas lui accordait la revendication ; mais si la tradition avait eu lieu sans réserves, le vendeur ayant suivi la foi de l'acheteur, ce n'était plus que l'action personnelle qui lui restait [1]. Cette explication a le tort de supposer des circonstances exceptionnelles.

Favre, à propos de l'explication qu'il donne de la loi 8 au D. XVIII. III, soutient que le vendeur n'a le droit de revendiquer que s'il est resté propriétaire, ce qui est conforme aux principes, et si la tradition n'a pas été faite, ce qui laisserait supposer que l'acheteur s'est mis en possession sans le fait du vendeur, car la revendication ne se conçoit qu'avec la détention de la chose. Le texte que commente le jurisconsulte ne fait pas pressentir cependant que la tradition dans l'espèce qu'il prévoit, n'émane pas du vendeur même, comme cela devait normalement se passer [2].

Quant à Pothier, voici quelle était son inteprétation ; il accordait la revendication au vendeur avec pacte commissoire : « ita quidem, si traditio sub hac conditione facta est, ut non prius dominium transferretur quam pecunia soluta. Contra,... quum pure facta est ; licet sub hac lege, ut non adimpleta lege res revocaretur. » [3] Cette explication n'est

---

[1] Cujas, ad tit. LIV, lib. IV Cod., t. X, col. 1025.
[2] Ant. Favre, Rat. lib. XVIII, tit. III. l. 8, t. V. p. 357.
[3] Pothier, Pandect. lib. XVIII, tit III, tome I, p. 500, n. (b).

pas convaincante, car elle résout l'antinomie des textes en y ajoutant une distinction dont ils ne contiennent pas trace.

De nos jours, on a soutenu en Allemagne, M. de Vangerow, et l'on soutient encore, qu'Ulpien n'était que l'interprète d'une théorie commune à tous les jurisconsultes romains, en reconnaissant au profit du vendeur le concours tant de l'action réelle que de l'action personnelle.

En raison, allègue-t-on, le retour *ipso jure* de la propriété au vendeur se conçoit : la propriété n'étant transférée que moyennant une *justa causa* préalable, celle-ci pourra contenir des limitations à la propriété de l'acquéreur, non seulement dans son extension ordinaire mais aussi dans sa durée ; si bien qu'il n'y aurait pas de place pour une *retrocessio*, si *ab initio* la propriété n'avait été transmise *qu'ad tempus*.

Il est bien vrai que le transfert de la propriété peut se concevoir temporaire seulement, mais l'affirmer n'est pas suffisant pour démontrer que les jurisconsultes romains en admettaient la possibilité.

Quant aux textes donnant au vendeur sous condition résolutoire une action simplement personnelle, voici dans ce système l'explication qu'on en propose. C'était celle adoptée par les anciens interprètes, et fondée sur la distinction des *verba obliqua* et des verba *directa*. On s'attache bien encore aux termes employés, mais on tient compte aussi de l'intention des parties. Il se peut que l'aliénateur se soit réservé le droit d'exiger une rétrocession, au lieu d'avoir conféré une propriété *ad tempus*. D'ailleurs, ajoute-t-on, le concours des deux actions s'explique par l'intérêt qu'aura le vendeur à choisir le cas échéant, ainsi que nous l'avons reconnu : et si dans les textes, on ne trouve mentionnée que l'action personnelle, alors que la condition résolutoire étant réalisée, la revendication aurait aussi été donnée, on ne peut pas en conclure que seule l'action personnelle eût été accordée, à l'exclusion de la revendication.

Et à l'appui de ce système, on cite des textes n'appartenant pas à Ulpien et qui paraissent accorder à l'aliénateur, sous condition résolutoire, le droit après son accomplissement de revendiquer la chose.

Tel paraît bien être le sens de la loi 8 D. XVIII, III, dans laquelle l'acheteur n'ayant pas payé au jour fixé, à cause de l'absence de la venderesse, « quæsitum est, an fundi non sint in ea causa, ut a venditrice vindicare debeant ex conventione venditionis ».

« Si mortis causa donatus fundus est, dit Julien, et in eum impensæ necessariæ atque utiles factæ sint, fundum vindicantes doli mali exceptione summoventur, nisi pretium earum restituant. » (14 D. XXXIX VI).

Enfin deux textes au Code semblent favorables à cette doctrine :

« Si, dit Antonin, ea lege prædium vendidisti, ut, nisi intra certum tempus pretium fuisset exsolutum, emptrix arrhas perderet, et dominium ad te pertineret, fides contractus servanda est. » (1, C. IV, LIV).

« Commissoriæ venditionis legem, exercere non potest, qui post præstitutum pretii solvendi diem, non vindicationem rei eligere, sed usurarum pretii petitionem sequi maluit, » (4, C. eod).

Malgré ces arguments de textes, il reste cependant certain qu'à l'époque classique, la généralité des jurisconsultes ne suivait pas l'opinion d'Ulpien, et n'admettait pas comme valable le transfert de la propriété *ad tempus*. Si pressants que soient les textes invoqués, on ne peut leur accorder un sens et une portée qu'ils n'ont pas, et déclarer fausses les conséquences de ceux cités plus haut comme refusant l'action réelle.

Trois d'entre eux, il est vrai, renferment l'expression *vindicare* sous diverses formes ; mais, qu'on le remarque bien, le mot *vindicare* signifie plutôt d'une manière générale réclamer que revendiquer [1], et on s'exposerait, en l'entendant dans ce dernier sens, à en donner une fausse interprétation.

C'est ainsi que dans la loi 8, on doit reconnaître par les expressions qu'elle emploie : « an fundi vindicari debeant ex *conventione venditionis* », qu'il s'agit non pas de l'action en revendication, mais au contraire d'une action en restitution résultant de la convention.

Quant à Julien, l'auteur de la loi 14, on a la preuve qu'il refusait au donateur *mortis causa* l'action en revendication d'une façon absolue. C'est ce qui ressort implicitement de la loi 4 D. XXIV, I. Pourquoi, dans l'hypothèse qu'elle suppose, le mari ne peut-il pas faire bénéficier la femme d'une donation à cause de mort qui lui est faite ? C'est parce qu'il se rendrait dans tous les cas *pauperior,* ce qui lui est défendu, attendu qu'il n'y a de permises entre époux que les donations qui n'appauvrissent pas le donateur (5, 13 et 14, D. XXIV, I). Or dans l'espèce de la loi 4, il y aurait appauvrissement pour le mari, soit que la donation à cause de mort fût confirmée par le prédécès du donateur, soit qu'elle fût résolue, le mari étant passible de la *condictio* ; tandis que si le donateur avait pu, dans la pensée de Julien, agir contre la femme par la revendication, le mari à l'abri de tout recours de sa femme, l'était par suite

---

[1] Bufnoir, th. de la cond. p. 164.

de tout appauvrissement ; et Julien n'aurait pas pu dire que
si ce que le mari se proposait de faire eût été valable, il
se serait pas là même exposé irrémédiablement à devenir
pauperior. Il ne professait donc pas le retour *ipso jure* de la
propriété à l'aliénateur sous condition résolutoire. Voici un
texte qui ne permet pas de douter que telle fût sa doctrine :
« Si alienam rem mortis causa donavero, eaque usucapta
fuerit ; verus dominus eam condicere non potest, sed ego, si
convaluero. » (13, pr. D. XXXIX, VI). Il faut donc expliquer la loi 14 sans mettre Julien en contradiction avec sa
théorie : il suffit pour cela d'admettre qu'elle vise le cas
d'une donation faite sous condition suspensive.

La réfutation de la loi 1 C. IV, LIV, est plus aisée encore,
« Dominium ad te pertineret », dit le texte, et on a prétendu que ces mots impliquaient le retour *ipso* jure de la
propriété ? Mais il ne sont pas très probants, et l'on peut
également soutenir que c'est seulement l'action personnelle
que donne le texte, comme ses derniers mots tendraient à le
laisser croire.

Reste enfin la loi 4 au code, eod. tit. Comment admettre
qu'elle consacre le bénéfice de l'action en revendication au
profit du vendeur, alors que dans la loi qui la précède, le même
empereur Alexandre la lui refuse en pareille hypothèse ? Est-il
raisonnable qu'il ait dit dans la loi 4 justement le contraire ?

Les partisans du second système sont donc dans l'erreur,
en voulant démontrer que le transport *ad tempus vel ad conditionem* de la propriété fut de tout temps possible à Rome.
Pour qu'il en soit ainsi, et que la théorie dont Ulpien fut
un des principaux propagateurs se fût généralisée, il faut
arriver à Justinien ; c'est ce qu'il nous reste à établir pour
confondre à leur tour les interprètes du premier système.

La loi 26 (C. VI, XXXVII) accuse clairement les changements qu'a subis la législation : « Quum enim jam constitutum sit, fieri posse temporales donationes et contractus; consequens est etiam legata, et fideicommissa, quæ ad tempus relicta sunt, ad eamdem similitudinem confirmari. » Ce qui prouve non moins péremptoirement le succès définitif de la théorie d'Ulpien, c'est que plusieurs textes consacrant la primitive prohibition ont été conservés, mais au prix d'altérations qui leur ont fait exprimer le contraire de ce qu'ils disaient pour les mettre en harmonie avec les nouvelles idées. C'est ce qui est arrivé pour la décision contenue dans le § 283 Fr. Vat. A la suite d'un habile rapprochement fait par M. Pellat, entre ce passage et la loi 2 au code VIII, LV, on ne saurait douter qu'ils ne reproduisent tous deux la même constitution. Les deux textes sont rapportés sous le nom du même empereur Dioclétien et à la même date. Seulement les Fragments du Vatican contiennent le texte et le sens primitifs ; tandis que, au Code, c'on est en présence d'un texte dont la décision est diamétralement opposée, mais conforme à la législation nouvelle [1]. Citer les deux constitutions, c'est rendre évidentes les altérations apportées au texte primitif : « Si stipendiariorum proprietatem dono dedisti, ita ut post mortem ejus qui accepit, ad te rediret, *donatio irrita est, quum ad tempus* proprietas transferri nequiverit. » Ainsi s'expriment les Fragments du Vatican. Au Code, voici ce qu'est devenue la constitution de Dioclétien : « Si rerum tuarum proprietatem dono dedisti, ita ut post mortem ejus qui accepit, ad te rediret, *donatio valet, quum etiam ad tempus certum vel incertum ea fieri potest,* lege scilicet, quæ ei imposita est, conservanda. »

« Après cela, comme le fait à propos remarquer notre

---

[1] V. Pellat. Prop. et usuf. p. 284, et s. — Bufnoir. th. de la cond. p. 171. — Accarias, I, 4ᵉ éd., p. 516, n. 1.

savant professeur, M. Bufnoir (op. cit. p. 172), qu'on objecte que certains textes, conservés au Digeste, donnent une simple action personnelle à l'aliénateur, qui s'est réservé conditionnellement le retour de la propriété, cela pourra embarrasser ceux qui pensent que la possibilité de transférer la propriété *ad conditionem* a été admise de tout temps et par tous les jurisconsultes. Pour nous, ces textes, quand ils ne s'expliquent pas, soit par les circonstances du fait, soit par la coexistence des deux actions personnelle et réelle, sont tout simplement un vestige de la doctrine longtemps dominante. »

§ VI. — *Non-rétroactivité de la lex commissoria.* —
Son effet à l'égard des tiers.

La condition résolutoire qui opérait ipso jure dans le droit de Justinien, conformément aux doctrines d'Ulpien, avait-elle un effet rétroactif, ou bien l'aliénateur ne rentrait-il dans sa propriété qu'*ex nunc* ? [1]

Quelle que soit la solution donnée, dit M. Vernet (th. des Oblig. p. 145), le propriétaire intérimaire aura pu faire sur la chose tous les actes de maître ; mais dans tous les cas aussi, la propriété revient à l'aliénateur, franche et quitte de tous droits constitués par ce propriétaire intérimaire. Si l'on admet la rétroactivité, ce sera en vertu de la règle : *resoluto jure dantis, resolvitur jus accipientis ;* si on la repousse par

---

[1] A l'origine, lorsque la condition résolutoire était prohibée dans le transfert de la propriété, le vendeur reprenant sa chose, était tenu de respecter les droits réels consentis sur elle par l'acheteur, tout se passant comme s'il y avait eu un nouveau transfert de l'acheteur au vendeur. L'acheteur ne pouvait évidemment retransférer la propriété, s'il l'avait déjà aliénée ; il ne pouvait conférer au vendeur plus de droits qu'il n'en avait lui-même.

application du principe : *nemo plus juris ad alium transfere potest quam ipse habet.* Le vendeur n'a donc pas intérêt au triomphe d'une solution sur l'autre. C'est seulement au sujet des droits réels établis sur la chose *pendente conditione* par l'aliénateur qu'il y a de la différence entre le système de la translation temporaire et celui de la rétroactivité. Si c'est la première doctrine qui est la bonne, le vendeur ne peut consentir sur la chose, tant que la condition est pendante, aucun droit réel ; il n'est pas propriétaire. Il le peut, si la propriété lui revient rétroactivement. Ce n'est d'ailleurs pas le seul intérêt de la question. Selon que la condition aura ou non un effet rétroactif, le vendeur n'aura pas besoin de se faire céder les actions acquises par l'acheteur relativement à la chose, ou devra en obtenir la cession.

Les textes ne laissent pas de doute : c'est le système de la non-rétroactivité qui prévalait. La loi 3 D. XX, VI dit en effet à propos d'une vente conclue avec *in diem addictio*, que si l'acheteur a grevé la chose d'un droit de gage, ce droit prend fin, si la condition vient à se réaliser ; c'est donc qu'il a été valablement constitué. Plus formelles encore sont les expressions qu'emploie Ulpien dans la loi 4, 3, D. XVIII, II. Il s'agit encore d'une hypothèque constituée par l'acheteur sur une chose vendue avec *in diem addictio.* Si la condition arrive à échéance, l'hypothèque tombe, » rem pignori esse desinit » et, ajoute le jurisconsulte : « ex quo colligitur quod emptor medio tempore dominus esset : alioquin nec pignus teneret. » Impossible d'être plus précis [1].

---

[1] Maynz (II, 3ᵉ éd. p. 354, n. 38) soutient qu'il faut lire avec une négation les mots *rem pignori esse desinere* de la loi 4. § 3, si l'on ne veut pas mettre Ulpien en contradiction avec lui-même, Puisque le jurisconsulte reconnaît que l'acheteur a été *medio tempore dominus,* on doit reconnaître aussi qu'il avait le droit d'hypothéquer la chose ; il n'est donc pas possible de dire que la condition se réalisant, cette hy-

Un dernier argument peut encore être invoqué. Nous avons reconnu que ce qui justifiait l'option laissée au vendeur d'intenter à son gré l'action réelle ou l'action personnelle, c'était qu'il y avait des cas où cette dernière seule lui était ouverte, lorsqu'il voulait réclamer, par exemple, les fruits et accessoires de la chose. Ils étaient en effet la propriété non résoluble de l'acheteur (2, 1 D. XVIII, II), tenu seulement de les restituer à titre purement personnel (4, 4, D. eod — 4, pr. D. XVIII, III), en vertu de son obligation générale de rendre tous les profits retirés de la chose. C'est donc que le vendeur ne rentrait pas rétroactivement dans la propriété de la chose qu'il avait vendue.

Paul cependant laisserait bien croire dans la loi 9 pr, D. XXXIX, III que la propriété revenait rétroactivement au vendeur ; car dans cette loi, il exige pour qu'une servitude soit valablement constituée sur un fonds vendu avec clause d'*in diem addictio*, le consentement du vendeur et de l'acheteur, ce qui ne se comprendrait pas, s'il n'admettait que le vendeur est reputé n'avoir pas cessé d'être propriétaire. Mais, c'est par là même supposer que le vendeur avait le droit d'agir en revendication, la condition réalisée ; Paul devrait donc être rangé parmi les partisans de la doctrine d'Ulpien. M. Léveillé (op. cit. p. 61 et 63) le soutient. On ne saurait en effet sans ajouter au texte, l'interpréter comme s'appliquant à une

pothèque est non avenue, le contraire seul est possible après la décision précédente d'Ulpien ; il a dû par conséquent écrire : *rem pignori esse* NON *desinere*. Mais de contradiction, il n'y en a pas ; Ulpien ne répute pas nulles et non avenues les hypothèques consenties par l'acheteur ; il déclare qu'elles prennent fin, ce qui est différent, et ce qui est exact, car l'acheteur ne saurait conférer des droits plus étendus que les siens propres. L'intercalation d'une négation n'est donc pas nécessaire pour la compréhension du texte ; elle offre d'ailleurs chaque fois qu'on y recourt quelque côté arbitraire, si nous en croyons Maynz lui-même quand il écrit : « Malgré la répugnance que nous éprouvons en général pour ce mode arbitraire de conjecture, nous croyons, etc. »

vente avec *in diem addictio* sous condition suspensive. Mais il n'est pas non plus permis de le regarder comme décisif, mis en regard d'un autre texte de Paul, la loi 39 D. XXXIX, VI, ainsi conçu : « Si is cui mortis causa servus donatus est, eum manumisit, tenetur condictione in pretium servi; quoniam scit, posse sibi condici, si convaluerit donator. » De la lecture de ce fragment, il ressort que le donateur à cause de mort, en cas de survie au donataire, avait seulement le droit de réclamer la chose donnée par l'action personnelle, la *condictio*. Si d'ailleurs, comme le dit aussi la loi 39, le donataire n'avait pas été pendant la durée de la condition propriétaire intérimaire, il n'aurait pu, c'est sous-entendu dans le texte, faire un affranchissement valable. Les deux textes de Paul sont donc contradictoires ; pour résoudre l'antinomie, on en est réduit à se livrer à des conjectures plus ou moins raisonnables. Tout ce qu'il est permis d'en déduire, c'est qu'on ne peut en tirer argument dans un sens ni dans l'autre.

Ainsi il paraît acquis que le système de la non-rétroactivité de la condition résolutoire était professé par la majorité des jurisconsultes à Rome.

Nous en déduirons que les servitudes acquises au profit du fonds par l'acheteur durant sa propriété intérimaire, survivront à la résolution des droits de celui qui les a consenties, et que celles qui s'étaient éteintes par la réunion dans les mains de l'acheteur du fonds servant et du fonds dominant, ne revivront pas, malgré la réalisation de la condition.

Le vendeur ne peut après son accomplissement, exercer les actions nées à l'occasion de la chose *pendente conditione*, telles que les actions *furti, legis Aquiliæ*, sans une cession faite par l'acheteur, qui du reste est obligé de la faire (4, 4. D. XVIII, II).

Enfin, relativement aux fruits et accessions acquis à ce dernier dans le même temps, nous avons dit qu'ils restaient sa propriété et qu'il n'en devait la restitution qu'à titre purement personnel.

Le système de la propriété temporairement transmissible était-il illogique? Il est permis de ne pas le penser, mais de porter au contraire cette accusation sur le système primitif de prohibition. On ne voit pas quelles raisons avaient conduit les Romains à interdire les limitations apportées à la propriété dans sa durée, et à tolérer celles qui la réduisaient seulement dans son étendue, telles que l'aliénation d'un fonds avec réserve d'une servitude au profit d'un autre fonds. Enfin ces restrictions aux droits ou à la durée des droits de celui qui acquiert la propriété sont reconnues sans danger dans les législations rendant publiques les translations de la propriété. Mais comme le dit avec raison M. Bufnoir (th. de la cond. p. 170), de telles restrictions ne sont pas non plus injustes dans les régimes qui n'exigent pas une publicité pareille, parce que « sous un pareil régime, ceux qui traitent avec un propriétaire doivent lui demander de justifier de sa propriété, et il ne peut le faire sans laisser apparaître les limitations sous lesquelles il l'a acquise. »

Donc en résumé, à l'égard des tiers, la *lex commissoria* avait un effet différent, suivant les époques. Tant que le vendeur ne fut armé que de l'action personnelle, les tiers qui tenaient des droits de l'acheteur n'avaient rien à craindre de l'exercice du recours du vendeur ; mais du jour ou la propriété de la chose lui revint rétroactivement, de ce jour également il ne fut plus tenu de respecter les droits acquis du chef de l'acheteur, durant la suspension de la condition.

De nos jours, la législation est différente ; . le vendeur est maintenant tenu de rendre public son droit de résolution, pour pouvoir l'invoquer contre les tiers. Ceux-ci sont donc préservés de toute atteinte à leurs droits, si en se les faisant consentir, rien ne leur a révélé l'éventualité de son action résolutoire.

Quant au droit de résolution lui-même, le vendeur n'a plus besoin d'une clause expresse insérée dans l'acte pour se le réserver. La condition résolutoire est toujours sous-entendue dans un contrat synallagmatique, pour le cas où l'une des parties n'exécuterait pas son obligation. Le vendeur seulement, après préalable sommation à l'acheteur, doit demander la résolution en justice. Et tandis qu'à Rome, l'acheteur ne pouvait se soustraire à la résolution qu'il avait encourue, si le vendeur la réclamait. il obtiendra s'il en est digne, dans la législation française, de la justice, avant qu'elle prononce la résiliation du contrat, des délais qui lui permettront de remplir ses engagements.

APPENDICE

———

Nous avons dit que le droit romain, à l'opposé du droit
français, ne garantissait par aucun privilège la créance du
vendeur. C'est ce qu'il nous reste à justifier.

Pour ce qui est de l'hypothèque privilégiée, c'est-à-dire
donnant un droit de préférence, même sur les créanciers
hypothécaires, elle était certainement refusée au vendeur.
L'énumération limitative des cas où elle était reconnue ne
comprend pas le sien (V. 5 et 6 D. XX, IV — 12 C. VIII,
XVIII).

. Mais le droit romain connaissait aussi le *privilegium inter
personales actiones*, c'est-à-dire un simple droit de préférence,
opposable seulement aux créanciers chirographaires ; l'accor-
dait-on au vendeur ?

Les anciens auteurs n'étaient pas tous d'accord sur ce
point. Loyseau prétendait qu'en droit romain le vendeur
avait déjà privilège sur la chose vendue (des Offices, liv. III,
ch. VIII, nº 15 et 47). Favre (Code, lib. VIII, tit. VII,

déf. 6) soutenait au contraire que lorsque la vente n'était pas accompagnée de la convention de précaire, mais qu'elle était faite sans condition, le vendeur n'avait pas de privilège, et qu'il ne pouvait exercer qu'une action simplement personnelle pour le paiement du prix. [1]

Loyseau, pour établir son opinion, s'appuyait surtout sur la loi 34 D. XLII, V ainsi conçue : « Quod quis navis fabricandæ, vel emendæ, vel armandæ, vel instruendæ causa, vel quoquo modo crediderit, vel ob *navem venditam* petat, habet, privilegium post fiscum. »

Celui qui vendait un navire avait donc un privilège. Quelques auteurs, il est vrai, ont essayé d'expliquer les mots : *ob navem venditam*, comme ne se rattachant pas à la créance du vendeur d'un navire. Ils ne viseraient que les prêts et les avances faits *ob navem venditam* ; serait donc privilégié sur le navire le créancier qui a fait des prêts et avances relatifs au navire vendu à la suite de l'envoi en possession des créanciers du propriétaire. Favre (Code, lib. VIII, tit. VIII, déf. 10, n°2) explique cette solution par ce motif que la navigation, étant d'intérêt général, il est juste que ceux qui engagent leurs fonds pour elle, soient favorisés, et que ceux qui l'abandonnent soient moins énergiquement protégés. Cette bizarre explication doit être repoussée : les mots *vel quoquo modo crediderit* renferment en général tous les cas qui ont pu motiver un prêt à propos d'un navire ; il était donc inutile d'ajouter les mots *vel ob navem venditam* pour désigner les avances faites relativement au navire mis en vente.

Si le droit romain reconnaissait la qualité de créancier

---

[1] En ce sens : Simon d'Olive, questions notables, liv. IV, ch X, p. 580. — Brodeau sur Louet, t. 1, H. XXI, n° 6 — Basnage, traité des Hypothèques, II, ch. XIV, p. 66.

privilégié au vendeur d'un navire, c'était à cause de la grande faveur dont jouissait le commerce maritime, Rome attachant beaucoup de prix à l'extension de ses relations commerciales. D'autres avantages étaient assurés à celui qui construisait des bâtiments de mer; Ulpien nous les signale (Reg. tit. III,6); il était donc conforme aux tendances romaines d'assurer une protection plus efficace à celui qui vendait un navire, qu'à tout autre vendeur.

Il faudrait pour que le vendeur pût invoquer un privilège, qu'un texte au moins lui en reconnût un d'une façon indéniable. Or, non seulement on n'en trouve aucun, mais on est amené par la loi 5, 18 D. XIV, IV, à penser que le droit romain refusait au contraire toutes garanties au vendeur, s'il avait eu l'imprudence de suivre la foi de l'acheteur. D'après ce fragment, il venait dans ce cas en contribution avec les autres créanciers de ce dernier.

C'est encore en s'appuyant sur des prérogatives exceptionnellement accordées, que l'on affirme que le vendeur jouissait à Rome d'un privilège. La Novelle LIII, ch. V, en reconnaît un à celui qui a prêté de l'argent pour l'achat de la milice, et la Novelle XCVII, ch. III et IV décide que l'hypothèque privilégiée de la femme, pour la reprise de sa dot, ne sera pas opposable à ce préteur de deniers. Pareil privilège est encore donné par la Novelle CXXXVI, à l'*argentarius*, créancier pour l'achat de la milice. Mais il est bon de remarquer avec M. Troplong (Privilèges et Hypothèques, I, ch. II, § IV, n° 180) que ce privilège ne s'applique pas au vendeur de la milice, mais à celui qui a fait des avances pour l'acheter, ce qui est fort différent. La raison de ces dispositions de faveur était que dans une nation où l'élément militaire jouait un rôle prépondérant, il était naturel de faciliter l'accès aux grades militaires en encourageant les prêts d'argent destinés à les acheter, au moyen de garanties données aux prêteurs de deniers.

Il reste donc acquis que le droit romain ne donnait au vendeur aucun privilège [1].

[1] En ce sens : Troplong, op. et loc. cit. — Valette, Priv. et Hyp., p. 102. — Paul Pont. id. p. 105 X *bis*. — *Contra* : Grenier, des Hyp. II, n° 383.

TABLE DES MATIÈRES

IV.

THÈSE DE DROIT FRANÇAIS

DROIT FRANÇAIS

DES DROITS DU VENDEUR NON PAYÉ EN CAS DE FAILLITE OU DE LIQUIDATION JUDICIAIRE DE L'ACHETEUR.

Le contrat de vente rend le vendeur créancier de l'acheteur pour le paiement du prix ; cette qualité, la faillite ne l'enlève pas au vendeur ; elle n'entraîne pas en effet la résolution des contrats : c'est ce qui résulte bien de l'article 578 du Code de commerce, qui accorde au syndic la faculté d'exiger la livraison des marchandises en payant le prix convenu, c'est-à-dire de réclamer l'exécution du marché.

Puisque la vente n'est pas résolue, la créance du vendeur jouit-elle comme en droit civil de prérogatives particulières ?

CHAPITRE PRÉLIMINAIRE.

SORT DES GARANTIES DU VENDEUR EN DROIT COMMERCIAL

Le Code Civil accorde au vendeur pour le recouvrement du prix quatre garanties ; dans tous les cas, un privilège sur la chose vendue (art. 2102-4°), et un droit de résolution (art. 1654) ; dans les ventes au comptant seulement, un droit de rétention (art. 1612) [1] et un droit de revendication (art. 2102-4), pour lui permettre de rentrer en possession de la chose livrée depuis huit jours au plus.

Le vendeur conserve-t-il ces diverses prérogatives en matière commerciale ? Trois hypothèses sont possibles : ou l'acheteur n'a pas été déclaré en faillite, ou au contraire il est failli, ou enfin aucun jugement n'est venu pour déclarer une faillite existant en fait.

§ I. — *Cas où la faillite de l'acheteur n'a pas été déclarée.*

L'acheteur n'a pas suspendu ses paiements : donc la faillite n'a pas été déclarée.

Le vendeur pourra-t-il user de l'une quelconque des garanties que lui reconnaît le droit commun ?

C'est ce que l'on a contesté, comme si la vente commerciale était régie par des dispositions spéciales se suffisant à elles-mêmes, et excluant tout emprunt aux règles du droit civil.

Nous n'entreprendrons pas de démontrer, comme on l'admet très généralement en doctrine et en jurisprudence, que dans le silence de la loi commerciale, c'est au Code civil qu'il faut recourir ; nous dirons seulement que si l'on refusait en pareil cas de se reporter aux règles du droit civil, ce serait méconnaître les analogies reliant les deux droits entre eux, et relevées à l'occasion par le Code de commerce lui-même (V. art. 18 C, com.) ; dénier au Code civil sa

---

[1] Même dans une vente à terme, le code civil accorde le droit de rétention au vendeur « si, depuis la vente, l'acheteur est tombé en faillite ou en état de déconfiture, en sorte que le vendeur se trouve en danger imminent de perdre le prix ; à moins que l'acheteur ne lui donne caution de payer au terme ». (Art. 1613).

qualité de loi générale, qu'impliquent les renvois de certains de ses articles au Code de commerce, sur les points différemment traités par ce dernier (V. C. civ. art. 1107, 1153, 1341, 2084) ; s'exposer enfin à tomber dans l'arbitraire, et donner libre cours aux opinions les plus diverses, puisque, notamment pour la vente commerciale, un seul article du Code de commerce — l'article 109 — s'en occupe et seulement en ce qui concerne les modes de preuve des achats ou ventes. Cette brièveté avec laquelle le Code de commerce traite une matière aussi importante en pratique qu'en théorie, crée une lacune qu'il faut combler en recourant au Code civil, sous peine de laisser la jurisprudene flotter incertaine entre les divers systèmes ; elle applique d'ailleurs sans hésiter l'article 1657 du Code civil aux ventes commerciales. (V. entre autres arrêts Cass. req. 19 février 1873 — D. 73, 1, 301).

Spécialement donc, en ce qui concerne le vendeur, on doit décider que tous les droits dont il jouit en droit civil subsistent en droit commercial ; parce que toutes les fois que le législateur n'a introduit aucune dérogation, la loi civile régit même les matières commerciales (V. Lyon-Caen et Renault, Précis. I 647).

Le tribunal de commerce de Marseille s'est cependant prononcé quelquefois en sens contraire [1]. Selon lui, les dispositions qui régissent les ventes commerciales constituaient un droit particulier, auquel ne peuvent être appliquées les règles du droit commun, tandis que nous avons reconnu que le Code

---

[1] 11 déc. 1857. Girod et Clariond, tome 35, 1, 320. — 11 juin 1862. Gir. et Clar. 40, 1, 188. — V. aussi en sens contraire Rouen. 23 déc. 1860. Gir. et Clar. 39, 2, 142 : « Attendu, dit la Cour, que le principe édicté dans les art. 1184 et 1654 C. civ. est absolu, qu'il est applicable à la vente des marchandises comme à la vente d'effets mobiliers proprement dits. »

civil, à défaut de dérogation contenue dans le Code de commerce, reste applicable en matière commerciale. Comme autre motif, le tribunal alléguait encore que l'article 2102 du Code civil réservait les lois et usages sur la revendication commerciale, visant ainsi l'article 550, du code de commerce. Mais cet article, en tant qu'il refuse au vendeur le privilège et le droit de revendication établis par l'article 2102-4° du Code civil, date seulement de 1838 ; le texte primitif de l'article 550 tel qu'il a été promulgué avec le Code de commerce, ne restreignait que le droit des femmes. Voici, croyons-nous, ce qui explique pourquoi, comme il est dit dans l'article 2102-4°, « il n'est rien innové aux lois et usages du commerce sur la revendication ». C'est que le droit de revendication avait causé dans l'ancien droit de graves abus en matière commerciale, ce qui faisait désirer son abolition. Et ce droit du vendeur de revendiquer les marchandises vendues, était singulièrement fortifié par le fondement de son action en revendication, basée sur ce que, au moins dans les ventes sans terme, tant que le prix n'était pas payé, la propriété ne changeait pas de main. De nombreux débats eurent lieu lorsqu'on rédigea le Code de commerce ; lors de la confection du Code civil, on pressentait déjà les difficultés qui devaient s'élever sur l'abolition ou le maintien de cette garantie du vendeur ; on réserva le soin de les trancher aux rédacteurs du Code de commerce.

§ II. — *Cas où, bien que l'acheteur ait suspendu ses paiements, il n'y a pas eu de déclaration de faillite.*

La faillite n'a pas été déclarée, mais l'acheteur a suspendu ses paiements.

Quel sera le sort des garanties du vendeur ? Continuera-

t-il d'en jouir dans toute leur étendue, ou leur exercice sera-
t-il restreint comme si vraiment il y avait faillite ?

La jurisprudence admet que la faillite existe par le seul
fait de la cessation des paiements. [1] Pour elle, dès ce moment, il y a un état virtuel de faillite que toute juridiction
peut constater à la demande des intéressés.

En doctrine, la question est débattue. Sans entrer dans les
détails de la controverse, ce qui nous semblerait dépasser les
limites de notre sujet tel que nous nous le sommes proposé,
nous croyons qu'il n'y a faillite que tout autant qu'elle a été
l'objet d'une déclaration d'un tribunal de commerce, seule
juridiction compétente pour la prononcer dans l'esprit de la
loi. [2]

Le tribunal de commerce de Marseille [3], s'inspirant de
cette jurisprudence générale, étendait l'article 550 du Code
de commerce, qui enlève au vendeur le privilège et l'action
en revendication, même au cas où la faillite n'a pas encore
été déclarée. Nous repoussons ce système de la jurisprudence, et nous combattons particulièrement cette décision,
comme causant une grave injustice au vendeur. Quand la
faillite a fait l'objet d'un jugement déclaratif du tribunal de
commerce, le vendeur, dans la limite où ses droits sont restreints, peut compter pour les faire respecter sur la justice, qui
intervient souvent dans la personne du juge-commissaire

---

[1] Cass. 22 fév. 1888. D. 88, 1, 310. — Trib. com. Hâvre 14 janv. 1889.
Guerrand, jurispr. comm. du Hâvre 89, 41, 1 : « Attendu, dit le tribunal de commerce du Hâvre, qu'il est de principe que la faillite est un
fait qui existe et doit entraîner toutes ses conséquences..., indépendamment de toute déclaration émanant de la jurisprudence commerciale. »

[2] En ce sens : Demangeat sur Bravard, 2ᵉ éd. V. p. 66, note 2 et p. 201
note 2. — Boistel, Précis, 3ᵉ éd. p. 666. — Lyon-Caen et Renault,
Précis, II, n° 2648.

[3] Jugements cités en note, p. 3.

chargé d'une mission de surveillance, et dans les diverses autorités telles que les syndics, destinés à assurer la marche régulière de la faillite. Que la faillite puisse résulter de la simple suspension des paiements, le vendeur atteint par ses dispositions restrictives restera désarmé, tandis que les autres créanciers jouiront des mêmes avantages que si un jugement de déclaration avait été rendu, et pourront invoquer contre lui les déchéances de la faillite ; c'est ce qui paraît inadmissible.

Deux ou trois ans plus tard, le même tribunal a apporté quelques changements dans sa jurisprudence en faisant une distinction, ainsi que cela résulte des décisions suivantes, entre le cas où, voulant invoquer ses garanties, le vendeur n'a affaire qu'avec l'acheteur, et celui où il rencontre les créanciers de ce dernier. Si le vendeur est en présence de l'acheteur, il pourra invoquer les garanties que lui donne le droit civil : « Attendu, dit notamment un jugement du 27 octobre 1865 (Gir. et Clar. 43, 1, 326), que le vendeur non payé de la chose mobilière vendue conserve toujours son droit contre l'acheteur, quand ce droit peut s'exercer sans aucun préjudice pour des tiers ; à savoir, quand l'acheteur n'est point en faillite et qu'il n'a pas d'autre créancier que le vendeur ». Mais le tribunal n'est pas allé plus loin dans la saine interprétation des textes, et alors même qu'il n'y a point de déclaration de faillite, il refuse au vendeur, dans ses rapports avec les créanciers de l'acheteur, les prérogatives que lui accorde le droit civil. Un jugement du 3 juillet 1867 (Gir. et Clar. 45, 1, 264) porte en effet que les ventes commerciales ne sont pas susceptibles de résolution au préjudice des droits des créanciers de l'acheteur. Nous nous refusons à admettre cette distinction arbitraire ; l'article 550, édicté pour le cas de faillite, ne saurait être appliqué que dans ce seul cas ; en dehors de cette hypothèse, c'est l'appliquer contrairement aux prévisions du législateur et étendre une déchéance d'une espèce à une autre non-identique, extension que les principes repoussent.

§ III. — *Cas où la faillite de l'acheteur a été déclarée.*

Il y a eu déclaration de faillite.

Quels droits restent au vendeur ? Comment et dans quelles limites peut-il les exercer ? C'est tout notre sujet.

PREMIÈRE PARTIE

DROITS DU VENDEUR DE MEUBLES

Nous traiterons d'abord ce qui concerne le vendeur d'effets mobiliers, pour nous occuper ensuite du vendeur d'immeubles.

Le vendeur, nous le savons déjà, jouit en droit civil des quatre garanties suivantes : droit de rétention sur la chose vendue, droit de résolution de la vente, privilège sur la chose vendue, droit de revendication.

Ces divers droits, nous verrons dans les développements qui vont suivre dans quelle mesure le législateur les a respectés, ou au contraire leur a porté atteinte, ou même les a supprimés, lorsque la faillite de l'acheteur a été préalablement déclarée par jugement du tribunal de commerce.

Pour plus de facilité, et pour éviter la confusion, nous distinguerons trois hypothèses possibles :

1° Le vendeur ne s'est pas dessaisi de la chose vendue ; 2° l'acheteur en a pris possession ; 3° elle est en route pour les magasins de l'acheteur.

CHAPITRE PREMIER

SECTION I

*Droit de rétention du vendeur. —
Conditions d'exercice de ce droit.*

Si la vente est au comptant, c'est-à-dire s'il n'a été accordé à l'acheteur aucun délai pour le paiement du prix, par application de l'article 1612 du Code civil, le vendeur n'est pas obligé de livrer la chose tant qu'on n'en paie pas le prix. C'est ce que confirme le Code de commerce en son article 577, ainsi conçu : « Pourront être retenues par le vendeur les marchandises par lui vendues qui ne seront pas délivrées au failli ; ou qui n'auront pas encore été expédiées soit à lui, soit à un tiers pour son compte ».

Cette faculté de retenir les choses vendues dont jouit le vendeur dans les ventes au comptant, c'est le droit de rétention,

Ce droit nous paraît fondé sur les principes suivants : il est naturel d'admettre que dans une convention, chacune des parties a entendu n'exécuter son obligation que tout autant que l'autre s'exécuterait elle-même ; si celle-ci refuse, son refus peut donner lieu à la résolution du contrat ; c'est particulièrement ce que décide l'article 1654 du Code civil pour le cas de vente. Mais si l'autre partie est maîtresse de profiter d'un pareil refus pour faire considérer son obligation comme nulle, elle est sans doute aussi libre de ne pas réclamer la résolution du contrat, mais de surseoir, provisoirement au moins, à son exécution en ce qui lui incombe ; cela revient au cas de vente à exercer le droit de rétention.

Telle est l'explication la plus rationnelle de la nature du droit de rétention. Elle a du moins le mérite de ne pas être en désaccord avec des textes. La vente étant seulement suspendue n'en existe pas moins ; or l'article 578 implique précisément le maintien de la vente ; seulement, jusqu'au paiement, le vendeur conservera la possession. Cette rétention, c'est en définitive le droit pour lui de retenir la chose vendue, jusqu'à l'acquittement intégral de la créance qu'il a contre le propriétaire de cette chose, l'acheteur. En effet, bien que la propriété, par le seul effet de la convention, ait passé aux mains de l'acheteur, il est juste que le vendeur ne soit obligé de se dessaisir de la chose que contre paiement : la vente n'est-elle pas le type des contrats commutatifs ?

C'est d'ailleurs ce qui a été reconnu ; de tout temps, notre ancien droit lui-même, ce point est établi, admettait le droit de retention, tout en étant incertain sur les limites qu'il comportait. Plusieurs coutumes renferment quelques dispositions spéciales où il est expressément mentionné [1] . Mais ce n'était là que des dispositions isolées et l'on était obligé de recourir au droit romain pour combler les lacunes des cou-

---

[1] V. Cout. Paris, art. 751. — Cout. Orléans, art. 372.

tumes. Grâce à cette application des principes du droit romain, considéré comme raison écrite, le droit de retention était accordé dans les hypothèses non prévues par les coutumes, et même dans les pays où la coutume n'en traitait nullement, comme en Bretagne et en Nivernais [1].

Quant aux ordonnances royales, elles ne le supprimèrent dans aucune de ses applications ; se bornant à en réglementer l'exercice pour mettre fin aux abus auxquels il donnait lieu ; et il reste vrai de dire que dans l'ancienne France, le droit de rétention conserva un caractère d'une garantie généralement admise : en pays de droit écrit, parce qu'ils suivaient le droit romain dans son texte ; en pays de coutumes, parce qu'ils s'inspiraient de ce même droit comme raison écrite [2].

Sous la législation intermédiaire, il continua d'être appliqué suivant les mêmes principes ; quelques lois mêmes en reconnurent formellement l'existence.

Le Code de commerce de 1807 ne le consacra expressément par aucun de ses articles au profit du vendeur, qui pouvait invoquer les articles 1612 et 1613 du Code civil. Le nouvel article 577 est dû à la loi sur les faillites de 1838. Il est à remarquer que cet article 577 n'est qu'une application des principes écrits dans le Code civil.

Il ne fait aucune distinction entre la vente à terme et la vente au comptant ; si bien que le vendeur pourra l'exercer, eût-il concédé un délai à l'acheteur pour le paiement, ce qui n'est pas une innovation, le Code civil ayant le premier enlevé à l'acheteur en faillite le bénéfice du terme en son article 1613 [3]. Dans ce cas, comme le dit M. Guillouard (Traité de

---

[1] V. d'Argentré, Comm. de la cout. de Bretagne, 3e éd. 920 D. — Guy Coquille, cout. de Nivernais ch. XXXII, art. 13, p. 315.
[2] V. Glasson, droit de rétention, p. 18 et s.
[3] Comp. art. 1188 et 1613 C. civ. 444 et 577 C. com.

la vente, I, n° 218) : « l'acheteur étant ainsi déchu par suite
de son insolvabilité constatée du droit au terme que le contrat
lui accordait, la vente redevient pure et simple, et le vendeur
peut exercer le droit de rétention. » [1]

Ce droit appartiendrait encore au vendeur par application
de l'article 1188, si l'acheteur avait depuis la vente diminué
par son fait les garanties de paiement qu'il lui avait données,
ou même s'il ne les avait pas fournies. L'acheteur, en conséquence, qui cesserait son commerce après la vente, rendrait
le paiement moins sûr, ce qui autoriserait le vendeur à ne se
dessaisir des choses vendues qu'en échange du prix [2]. Il ne
pourrait davantage, sans encourir la déchéance du terme,
refuser de revêtir de son acceptation les traites tirées sur lui
par le vendeur pour se payer [3].

L'article 1613 qui rend possible le refus du vendeur d'effectuer la délivrance en cas de faillite de l'acheteur, suppose

[1] La simple cessation de paiements suffirait même à notre avis pour
autoriser le vendeur à exercer le droit de rétention. Cette situation fait
qu'il se trouve en danger imminent de perdre le prix, selon les termes
mêmes dont se sert l'art. 1613 ; elle compromet donc sérieusement les
sûretés du vendeur, ce qui d'après l'art. 1188 fait perdre au débiteur le
bénéfice du terme. Il ne semble pas nécessaire par conséquent qu'il y
ait eu déclaration de faillite ; le vendeur, à moins d'avoir eu connaissance du mauvais état des affaires de l'acheteur et de la suspension de
ses paiements, exercera valablement la rétention sur les marchandises
vendues, même s'il avait suivi la foi de l'acheteur (Bédarride, Faill. et
banq., 4ᵉ éd., III, p. 215. — Cass. 26 mars 1861, D. 62. 1, 189).
Il faudrait aussi décider que même dans une vente à terme, si l'acheteur ne présentait pas des garanties sérieuses de solvabilité, le vendeur
serait en droit de retenir les choses vendues, alors même que l'acheteur
offrirait de payer contre remboursement. On ne saurait contraindre le
vendeur à s'exposer aux frais éventuels qu'entraînerait le refus de paiement par l'acheteur. Les juges du tribunal de commerce de la Seine ont
cependant décidé que le vendeur ne pouvait se refuser à la délivrance
de la marchandise expédiée contre remboursement. (Trib. comm.
Seine 17 oct. 1885. *Gazette des Tribunaux*, 4 nov. 1885). Ce jugement
nous paraît mal fondé.
[2] Cass. 9 janv. 1854. S 54, 1, 783.
[3] Montpellier 13 nov. 1834. D. 35, 2, 132.

que la faillite n'a été déclarée qu'après la vente ; le vendeur,
si l'acheteur était déjà failli au moment de la conclusion du
contrat, jouirait-il encore du droit de rétention ? Evidemment
non, s'il avait connu la situation de l'acheteur ; mais s'il l'ignorait, en serait-il de même ? La question est controversée.
Dans une première opinion, on dit que l'on n'est plus dans
les termes de l'article 1613 qui ne prévoit que l'hypothèse de
la faillite postérieure à la vente, et qu'il est d'ailleurs naturel
que le vendeur supporte les conséquences de la négligence
qu'on est fondé à lui imputer : il aurait dû se renseigner sur
la situation de son acheteur ; il l'aurait pu, le jugement déclaratif de faillite étant rendu public [1]. L'opinion contraire, plus
généralement adoptée, voit dans l'ignorance du vendeur une
erreur suffisante pour faire annuler le contrat ; il est évident
que le vendeur, au courant de la situation désastreuse de
l'acheteur, n'aurait traité avec lui qu'au comptant, ou plus
vraisemblablement n'aurait conclu avec lui aucun marché ;
rien de plus juste qu'il ne soit pas tenu de se dessaisir de la
chose. Et l'article 1276 semble bien encourager cette manière
de voir, puisque lui aussi il réintègre dans ses droits contre le
débiteur, le créancier ayant accepté une délégation sans connaître l'état d'insolvabilité du délégué [2]. Malgré ces motifs
d'équité et d'analogie, nous n'accorderons pas le droit de rétention au vendeur dans pareille hypothèse, parce que l'extension de l'article 1276, au cas qui est en discussion, ne
nous paraît pas possible, et que l'article 1613, qui dispense
le vendeur de l'obligation de délivrance, énumère limitativement les conditions d'une telle dispense.

Quant à l'argument tiré de l'erreur où était le vendeur en

---

[1] En ce sens : Laurent XXIV, n° 171. p. 171.

[2] Duranton XVI, n° 204 — Troplong, I, n° 315. — Guillouard, I,
n° 220.

contractant, nous répondrons qu'avec quelque précaution il n'y serait pas tombé. L'opinion contraire revendique dans son sens un jugement du tribunal de commerce de la Seine, confirmé le 22 janvier 1856 par la cour d'appel de Paris (S. 56, 2,287); mais dans l'espèce, l'acheteur persistait à réclamer la délivrance des marchandises malgré leur baisse notable, ce qui laissait trop deviner son arrière-pensée ; et c'est la crainte de cette fraude à peine déguisée qui a dû décider les juges à accorder au vendeur le droit de rétention ; car la jurisprudence, celle de la cour de cassation entre autres, n'autorise pas le vendeur à se refuser à livrer en dehors de la stricte application de l'article 1613 du Code civil [1]. Le juge ne saurait donc en dehors de cet article apprécier les circonstances de nature à dispenser le vendeur de son obligation [2].

Nous croyons donc que le vendeur ne saurait se prévaloir de son erreur sur la solvabilité actuelle de l'acheteur pour se refuser à livrer ; mais il n'en serait plus de même s'il avait à lui reprocher des manœuvres frauduleuses tendant à lui cacher sa situation, et à lui faire croire à des ressources fictives [3].

Pour que le vendeur conserve son droit de rétention il ne faut pas qu'il se dessaisisse de la chose vendue. La délivrance qu'il en ferait entraînerait la perte de son droit [4].

[1] V. Cass. 24 nov. 1869. D. 70, 1, 27.

[2] La question vient d'être examinée en supposant l'acheteur en faillite *initio contractus*, la solution que nous donnons ne serait pas modifiée si, au lieu d'être en faillite au moment de la vente, l'acheteur avait seulement suspendu ses paiements. Dans ce cas, nous pourrions, en faveur de notre opinion, faire remarquer qu'autoriser le vendeur à arguer de l'embarras de l'acheteur dans ses affaires serait ruiner le crédit de ce dernier et lui causer un tort irréparable en l'empêchant de revenir à meilleure fortune.

[3] Troplong, I, n° 315 — Laurent, XXIV, p. 171. — Glasson, droit de rétention, p. 116. — Lyon, 18 mai 1864. S. 64, 2, 242.

[4] Cass. 9 juill. 1877 S. 77, 1, 369.

Par délivrance, il faut entendre tout acte émanant du vendeur, et de nature à mettre l'acheteur en possession. L'article 1606 du Code civil énumère les cas de délivrance des effets mobiliers; mais son énumération n'est pas limitative, attendu que le mode de délivrance est aussi divers que la nature des marchandises vendues [1].

Cette délivrance ne sera réputée avoir eu lieu qu'autant que les marchandises auront été l'objet d'une tradition réelle, c'est-à-dire matérielle et effective, telle que la remise des effets vendus dans les mains de l'acheteur ou dans ses magasins; ou virtuelle, mais équivalant en fait à une livraison; comme si, par exemple, la marchandise, sans avoir été enlevée, avait été comptée ou mesurée [2].

Puisque la délivrance résulte du fait du vendeur ayant pour résultat de mettre l'acheteur en possession, tout acte impliquant directement ou indirectement cette mise en possession, mettra obstacle au droit de rétention. Il a été jugé par la cour de cassation que la remise à l'acheteur des clefs des magasins contenant les marchandises vendues, dépouillait le vendeur de toute rétention [3].

Sur le point de savoir à partir de quel moment l'acheteur est en possession, des difficultés peuvent s'élever. En voici quelques cas.

L'acheteur, par exemple, a mis sa marque sur ce qu'il a acheté, en présence du vendeur. Quelques auteurs regardent cette apposition comme une prise de possession, ayant toutes les conséquences d'une délivrance véritable [4]. Cette décision

---

[1] Guillouard, I, n· 210.

[2] Cass. 24 Févr. 1857. D. 57, 1, 65 — Besançon, 14 déc. 1865, S. 65. 2, 127.

[3] Cass. 1 mai 1832. D.32, 1, 174.

[4] Troplong, n° 283. — Massé, droit com., III, n° 1606 et 1607. — Guillouard, I, n° 210.

paraît trop absolue ; sans doute l'apposition de la marque par l'acheteur est bien l'indice que ce dernier est devenu propriétaire de la chose qui en est revêtue ; mais en quoi démontre-t-elle aussi que le vendeur a abdiqué son droit de rétention jusqu'au paiement du prix ? On n'en peut tirer qu'une chose certaine, la conclusion de la vente [1].

Pareillement aussi, selon nous, la remise ou l'envoi de la facture ne fait pas perdre au vendeur son droit de rétention ; elle n'est qu'un signe matériel, qu'une preuve de la vente. L'apposition de la marque individualise la marchandise vendue, tandis que la facture n'a même pas cet effet : elle invite l'acheteur à se préparer au paiement. C'est une simple constatation de la vente et de l'achat.

Enfin s'il s'agit d'une coupe de bois, quel sera l'effet d'une tradition faite sur le parterre de cette coupe ? Le parterre d'une coupe de bois doit-il être considéré comme formant le magasin de l'acheteur ? Répondre seulement par oui ou par non à cette question serait dans un sens ou dans l'autre une réponse trop absolue ; il faut distinguer. La tradition ainsi faite ne pourra être regardée comme réelle qu'autant qu'elle aura, par quelque côté, le caractère d'une prise de possession. Ce sera le plus souvent une question de fait laissée à l'appréciation des juges.

C'est ce qui résultera de ce que l'acheteur qui aura marqué le bois vendu, l'aura empilé à part [2], ou en aura transporté une partie au bord de la voie publique [3]. En résumé, le parterre sera réellement le magasin de l'acheteur, et le bois censé en sa possession définitive, si cet acheteur le travaille sur place ou l'y laisse en dépôt, pour ensuite l'expédier au fur et

---

[1] Boistel, Précis, n° 480. — Lyon-Caen et Renault, Précis I, n° 638.
[2] Cass. 15 janv. 1828. D. 28, 1, 90.
[3] Caen, 3 janv. 1849. D. 51, 2, 103.

à mesure de la vente, soit chez lui, soit chez ses propres acheteurs. S'il ne s'agit que d'une vente de bois destinés à être façonnés sur place, pour ensuite être transportés dans des chantiers de vente, le vendeur sera, croyons-nous, en droit de retenir le bois non encore enlevé.

Tels sont les cas principaux où le vendeur possède le droit de rétention.

SECTION II

§ I. — *Conséquences de l'exercice par le vendeur du droit de rétention. — Droit des syndics d'opter pour l'exécution du marché.*

Grâce au droit de rétention, le vendeur évitera toutes les déchéances dont le frappe la faillite, lorsqu'il a livré la chose vendue : l'article 550 du Code de commerce ne l'atteindra pas et il conservera toutes les prérogatives que le droit commun lui reconnaît.

En faisant usage de son droit de rétention, le vendeur suspendra le sort du contrat dont il arrêtera l'exécution. Mais la vente elle-même ne sera pas résolue. En effet, « si le vendeur, disent MM. Lyon-Caen et Renault (Précis, II, n° 3027), veut pouvoir disposer des marchandises, il a la faculté de demander la résolution de la vente ». C'est donc que le droit de rétention n'entraîne pas de plein droit la résolution de la vente. Et c'est pourquoi l'article 578 autorise les syndics de la faillite de l'acheteur à demander l'exécution de la vente, sous la condition d'offrir le prix convenu [1]. C'est donc à tort qu'il a été jugé le 19 févr. 1867

---

[1] Bédarride, faill. et banq. III, n° 1165.— Alauzet, VI *bis*, n° 2845.—

par la Cour d'appel de Dijon, (S. 67, 2, 316) que le droit de
rétention des marchandises vendues ne pouvait être exercé
par le vendeur non payé, qu'à charge de rembourser les
acomptes par lui reçus ; puisque, de l'exercice par le vendeur de son droit de rétention, on ne peut conclure à la résolution de la vente. Sans doute, cette restitution est exigée du
vendeur exerçant son droit de revendication ; mais comme
en matière de faillite, ainsi que le reconnaissent MM. Lyon-
Caen et Renault (Précis, II, p. 854, note 1), ce mot désigne
le droit de résolution pour défaut de paiement du prix, il est
naturel que les parties procèdent respectivement aux restitutions propres à effacer tout commencement d'exécution du
contrat. C'est cette assimilation entre les effets du droit de
rétention et du droit de revendication qui a été cause de
l'erreur de la cour de Dijon.

Ainsi donc l'exercice par le vendeur de son droit de rétention n'entraîne pas la résolution de la vente, et le syndic, avec
l'autorisation du juge commissaire, peut exiger la livraison
des marchandises. Si la vente est au comptant, le syndic
devra offrir en même temps de payer le prix convenu ; si
c'est une vente à terme, il peut ou renoncer au bénéfice du
terme et payer comptant, déduction faite de l'escompte
qu'autorise l'usage [1] , ou réclamer la délivrance immédiate
avec l'avantage du terme en fournissant caution, conformé

Boulay-Paty II, n° 1046, p. 503. - - Demangeat sur Bravard, V. p. 550,
note 1.— Lyon-Caen et Renault, Précis II, n° 3028 — C'est ce qui
paraît encore implicitement contenu dans les décisions suivantes de la
jurisprudence: Paris, 4 mars 1886, S. 87,2. 25.— Cass. 16 février 1887. S.
87,1,145.— Trib. com. Arras, 27 févr. 1888. Journ. des faill. 88, p. 523—
Contra : Renouard, II, sur l'art. 577.

[1] L'escompte ne doit être déduit que si les marchandises ont été
vendues un prix différent selon que la vente a eu lieu au comptant ou
bien à terme plus ou moins rapproché. Sa retenue, alors que le prix a
été débattu sans égard à la date prise pour le paiement, serait une injustice à l'égard du vendeur.

ment à l'article 1613 du Code civil [1]. Si le syndic négligeait de se munir de l'autorisation du juge-commissaire, le paiement qu'il ferait au vendeur serait néanmoins valable, parce qu'en le recevant, le vendeur n'aurait reçu que ce qui lui était dû, sauf à la masse des créanciers de s'en prendre au syndic et même au vendeur, si celui-ci était de connivence avec lui.

Mais, comme le dit avec raison M. Alauzet (VI *bis*, n° 2845), les dispositions du Code de commerce n'ont pour but que d'éviter au vendeur une perte, et non de lui faire avoir, le cas échéant, un bénéfice. Par suite, le vendeur au comptant exerçant son droit de rétention, ne saurait élever la prétention de figurer dans la masse comme créancier de la différence existant entre son prix de vente et le prix de la marchandise au cours du jour [2]. Par suite aussi, le vendeur à terme ne pourrait, tout en exerçant la rétention, exiger en outre que caution lui soit fournie ; il doit délivrer la marchandise vendue, si cette caution lui est offerte. Il peut sans doute se prévaloir de la déchéance du terme que fait encourir la faillite, pour demander le paiement intégral ; mais s'il reçoit caution de payer au terme, il ne peut plus se refuser à livrer. En résumé, le vendeur retenant les marchandises vendues ou recevant caution pour le paiement à l'échéance ne subit aucun préjudice ; dès lors, si depuis la conclusion du contrat, les marchandises ont augmenté de valeur, les créanciers de la faillite, qui ont intérêt à demander l'exécution du contrat, peuvent le faire ; c'est leur droit.

Et les syndics qui les représentent ont en vertu de l'ar-

---

[1] Renouard, II, p. 362. — Bédarride, faill. et banq. III, n° 1168. — Alauzet, VI *bis*, n° 2845.

[2] Trib. com. Seine, 7 mai 1883. — Camberlin, Journ. des Trib. de com. 1884, p. 36.

ticle 578 la faculté d'opter pour l'exécution de la vente ou pour sa résolution, si le vendeur retient les marchandises vendues.

Cette faculté laissée à la masse des créanciers s'explique par de très bonnes raisons : la faillite ne doit être pour le vendeur ni une cause de perte, ni un prétexte pour se soustraire à ses obligations. S'il a librement consenti à la vente, il doit en supporter les éventualités. Il serait mal venu de s'opposer à ce que les syndics cherchent très légitimement à profiter d'un gain provenant de l'augmentation de valeur des marchandises vendues : il ne devait compter que sur le paiement du prix ; les syndics le lui offrant pour réaliser le marché, il ne souffre aucun préjudice.

Quant à l'autorisation du juge-commissaire nécessaire aux syndics pour demander l'exécution du marché, elle se comprend, puisqu'il s'agit de prendre une décision qui met en jeu les intérêts de la masse, et elle s'impose pour que la gestion des syndics ne puisse pas être soupçonnée.

Pour se décider, les syndics peuvent attendre que le vendeur les mette en demeure de prendre un parti.

Mais dès la mise en demeure, ils doivent se prononcer : tarder à le faire, serait faire attendre injustement au vendeur un paiement dont l'échéance est expirée ; ou bien, dans l'hypothèse où ils se résoudraient à ne pas réclamer l'exécution du contrat, ce serait immobiliser les marchandises entre les mains du vendeur, et lui enlever la chance de profiter d'une bonne occasion de revente. [1] Mais si le syndic veut exiger l'exécution du marché, doit-il manifester sa volonté dans un très court délai après la déclaration de faillite et avant l'époque fixée pour la délivrance ? On serait tenté de le croire en

---

[1] Trib. com. Arras, 27 févr. 1888. Journ. des faill. 88, p. 523.

présence d'un jugement du tribunal de commerce de Marseille (19 mai 1886, Gir. et Clar, 64, 1,178) où il est dit que l'acheteur qui a suspendu ses paiements et qui n'a pas réclamé les marchandises à une époque voisine de celle convenue lors de la vente, acceptait cette inexécution, et consentait à la résiliation du contrat. La prorogation tacite d'un marché constituerait donc, dans l'opinion du tribunal, un accord présumé des parties, et cette présomption ne saurait exister lorsque l'exécution est devenue impossible à l'acheteur qui a cessé de faire honneur à ses engagements. Mais, qu'on le remarque bien, le tribunal n'avait à statuer que sur le cas d'un acheteur en déconfiture, et sa solution ne s'appliquerait plus en cas de faillite. Car le syndic a le droit de demander l'exécution de la vente (C. Com. art. 578), et aucun texte ne lui assigne un délai pour l'exercice de ce droit. De ce qu'il ne réclame pas la livraison à l'époque prise pour la délivrance, on ne saurait sans ajouter à la loi, en déduire qu'il renonce à poursuivre l'exécution du contrat, et cela se comprend : l'époque de la délivrance a pu arriver trop tôt pour qu'il se soit exactement rendu compte des éléments de la faillite, et qu'il ait pu, dès ce moment, statuer en connaissance de cause sur l'option qu'il est autorisé à faire. L'en priver parce qu'il ne s'est pas prononcé dès l'échéance prise pour la livraison, ce serait donc souvent rendre illusoire le droit que lui confère l'article 578.

Le vendeur en exerçant son droit de rétention, arrête 'exécution du contrat de vente ; le contrat d'ailleurs n'est pas résolu par la retenue des marchandises vendues ; le syndic, nous venons de le voir, ayant le droit d'en poursuivre l'exécution ; ce n'est que s'il y renonce que la résolution aura lieu. Si elle se produisait dans les termes du droit commun, l'acheteur étant *integri status*, il y aurait lieu d'accorder au vendeur des dommages-intérêts, par application de l'article 1184 du Code civil. La faillite fera-t-elle obstacle à ce que le vendeur puisse invoquer cet article ? C'est ce que décide la cour de cassation, en refusant au vendeur le droit de se faire allouer des dommages-intérêts. On fait observer en faveur de cette solution, qui prive le vendeur de son admission au passif de la faillite pour toute espèce de dommages-intérêts : 1° que la faillite n'entraîne pas par elle-même la résolution des contrats synallagmatiques antérieurs ; — 2° qu'il en résulte pour le vendeur l'obligation d'exécuter la vente, c'est-à-dire de livrer ; — 3° que c'est par faveur que le vendeur a le droit, en vertu de l'article 577, de retenir les marchandises vendues, mais non encore sorties de ses magasins ; — 4° qu'il n'y a aucune raison d'étendre la portée de cet article, la loi ayant réglementé la faillite, en mettant les créanciers sur le pied d'une rigoureuse égalité qui serait détruite, si le vendeur avait le droit de faire supporter à la masse les conséquences de l'inexécution de la vente. Or ne lutte-t-il pas *de damno vitando* comme les créanciers composant cette masse, et ne doit-il pas comme eux endurer le préjudice que lui cause l'inaccomplissement des obligations du débiteur ?

A ces motifs juridiques présentés par la cour de cassation, ceux qui la suivent dans ses conclusions, ajoutent encore d'autres arguments. Si le vendeur, disent-ils, peut retenir les marchandises vendues, mais non encore livrées, il reprendra bien, il est vrai, par l'exercice de son droit de rétention, la libre disposition de ce qu'il a vendu ; mais il la recouvrera par cette reprise, non parce que la vente est résolue, mais regardée comme non avenue : « On ne peut plus conserver, sous la loi nouvelle, dit M. Renouard (faill. et banq. II, p. 263 *in fine*), de doutes sur l'impossibilité d'admettre l'action en résolution de vente des effets mobiliers non payés. Le motif et l'esprit de l'article 550 repoussent manifestement cette action. » « Par défaut de paiement du prix, lit-on dans le rapport de M. Tripier, la vente cesse d'exister ou plutôt n'a jamais eu d'existence définitive ». A vrai dire, c'est donc sous le titre de revendication que s'exercera l'action du vendeur, comme le constate la cour de cassation dans son arrêt du 21 avril 1884 (S. 86, 1, 105). Et puisque la vente est réputée non avenue, il est évident que le vendeur ne saurait réclamer des dommages-intérêts pour le préjudice causé par la non-exécution de la vente. Aussi bien, cette solution est celle qui ressort non seulement des travaux préparatoires de la loi de 1838, mais qui résulte encore de la loi elle-même. En effet, l'article 578 donne aux syndics le droit de réclamer l'exécution du contrat dans le cas de l'article 577 lorsque le vendeur procède à la retenue des marchandises non délivrées par lui à l'acheteur, et dans celui de l'article 576, alors que les marchandises sont expé-diées, mais non encore entrées dans les magasins du failli. Si l'article 578 réunit ainsi les deux hypothèses de l'art. 576 et de l'art. 577, c'est à cause de leur identité : dans chacune d'elles, les conditions prévues par chaque article étant res-pectivement remplies, le vendeur a les mêmes droits à l'é-gard de son acheteur. Or dans le cas de l'article 576, il est certain qu'il n'a pas droit à des dommages-intérêts, puisque au contraire en reprenant la marchandise vendue, il restitue les acomptes perçus par lui et les débours de l'acheteur pour l'expédition ; il sera donc également irrecevable à en récla-mer à la suite de la reprise de la chose vendue par applica-tion de l'article 577.

---

[1] V. Renouard. faill. et banq. II, p. 348.

Ces divers arguments ne nous paraissent cependant pas convaincants, et la doctrine opposée a nos préférences. Nous allons essayer de la justifier.

Pourquoi d'abord argumenter de l'article 576 ? C'est un cas spécial ; la règle qui s'y réfère est tout exceptionnelle et ne saurait être étendue. Il est à peine besoin au surplus de faire remarquer la différence entre les espèces visées par l'article 576 et l'article 577 : dans l'une, le vendeur a livré, et l'acheteur a peut-être même payé les frais du transport ; dans l'autre, la nôtre, le vendeur n'a pas jugé à propos de se dessaisir. Quant à l'article 578, on s'explique très bien qu'il vise à la fois les deux situations où se placent les articles 576 et 577, puisque dans chacune d'elles le syndic peut avoir le même intérêt à réclamer l'exécution du contrat ; mais c'est excessif de conclure du rapprochement qu'il en fait à un point de vue spécial, à une absolue identité entre elles.

Il nous paraît résulter des travaux préparatoires de la loi de 1838 [1], que l'on reconnut alors le principe de la résolution de la vente pour inexécution par l'acheteur de son obligation, c'est-à-dire pour non-paiement du prix. Ce fut seulement l'exercice de ce droit qui fut soumis à certaines restrictions. On distingua : les marchandises vendues avaient-elles été livrées, il ne resta plus au vendeur que le droit de figurer au passif pour le montant du prix (art. 550). et la raison pour laquelle les droits du vendeur furent sacrifiés au profit de la masse des créanciers, fut que ceux-ci avaient pu légitimement compter sur des marchandises entrées en possession de l'acheteur, sans que rien vînt les mettre en garde contre les garanties occultes du vendeur. A

[1] V. le rapport de M. Tripier, Renouard, faill. et banq II, p. 348.

l'inverse, la marchandise n'étant pas encore livrée, pareille restriction ne pouvait être apportée, cette vente n'ayant « opéré aucune confusion avec la fortune du failli » [1].

Le Code de commerce a donc limité le droit du vendeur en ce « qu'il ne peut jamais s'exercer sur les marchandises qui ont pu motiver la confiance des créanciers du failli, et sur la foi desquels ils lui ont fait des avances » [2].

On est ainsi amené, en se conformant non-seulement au texte de la loi, mais encore à son esprit, à traiter différemment le vendeur qui, n'ayant pas vendu au comptant, a livré les marchandises, suivant ainsi à ses risques et périls la foi de l'acheteur ; et le vendeur plus prudent qui a stipulé le prix payable comptant

Le premier sera sacrifié aux créanciers formant la masse. Toutes ses garanties seront compromises ; son droit de revendication, l'article 550 le lui enlève ; il le dépouille encore de son privilège, et si aucun article du Code ne le prive expressément du droit de résolution, il ne faut pas cependant hésiter à le lui retirer aussi. L'article 576, qui n'a trait qu'au droit de résolution, ne permet au vendeur de l'invoquer que lorsqu'au moment de la déclaration de faillite, les marchandises déjà livrées ne meublent pas encore les magasins de l'acheteur. La raison du retrait au vendeur des prérogatives dont il jouit sous l'empire du droit commun, est cet enrichissement apparent de l'acheteur, cause peut-être du crédit que lui ont accordé les autres créanciers, et cette identité de situation avec eux : n'a-t-il pas comme eux suivi la foi du débiteur, et dès lors que pourrait-il invoquer pour ne pas être traité sur le même pied ?

Bien différent sera le sort du vendeur qui n'a pas accordé

[1] Rapport de M. Tripier, Renouard, II, p. 349.
[2] Renouard, II. p. 349.

de crédit à l'acheteur. C'est à lui que l'art. 577 accorde la faculté de rétention ; c'est d'ailleurs le seul article pui se rèfère à lui, car sa situation échappe à l'art. 550 et à l'art. 576 ; à l'art. 550 qui vise en les supprimant le privilège et le droit de revendication, ce qui implique bien qu'il n'a trait qu'au cas où, lors de la déclaration de faillite, la livraison des marchandises s'est effectuée, et à l'art. 576 dans l'hypothèse duquel le vendeur s'est encore dessaisi, puisqu'il revendique [1]. Il ne serait donc pas vrai de dire qu'en cas de faillite de l'acheteur, le sort du vendeur soit exclusivement réglé par les art, 550 et 576 ; et d'un autre côté, si l'art. 577 se rapporte au vendeur encore en possession de la chose vendue, ce n'est manifestement pas limitativement, mais simplement pour lui reconnaître le droit de rétention.

Quant à la faillite, elle n'est pas une cause de résolution des contrats antérieurement passés avec le failli ; la jurisprudence l'a constaté à plusieurs reprises, et elle n'empêche pas non plus le vendeur d'invoquer la résolution pour inexécution ; l'art 578 en est tout à la fois une preuve et une conséquence. Il résulte de tout cela que le Code ne contenant aucune indication qui permette de croire le contraire, le sort de ce vendeur, qui n'a ni suivi la foi de l'acheteur, ni livré, n'échappe pas au droit commun ; l'art. 577 n'est d'ailleurs autre chose qu'une de ses applications, et la résolution de la vente, si le vendeur l'invoque, se produira dans les termes du droit commun exprimé dans l'espèce par l'art. 1184 du Code civil, lequel accorde le droit de réclamer la résolution avec des dommages-intérêts et par l'art. 1142, qui pose en principe général que toute obligation de faire se résout en dommages-intérêts, en cas d'inexécution de la part du débiteur.

---

[1] V. Lyon-Caen et Renault, Précis, II, p. 859, n° 3027.

Nous considérons donc l'art. 577 comme une pure et simple règle du droit commun ; ce n'est que la répétition des dispositions contenues aux art. 1612 et 1613 du Code civil qui eussent été applicables même dans le silence de la loi commerciale, et il n'implique nullement qu'on doive refuser au vendeur l'action en résolution. En droit civil, ces deux prérogatives, le droit de résolution et celui de rétention, existent ensemble au profit du vendeur ; nous ne croyons pas que la loi de 1838, pas plus dans son texte que dans son esprit, ait songé à prohiber cette co existence : elle s'est bornée à inscrire dans un de ses articles le droit de rétention, pensant que pour l'autre la reconnaissance tacite suffisait.

Telle n'est pas, nous l'avons déjà dit, l'opinion de la cour de cassation ; d'après elle, le sort du vendeur d'effets mobiliers est en cas de faillite limitativement réglé par les art. 576 et 577 du Code de commerce. Pas plus que nous, elle ne voit dans la faillite une cause de résolution *ipso jure* pour les contrats antérieurement conclus ; mais elle en déduit de tout autres conséquences. Pour elle, le vendeur alors même qu'il se serait refusé à accorder crédit à l'acheteur, en stipulant le prix payable contre livraison, devait en l'absence de l'art. 577 et dans la stricte application des principes, livrer les marchandises au syndic, sauf à produire au passif, dans les formes déterminées par la loi pour être payé au marc le franc. Heureusement pour lui et en considération de sa situation favorable, lorsque n'ayant pas suivi la foi de l'acheteur il n'a pas livré, la loi lui permet de retenir les choses vendues ; cette faveur, contenue dans l'art. 577 et tempérée par le droit pour le syndic de réclamer l'exécution du contrat, ne doit pas être étendue au-delà des termes dont le législateur s'est servi : il n'accorde au vendeur qu'un simple droit de rétention : C'est tout ce que ce dernier saurait invoquer.

Ces arguments qui motivent la décision [1] de la cour de cassation sont, il faut le reconnaître, assez peu juridiques. Le point important à constater et d'où dépend la solution à donner à la question, est que les contrats ne sont pas résolus, la faillite intervenant. S'ils subsistent, c'est évidemment dans les termes où ils ont été conclus : la faillite ne les transforme pas. C'est pourtant à les dénaturer que l'on arriverait, si on suivait la cour de cassation dans ses raisonnements. Sans doute, elle est obligée de compter avec l'article 577 ; mais loin de reconnaître dans cette disposition une simple application de droit commun, elle y voit une vraie dérogation à ce même droit ; c'est pour elle une innovation du législateur en matière commerciale. Et la preuve que telle est bien la manière dont elle entend l'article 577, c'est que, sans cet article, avec les principes qu'elle pose dans l'arrêt, elle eût forcé le vendeur, qui pourtant n'avait consenti à se dessaisir que contre espèces, à s'exécuter contre paiement en monnaie de faillite. Ainsi en dépit de l'exigibilité réciproque des conventions synallagmatiques, et malgré la prudente réserve apportée par le vendeur dans la conclusion du contrat, on lui enlèverait, à lui qui n'a rien fait pour être traité avec cette rigueur, le bénéfice de la clause au comptant qu'il a expressément stipulée ! Et l'on dépouillerait ainsi le vendeur pour se conformer au désir du législateur de faire régner l'égalité entre les créanciers du failli ! Qu'on invoque cette loi d'égalité pour l'appliquer au vendeur qui, ayant livré, s'est exposé comme la masse à courir les risques de la confiance aveugle qu'il a eue pour le failli, c'est logique. Mais s'il n'a pas montré pareille confiance, s'il n'a pas accru, même en apparence, l'actif du débiteur par une livraison hâtive, il reste sous l'empire du droit commun. Aucun

---

[1] V. Cass. 16 févr. 1887. S. 87, 1, 145.

texte du Code ne l'y soustrait. La faillite de l'acheteur ne l'a destitué d'aucun de ses droits; il conservera, comme en droit civil, son action en dommages-intérêts; seulement, et c'est là le seul effet de la faillite, quand il produira au passif pour le montant des dommages-intérêts, il subira comme tout créancier la loi du dividende. Mais, à tout autre point de vue, son obligation et celle de l'acheteur ont entre elles un lien que la faillite n'a pas affaibli, et leur inexécution, du chef de l'un ou de l'autre, sera sanctionnée par le droit commun. Et maintes fois déjà, la jurisprudence a en ce sens avec raison décidé que, si c'était le vendeur qui se fût rendu coupable de l'inexécution — par exemple, il est tombé en faillite avant d'avoir livré, — l'acheteur était non seulement dispensé de tout paiement, mais encore avait contre lui un recours en dommages-intérêts [1]. On n'aperçoit pas bien ce qui s'opposerait à ce que l'acheteur tombé en faillite, fût traité de même et passible à son tour de dommages-intérêts. Les deux situations sont réciproques et identiques; créer une différence entre elles serait inconcevable. Il paraît donc juste que si l'acheteur n'exécute pas le marché au comptant, le vendeur ait contre lui les mêmes droits que si la faillite n'avait pas été déclarée.

Peut-être pourrait-on soutenir, en s'appuyant sur l'article 577 qu'il exclut l'action en résolution avec dommages-intérêts, s'il était prouvé que c'est une innovation. Mais il n'en est rien et nous avons dit comment il nous paraît être une émanation du droit commun. Prétendre d'ailleurs, comme le fait la cour de cassation, que la vente est non avenue, c'est oublier l'article 578 qui permet au syndic d'en poursuivre l'exécution. S'il n'use pas de ce droit, le contrat reste inexé-

[1] Poitiers, 12 mars 1856. S. 56, 2, 196.

cuté ; cette inexécution se produit dans les termes du droit commun ; rien du moins dans le Code de commerce n'indique qu'on doive s'écarter de ses règles. Soutenir enfin qu'on ne peut sans injustice accorder au vendeur muni de son droit de rétention, le droit à des dommages-intérêts, si l'on compare sa situation à celle du vendeur ayant livré, la veille peut-être du jugement déclaratif, c'est oublier que cette différence n'est due qu'à la volonté des parties, qu'elle est le résultat de leurs actes libres, et qu'il est naturel que le fait de s'être dessaisi ou au contraire d'être resté en possession, entraîne une inégalité de droits pour le vendeur dans l'une ou l'autre hypothèse. Ce qui serait au contraire injuste, ce serait, tandis que le contrat doit, malgré la faillite qui n'y a porté nulle atteinte, continuer à s'imposer aux deux parties dans ses diverses conséquences, qu'on permît au syndic usant de la faculté que lui reconnaît l'article 578, d'exiger en cas de hausse l'exécution du marché, et que l'on prétendît borner en cas de baisse le vendeur à son droit de rétention. Reconnaissons donc que le vendeur qui n'a pas livré peut, en cas de résolution prononcée contre l'acheteur failli, se faire admettre au passif de la faillite pour des dommages-intérêts [1].

§ II. — *Avantages pour le vendeur du droit de rétention.* — *Caractères et effets de ce droit.*

En présence de la jurisprudence de la cour suprême, telle que nous avons essayé de la définir, il est certain que le ven-

---

[1] En ce sens : Paris, 4 mars 1886, S. 87, 2, 25 — Cass. Belgique 7 Févr. 1889.S. 90, 4, 1.— Rataud, à son cours.—Boulay-Paty, II, p. 504, *in fine*— Thaller, des faill. en dr.comparé,II, p. 18 et 22—*Contra*: Cass. 21 avril 1884, S. 86,1,105. — 16 février. 1887,S. 87, 1, 145.—V. aussi en notre sens les notes de notre savant maître , M. Labbé, dans Sirey, sous les arrêts précités des 4 mars 1886, 16 févr. 1887 et 7 févr. 1889.

deur qui n'a pas livré, trouvera une garantie plus sûre dans son droit de rétention. Indirectement, ce droit lui conférera les avantages du droit de préférence, en ce sens qu'on ne pourra le contraindre à se dessaisir, tant qu'il n'aura pas été intégralement payé ; ce qui revient à dire que le vendeur non payé peut opposer son droit de rétention aux subséquents acheteurs, comme aussi à la masse des créanciers [1].

Le vendeur trouvera cet autre avantage dans le droit de rétention, qu'il est indivisible [2] : toute la chose vendue, ou partie seulement, est donc affectée du droit de rétention pour le prix de vente intégral ; comme aussi tout ou fraction du prix non acquitté, le laisse subsister en entier. D'où il suit que le vendeur « qui aurait déjà commencé à livrer, pourrait s'arrêter dès l'instant qu'il a connaissance de la déclaration de faillite » [3].

Le droit de rétention dont jouira le vendeur ne l'empêchera pas de conserver en même temps les autres garanties de sa créance, car il est principal et non subsidiaire [4].

Mais il n'est pourtant aussi qu'accessoire, et conséquemment il ne survit pas à l'extinction de l'obligation de l'acheteur de payer le prix. Par suite, le vendeur perd son droit de rétention lorsque, la vente étant au comptant, le syndic use de la faculté que lui accorde l'art. 578 et paie au vendeur le prix convenu entre lui et le failli, et quand, la vente étant à terme, le syndic lui donne caution de payer à l'échéance (art. 1613, C. civ.).

Le droit de rétention appartient au vendeur non payé,

---

[1] Glasson, dr. de rétention, p. 29 et 104. — Nicolas. id. p. 194. — Aubry et Rau, III, p. 119.

[2] Aubry et Rau, III, p. 118. — Glasson, p. 33.

[3] Bédarride, faill. et banq. III, n° 1162 — Boulay-Paty, id., II, p. 503, n° 1045. — Alauzet, VI *bis*, p. 644.

[4] Glasson, p. 34.

quelle que soit la nature de la chose vendue, qu'elle soit corporelle ou incorporelle, comme un fonds de commerce [1]. L'art. 577 ne fait aucune distinction permettant de croire le contraire, et c'est d'ailleurs bien ce qu'on peut induire de ce qui se passe dans la vente. La délivrance, qui entraîne pour le vendeur la perte de son droit de rétention, est indépendante de la nature de la chose, la preuve en est que d'après l'art. 1607 du Code civil, la tradition des droits incorporels se fait ou par la remise des titres ou par l'usage que l'acquéreur en fait du consentement de vendeur. Cela revient à dire que la délivrance ne porte pas toujours sur la chose vendue ; dès lors, que la chose soit corporelle ou incorporelle, peu importe ; il suffit que le vendeur se refuse à la délivrance, l'acheteur ne sera pas en mesure d'exercer le droit dont la vente l'a rendu titulaire.

Le droit de rétention n'est pas un droit personnel ; le vendeur pourra donc le transmettre à ceux qui lui succèdent : en héritant de la créance du prix de vente, ils profiteront comme leur auteur de la garantie née à l'occasion de la chose vendue qu'ils recueillent dans ses biens.

Les successeurs à titre particulier du vendeur jouiront aussi du droit de rétention compris, en sa qualité d'accessoire de la créance, dans la cession de cette créance. Une seule condition devra être remplie par eux : qu'ils aient reçu et conservé la détention de la chose sur laquelle ils veulent exercer le droit de rétention.

Mais ce droit n'est qu'une garantie accessoire : de ce caractère, il résulte que c'est en vain que le vendeur voudrait le céder séparément de la créance qu'il garantit. Il y reste atta-

---

[1] En ce sens : Boulay-Paty, faill. et banq. II, p. 503, n° 1045. — Bédarride, id., III, n° 1163 — Dalloz, rép. v° faillite, n° 1286 — *Contra* : Glasson, dr. de rétention, p. 70. — Nicolas, id. p, 201, n° 155.

ché et en suit le sort. Et ce qui doit faire repousser la possibilité d'une transmission spéciale du droit de rétention, c'est que le cessionnaire ne se trouverait plus remplir les conditions requises pour en jouir ; il ne serait pas créancier à l'occasion de la chose détenue, il ne serait pas vrai de dire qu'il y a *debitum cum re junctum* [1].

Il y a cependant un moyen pour le vendeur d'utiliser le droit de rétention comme élément de crédit. S'il ne peut le céder séparément, il peut en céder l'exercice. Ce faisant, il ne cesse pas de posséder la chose par l'entremise du cessionnaire, dont les droits s'éteindront en même temps que les siens, sauf règlements des rapports purement personnels entre le vendeur et son cessionnaire.

Ce droit de rétention est, peut-on dire, la sauvegarde des droits du vendeur. Comment donc l'exerce-t-il ?

Deux voies juridiques s'ouvrent devant lui : l'exception et l'action. Voyons dans quel cas il devra recourir à l'une ou à l'autre de ces diverses manières de faire valoir ses droits :

L'exception lui suffira toutes les fois qu'il aura à se défendre, tout en restant possesseur ; par exemple, lorsqu'il sera attaqué en justice en délivrance de la chose retenue. Il n'invoquera pas la rétention comme un moyen de défense au fond, mais comme une sorte d'exception dilatoire tendant à différer des poursuites jusqu'à complet désintéressement de ce qui lui est dû.

Si le vendeur a été dépossédé, c'est alors qu'il devra employer l'action pour recouvrer l'objet soumis au droit de rétention. Mais en pratique, il n'est pas probable que l'acheteur ou le syndic de la faillite se soit mis violemment en pos-

---

[1] En ce sens : Cabrye, dr. de rétention, p. 154, n° 86, note 1. — Glasson, id. p. 78. — Nicolas, id., p. 213 *in fine*.

session de la chose vendue. Il faut donc supposer que l'acheteur peut se passer de la délivrance émanant du vendeur pour exercer le droit qu'il a acquis, comme, par exemple, s'il s'agissait de l'achat d'un ouvrage dont une édition a déjà été donnée, ou plus généralement d'une œuvre littéraire ou d'une invention déjà divulguée. Si dans ces diverses hypothèses, l'acheteur ou le syndic profitait de la divulgation, le vendeur, pour parer à une telle atteinte de ses droits, jouerait le rôle de demandeur.

Jusqu'ici nous avons supposé que la perte de la possession avait été involontaire pour le vendeur. S'il a de plein gré abandonné la chose, il a abdiqué par le fait le droit de rétention, et il est juste qu'on lui refuse tout moyen de revenir sur cette renonciation.

Tel est bien le droit commun pour tous les rétenteurs en général. Mais précisément en ce qui concerne le vendeur, le législateur a inscrit, tant dans le Code de commerce que dans le Code civil, une exception grâce à laquelle le vendeur n'a pas tout à fait perdu le droit de se prévaloir du bénéfice de la rétention, alors même qu'il s'est volontairement dessaisi de la possession.

C'est ce qui résulte de l'article 2102-4° du Code civil, qui sous certaines conditions permet aux vendeurs d'effets mobiliers de revendiquer ces effets, entrés cependant en la possession de l'acheteur, et c'est aussi ce qui ressort de l'article 576 du Code de commerce, dont nous étudierons ultérieurement la portée et les limites.

Quant aux effets du droit de rétention, nous croyons, ainsi que nous l'avons dit (V. *Supra*, p. 21), qu'il n'entraîne pas la résolution de la vente [1]. C'est seulement dans

---

[1] Nous ne croyons pas non plus, dans l'hypothèse que nous étudions, celle où le vendeur ne s'est pas dessaisi de la chose vendue, ce qui

son exécution qu'elle est paralysée ; et l'acheteur, comme le vendeur, peut trouver son utilité dans les dispositions du Code de commerce. Ainsi, l'acheteur représenté par le syndic, réclamera valablement l'exécution de la vente, s'il y a avantage ; par exemple, si les marchandises ont subi une plus-value depuis le jour de la vente.

Pour le vendeur, auquel l'art. 577 est applicable, c'est la sauvegarde de toutes ses prérogatives. Nous avons expliqué en effet comment l'art. 577 était indépendant de l'art. 550. Les déchéances dont ce dernier article frappe le vendeur, ne l'atteignent donc pas, quand il peut exercer le droit de rétention.

L'intérêt qu'il a surtout d'échapper à l'art. 550, vise le

implique le plus ordinairement une vente au comptant, que faute par l'acheteur de prendre livraison, la vente soit de plein droit résolue par l'application de l'art. 1657 du Code civil, ainsi conçu : « En matière de vente de denrées et effets mobiliers, la résolution de la vente aura lieu de plein droit et sans sommation au profit du vendeur, après l'expiration du terme convenu pour le retirement ». Sans doute, avec d'excellents interprètes et en se fondant sur la suppression, dans la rédaction définitive de l'article, du mot marchandises inséré dans le texte primitif, on pourrait sontenir que l'art 1657 est inapplicable aux ventes commerciales. (En ce sens : Aubry et Rau, IV, § 356, note 5. — Delamarre et Lepoitvin, dr. comm. IV, n° 244. — Bédarride, achats et ventes, n° 299 et s.-Alauzet III, n° 1170 et s.). Il vaut peut-être mieux décider le contraire.

C'est la théorie admise par la jurisprudence et professée par beaucoup d'auteurs. D'ailleurs, il y a mêmes motifs, plus impérieux encore, d'appliquer l'art. 1657. Son texte est général et à défaut d'usage contraire, et en présence du silence du Code de commerce, son extension s'impose (Troplong, vente, n° 680 — Laurent, XXIV, n° 312 *bis*. — Guillouard, vente, II, n° 637 — Lyon-Caen et Renault, Traité, III, n° 121. — Cass. 6 juin 1848, S 49, 1, 65 — 19 févr. 1873, S. 73, 1, 273 — 11 juill. 1882, S. 82, 1, 472). Au reste, comme le fait observer notre éminent maître, M. Boistel, on peut concilier la décision de la jurisprudence avec les travaux préparatoires, en admettant qu'en supprimant le mot marchandises, on a voulu laisser les Tribunaux libres d'appliquer l'art. 1657, si l'usage est dans ce sens (Boistel, Précis, n° 457).

Mais tout en étant applicable aux ventes commerciales, l'art. 1657 ne l'est pas aux ventes au comptant, car une des conditions de l'article fait défaut, puisqu'il n'y a pas « un terme convenu pour le retirement » droit de résolution dont la suppression résulte par voie de conséquence de cet article, et dont il gardera le profit éventuel. Toutefois, la résolution de la vente n'est pas acquise de plein droit ; il est de principe qu'elle doit être demandée en justice, et le texte comme l'esprit de la loi ne permettent pas de croire que l'exercice par le vendeur du droit de rétention l'ait pour conséquence immédiate. S'il en était ainsi, il faudrait reconnaître que la faculté laissée par l'art. 578 au syndic de poursuivre l'exécution du contrat serait à peu près illusoire ; rien ne serait plus facile au vendeur désireux de reprendre la libre disposition de la chose vendue, d'opposer une nouvelle vente au syndic invoquant l'art. 578. Pour tous ces motifs, il est préférable d'obliger le vendeur à se conformer, pour obtenir la résolution de la vente, à l'art. 1184 du Code civil [1] .

Même comme il dépend des syndics de maintenir le contrat, le vendeur, comme le remarque fort bien M. Boulay-Paty (faill. et banq. II, p. 503, n° 1046), fera-t-il acte de prudence en ne disposant de la chose qu'après avoir obtenu des syndics une déclaration expresse qu'ils n'useront pas du bénéfice que leur accorde l'art. 578.

(Guillouard, op. cit. II, n° 631). Une autre raison de décider ainsi, c'est que, dans les ventes au comptant, la résolution du contrat, conséquence possible du droit de rétention du vendeur, s'effectuera, s'il la demande, non pas comme le veut l'article, parce qu'il y a simplement défaut de retirement, mais parce que le prix n'a pas été payé. Or, l'art. 1657 contient une exception ; il ne doit donc pas être étendu en dehors du cas qu'il prévoit. Et dès lors, le vendeur jouissant seulement du droit de rétention, il faut appliquer ce que nous disons au texte.

Il n'en serait plus de même et l'art. 1657 reprendrait son empire, si la vente avait été faite à terme, et si la faillite seule avait privé l'acheteur de cet avantage. On se trouve alors dans l'hypothèse prévue par l'art. 1657 : il y a un terme fixé pour le retirement.

[1] Bédarride, faill. et banq. III, p. 218, n° 1165. — V. aussi : Renouard, II, p. 360 et 363. — Demangeat sur Bravard, V, p. 550, note 1. Ces auteurs admettent que la résolution de la vente n'a pas lieu de plein droit, mais ils pensent qu'un jugement de résiliation n'est pas nécessaire.

Mais dès qu'ils ont fait connaître leur option, le vendeur a le choix entre plusieurs partis à prendre. Excipant de son droit de rétention, il peut ou demander la résolution de la vente, ou au contraire réclamer son maintien, et faire vendre la chose vendue pour exercer son privilège sur le prix [1]. Inversement, sans se prévaloir de son droit de rétention, il peut néanmoins conclure au maintien de la vente, obliger les syndics à prendre livraison, et se faire admettre à la faillite pour le prix en concurrence avec les autres créanciers [2].

---

[1] C'est ainsi que la Cour d'appel de Paris (26 mars 1858, S. 58, 2, 478), a jugé que le vendeur qui s'était expressément réservé le droit de retenir la chose vendue jusqu'au parfait paiement, pouvait à défaut de ce paiement, faire procéder à sa revente pour se payer sur le prix.

Peut-être pourrait-on, l'arrêt de la Cour semble l'autoriser, assimiler le vendeur en possession de la chose sur laquelle il exerce son droit de rétention, au créancier gagiste ; car tout droit de gage suppose le droit de rétention, et si la proposition retournée n'est pas toujours vraie, elle paraît bien l'être, appliquée au vendeur. Il y a entre les deux situations cette analogie que, dans chacune d'elles, le créancier tient ses droits de la convention. Si la comparaison est juste, le vendeur pourra donc comme tout créancier gagiste, et en observant, ainsi que l'indique l'arrêt, les formalités de l'article 2078 du Code civil, réaliser le gage, c'est-à-dire faire vendre les choses vendues, et si le produit de cette vente n'atteint pas le prix qui lui est dû, se faire admettre pour la différence au passif de la faillite, comme simple créancier, en invoquant l'art. 548 du Code de commerce.

[2] Un arrêt de la cour d'appel de Nîmes (4 juillet 1885 — S. 86, 2, 91) décide que le vendeur peut renoncer à revendiquer les marchandises en cours de route, comme l'art. 576 lui en donne le droit, et contraindre le syndic à prendre livraison des marchandises. De même on ne voit pas ce qui empêcherait le vendeur de renoncer à son droit de rétention, pour obliger le syndic à exécuter le marché. En effet, il n'est pas impossible que le vendeur ait intérêt à renoncer au droit que lui ouvrent les articles 576 et 577. L'article 576 mettant à sa charge les frais occasionnés par la chose revendiquée, s'ils dépassaient la valeur de cette chose, il y aurait tout profit pour le vendeur de renoncer à exercer son droit. Dans l'espèce de l'arrêt de la cour de Nîmes, les droits du magasinage excédaient de beaucoup la valeur de la marchandise susceptible de revendication. Quant à l'article 577, il faudrait supposer, pour que le vendeur ait intérêt à renoncer au bénéfice de rétention qu'il lui accorde, que le prix de vente est supérieur à la valeur des marchandises suivant

L'incertitude qui règne sur le parti que pendra le vendeur oblige à repousser d'avance toute décision qui impliquerait de sa part une option non clairement manifestée dans un sens ou dans un autre. Supposons, par exemple, qu'après la faillite, la perte des choses vendues soit survenue, le vendeur en étant encore nanti grâce à son droit de rétention : sur qui doivent peser les risques ? Si l'on dit que c'est sur le vendeur, ce ne peut être que par une interprétation plus ou moins fidèle de son intention ; on présume que le vendeur eût certainement agi en résolution du contrat, si la chose n'avait pas péri ; et en vertu de cette présomption, on met les risques à sa charge, comme ils l'auraient été, dit-on, si vraiment il avait fait prononcer la résolution de la vente. C'est là une théorie qui n'est guère acceptable ; elle repose sur une base qui n'est rien moins que sûre, puisque c'est une présomption. Or nous avons montré comment le vendeur pouvait hésiter dans le parti à prendre, et l'avantage que lui offrait parfois la situation de créancier chirographaire ; on doit donc le laisser seul juge du choix à faire, et par suite le décharger de tous risques, tant qu'il ne s'est pas prononcé pour la résolution. La considération que le vendeur exerçait son droit de rétention sur la chose vendue, n'empêche pas que nous ne décidions également qu'il doit rester indemne des risques, et cela d'autant plus que nous avons admis que la résolution ne se produisait pas par le fait seul de l'exercice du droit de rétention ; mais qu'elle devait être demandée en justice, conformément à l'art. 1184 du Code civil. La vente tient donc durant cet intervalle, et bien que le vendeur détienne, c'est cependant l'acheteur qui est toujours propriétaire, puisqu'en droit français le seul consentement des parties à la vente est

leur cours au moment où le vendeur devrait les revendre pour se couvrir du prix.

attributif de propriété, et c'est pour lui par conséquent que la chose périt, comme cela arriverait si la perte s'était produite avant la faillite et même avant la livraison ; à moins cependant que dans ce cas, le vendeur n'eût été mis en demeure de livrer, et que le retard de la livraison ne provînt de son fait et de sa faute ; et encore faut-il ajouter que ce retard pourrait trouver une excuse dans l'insolvabilité manifeste de l'acheteur, question toute de fait [1].

[1] Consult. Dalloz, rép. v° faillite ,n° 1241.

APPENDICE

Aux divers droits reconnus au vendeur non payé, il faut en
ajouter un autre que l'usage commercial est de lui accorder.
C'est le droit du vendeur de faire exécuter le contrat aux
risques et périls de l'acheteur, c'est-à-dire de faire revendre
les marchandises pour le compte de ce dernier. C'est une
application de l'art. 1144 du Code civil. Qu'il s'agisse de
marchandises ou de valeurs, ce droit fait l'objet de règlements pour les reventes en bourse ou à la halle de Paris.

Ces ventes sont dispensées des formalités exigées par le
Code civil, art. 1144. Au moins dans beaucoup de ventes
commerciales, l'usage s'est affranchi de toute demande en
justice ou même de mise en demeure de l'acheteur, en raison
des détériorations dont la nature des marchandises est
susceptible ou des variations qui peuvent en affecter le cours ;
circonstances pouvant aggraver les chances de perte du vendeur, intéressé à ce que l'écart entre les deux ventes soit le
plus réduit possible. Car, si en les revendant, le prix n'atteignait pas celui dû par l'acheteur, il ne resterait au vendeur
que la ressource de produire à la faillite pour la différence en
qualité de créancier chirographaire [1].

[1] Boistel, Précis, p. 311. — Lyon-Caen et Renault, Traité, n° 119.

Quant à ces reventes, bien qu'elles soient, comme nous venons de le dire, dispensées des règles auxquelles les assujettirait la loi civile, elles présentent cependant toute garantie pour l'acheteur, à cause de la publicité dont on a soin de les entourer. Elles se font d'ailleurs en présence des syndics, ce qui rend la fraude à peu près impossible. Cependant, si le vendeur avait omis à dessein les conditions exigées par les règlements, et si en raison de ces fraudes, les marchandises étaient restées au-dessous de leur valeur, il serait responsable de ses agissements. C'est ainsi, par exemple, que le vendeur doit sous sa responsabilité respecter les délais fixés par les règlements pour les reventes, ne pas y procéder tardivement, et ne pas faire tomber, par des manœuvres déloyales, les cours à des taux inférieurs, et ce, pour se rendre à vil prix adjudicataire des marchandises [1] .

[1] V. Paris, 10 avril 1885. — D. 85, 2, 171 et 3 juin 1885. — D. 85, 2, 172. Dans l'espèce visée par le premier arrêt, le vendeur avait empêché la concurrence de s'établir normalement sur des marchandises qu'il avait apportées en abondance sur le marché par une seule revente, tandis qu'il devait, pour se conformer au règlement de la place de Paris du 7 juin 1880, procéder à des reventes successives et ne pas grouper dans une seule et même adjudication les marchandises de plusieurs marchés inexécutés.

CHAPITRE II

L'ACHETEUR A PRIS POSSESSION DE LA CHOSE VENDUE AVANT D'ÊTRE

DÉCLARÉ EN FAILLITE

SECTION I

*Ce qu'étaient dans l'ancien droit les garanties du vendeur non
payé. — Changements apportés par le Code civil. — Ré-
formes de la loi de 1838.*

Au moment de la déclaration de faillite, les marchandises
sont déjà entrées dans les magasins de l'acheteur.

Avant de voir ce que deviennent en pareil cas les garanties attribuées communément au vendeur, il nous a paru à
propos de présenter rapidement un court aperçu sur ce qu'elles
étaient dans notre vieux droit, et sur les vicissitudes qu'elles
ont traversées avant d'être réglementées à nouveau par les
Codes.

Quant au droit de résolution tacite pour défaut de paiement
du prix, longtemps les principes du droit romain furent rigoureusement suivis dans les pays de droit écrit. Ainsi qu'à
Rome, si le vendeur n'avait pas le soin de faire insérer dans
le contrat que le non-paiement du prix serait une cause de

résolution de la vente, elle subsistait et il n'était accordé au vendeur non payé qu'une simple action personnelle [1] . Même dans les pays de coutumes, on s'inspira d'abord des traditions romaines [2] . On exigeait une clause commissoire expresse pour défaut de paiement du prix. Seulement, comme cette clause était très fréquente, on finit par la sous-entendre bientôt dans toutes les ventes, comme répondant toujours à l'intention des parties. C'est ce que constate Pothier (vente, n° 475) : « Ces principes, dit-il, (les principes du droit romain) ont été autrefois suivis dans notre Pratique Française ; mais comme le plus souvent on ne peut sans de grands frais se faire payer de ses débiteurs, on a été obligé de se départir dans les Tribunaux de la rigueur de ces principes, et on admet un vendeur à demander la résolution du contrat de vente, pour défaut de paiement du prix, quoiqu'il n'y ait pas de pacte commissoire ». Pothier d'ailleurs ne faisait que répéter ce qu'avait dit Domat [3] . A côté de ces innovations destinées à protéger sérieusement les intérêts du vendeur, on songea aussi à adoucir la législation à l'égard de l'acheteur malheureux. D'abord, contrairement au droit romain, on ne laissa plus le pacte commissoire opérer de plein droit la ésolution [4] , et jusqu'au prononcé de la sentence, les offres de paiement émanant de l'acheteur l'arrêtaient, eussent-elles été faites pendant l'instance d'appel interjeté par lui [5]. En outre de cette modification, l'usage s'introduisit aussi d'accorder à l'acheteur un terme de grâce, que la résolution fut expresse

---

[1] Simon d'Olive, questions notables, liv. IV, ch. X, p. 579. — d'Espeisses, Œuvres, des Contrats, I, tit. I, sect. VI, n° 3, p. 72.

[2] V. Pothier, traité de la Vente, n° 475.

[3] Lois civiles, vente, liv. I, tit. II, sect XII, n° 13.

[4] Pothier, vente, n° 459, — de Ferrière, nouv. introd. à la pratique, v° clause résolutoire.

[5] Pothier, op. cit. n° 459, 461 et 475.

ou tacite [1] . Nous ajouterons que sans abandonner absolument les règles du droit romain sur la nature et les effets du pacte commissoire, les pays de droit écrit n'échappèrent pas cependant à l'influence des théories en faveur de l'acheteur, qui se dessinaient dans les pays de coutumes. Cela se fit surtout sentir dans la jurisprudence des Parlements, toujours prompts à prononcer contre le vendeur la déchéance de son droit de résolution.

Les autres garanties du vendeur, nous les trouverons dans le texte même de la coutume de Paris. La revendication est consacrée par l'art. 176 de la coutume, ainsi conçu : « Qui vend aucune chose mobiliaire sans jour et sans terme, espérant être payé promptement, il peut sa chose poursuivre, en quelque lieu qu'elle soit transportée, pour être payée du prix qu'il l'a vendue », La coutume d'Orléans en son article 458 s'exprime littéralement de même. Ce droit de revendication résultait de ce que, comme en droit romain, la vente ne transférait la propriété que tout autant que le prix était payé [2]. Jusqu'à ce moment-là le vendeur restait propriétaire et pouvait revendiquer. C'était là une importante garantie pour lui ; elle lui permettait de reprendre la chose vendue, sans respecter les droits consentis par l'acheteur, même entre les mains de tiers détenteurs. Cela était vrai pour les immeubles ; même pour les meubles, la coutume d'Orléans, art. 454, en autorisait l'entiercement ou la saisie-revendication contre les tiers détenteurs. Mais il n'en était pas partout ainsi ; c'est ce que dit Savary (Dictionnaire de commerce, v° revendiquer) : « Les choses mobiliaires dont les mar-

---

[1] Domat, op. cit., liv. I, tit. II, sect. XII, n° 12. — de Ferrière, op. et loc. cit. — Bourjon, dr. commun de la France, I, liv. III, ch. IX, sect. I, II. — Pothier, op. cit., n° 475.

[2] V. S. d'Olive. op. cit., liv. IV, ch. X, p. 579. — de Ferrière, nouv. comment. sur la coutume de Paris, sur l'art. 576.

chandises sont du nombre, n'ont point de suite par hypothèque quand elles sont hors de la possession du débiteur ; c'est-à-dire qu'on ne peut les revendiquer ou réclamer lorsqu'elles ont passé dans les mains d'une tierce personne »[1]. Plus loin, Savary nous donne les conditions imposées au revendiquant. « Dans les faillites ou banqueroutes, un créancier est bien reçu à revendiquer sa marchandise, pourvu qu'elle se trouve encore en nature sans altération, et revêtue de toutes les marques et enseignements qui peuvent faire connaître avec certitude que c'est lui qui a vendu la marchandise et qu'elle lui appartient légitimement »[2]. Une fois toutes ces conditions remplies, pourvu d'ailleurs que la chose n'ait pas été achetée sur marché public, la revendication était permise; mais son exercice n'entraînait pas la résolution de la vente, et l'acheteur pouvait toujours en demander l'exécution en proposant le paiement du prix.

Voilà pour le cas d'une vente sans terme ; mais dans celui d'une vente à terme, le vendeur qui a consenti à suivre la foi de l'acheteur, a cessé d'être propriétaire; il a perdu le droit de revendiquer[3]. Quelles ressources lui reste-t-il ? Si l'on en croit Louet : « tant et si longuement que la chose

[1] On lit de même dans le recueil des arrêts notables de Louet, continué par Brodeau (II, litt. P. XIX, n° 3): « De sorte, que la chose se trouvant en la possession d'un tiers acquéreur de bonne foi, le vendeur ne la peut vendiquer ». — V. aussi S. d'Olive, op. cit., liv. IV, ch. X, p. 583.

[2] V. S. d'Olive, op. et loc. cit. — de Boutaric, Explication de l'Ordonnance sur le commerce de mars 1673, p. 114.

[3] Cependant même dans les ventes à terme, il semble bien que la revendication ait été admise, du moment que par l'effet de la faillite de l'acheteur, le vendeur perd l'espérance d'être payé. Si le vendeur jouit en pareil cas de la revendication, c'est plutôt à des raisons d'équité qu'à des arguments de droit qu'il en doit la jouissance (Locré, Esprit du Code de Commerce, III, sur l'art. 576, p. 670).

demeure entre les mains de l'acheteur, le vendeur la peut non seulement vendiquer, mais demander à être préféré sur le prix d'icelle à tous autres créanciers, bien que premiers saisissants : c'est la disposition de l'article 177 » [1]. Louet se trompe quand il reconnaît au vendeur le droit de revendiquer la chose; en effet, puisque le vendeur a accordé terme à l'acheteur, il s'est en même temps dessaisi de la propriété, et il paraît préférable de dire avec Pothier qu'il peut « former opposition à la saisie et à la vente, non pour revendiquer la chose dont il a cessé d'être propriétaire, mais pour être payé sur le prix par privilège » [2].

Cela nous amène à parler du privilège. Comme nous l'avons vu, le droit romain ne reconnaissait au vendeur sur la chose vendue, ni privilège, ni hypothèque; si donc, nous trouvons de pareilles garanties accordées au vendeur dans le droit coutumier, c'est que ce seront des créations de ce droit, et comme Pothier nous pourrons dire : « Cette hypothèque privilégiée que la Coutume donne au vendeur pour le prix, est de droit français, le droit romain ne la lui accorde pas s'il ne se l'était retenue » [3].

Il faut donc rechercher les origines du privilège du vendeur dans le droit de notre ancienne France; dans le dernier état de ce droit, on l'admettait indifféremment dans les pays de coutumes et dans les pays de droit écrit, au profit du vendeur de meubles ou d'immeubles; mais le lieu d'origine du privilège du vendeur d'effets mobiliers, avait été différent de celui du vendeur d'immeubles.

Dans les pays de coutumes, le vendeur de meubles jouissait d'un privilège grâce auquel il primait les autres créanciers,

---

[1] Louet. Recueil de divers notables arrêts, II, litt. P. XIX, n° 4.
[2] Pothier, notes sur la coutume d'Orléans, note 2 sur l'art. 458.
[3] Pothier, notes sur la cout. d'Orl.. note *2 in fine* sur l'art. 458.

dans la distribution du prix atteint par la revente de la chose vendue. « Et néanmoins encore qu'il eût donné terme, si la chose se trouve saisie sur le débiteur par un autre créancier, il peut empêcher la vente, et est préféré sur la chose aux autres créanciers » (art., 177 Cout. Paris, art. 458, Cout. Orléans). Tel fut le privilège dans la dernière expression du droit ; mais il n'en avait pas été ainsi à l'origine ; la première rédaction de la coutume de Paris n'en faisait pas mention, et longtemps on suivit strictement les règles du droit romain : le vendeur n'avait comme ressource que l'action personnelle. Dans la suite, on songea à protéger le vendeur, dont la situation était particulièrement intéressante au regard des autres créanciers de l'acheteur ; leur prétention de se partager les choses achetées et non payées au détriment du vendeur, parut quelque peu injuste, et de Ferrière est si touché des raisons d'équité qui militent pour le vendeur, qu'il va même jusqu'à dire : « qu'en sa faveur, il y a lieu de feindre que la propriété de la chose n'a jamais passé en la personne de l'acheteur, tant qu'elle se trouve en sa possession » (Nouv. comment. sur la cout. de Paris, sur l'art. 177).

On était d'autant plus porté à protéger le vendeur de meubles, qu'il était dépourvu de toute garantie à l'encontre du vendeur d'immeubles. Les meubles, disait-on, n'ont pas de suite par hypothèque quand ils sont hors la possession du débiteur[1]. De là la nécessité d'assurer protection au vendeur d'effets mobiliers.

Mais il n'en était pas de même pour le vendeur d'immeubles, et cela pour deux motifs : d'abord il avait la possibilité de se réserver une hypothèque spéciale sur l'immeuble vendu, et en outre, la vente d'immeuble s'effectuait ordinairement

---

[1] Loisel, Institutes coutumières, liv. III, tit VII. règle V.

par acte authentique, dont « l'hypothèque est une suite et une dépendance [1] . »

Si les pays coutumiers se refusaient à admettre au profit du vendeur d'immeubles une hypothèque tacite et privilégiée sur l'immeuble vendu, en pays de droit écrit, c'était au contraire sa garantie habituelle. Non pas que ce fût un emprunt direct au droit romain, nous savons qu'il excluait pareille hypothèque ; mais ce fut lui cependant qui fournit les éléments avec lesquels on construisit la nouvelle théorie.

Sans doute, en droit romain, le vendeur à terme n'avait que l'action personnelle pour le paiement du prix de vente, mais il avait un moyen de retenir la propriété du bien vendu : c'était l'insertion expresse dans le contrat de vente de la clause de précaire. Cette clause qui empêchait la tradition d'être translative de propriété, devint de style dans les pays de droit écrit ; il n'y eut plus besoin de la stipuler expressément dans le contrat : « notre Parlement, dit en effet d'Olive, a voulu qu'en la vente des immeubles, la clause de précaire fût toujours sous entendue » (op. cit. liv. IV, ch. X, p. 580). En même temps qu'elle devenait usuelle, elle se transformait dans la manière dont elle affectait le contrat. Ainsi que le constate Simon d'Olive, « elle ne conserve pas au vendeur la propriété, mais lui acquiert seulement une hypothèque privilégiée » (op. et loc. cit.). Et cette hypothèque privilégiée confère au vendeur sur l'immeuble droit de suite, en quelque main que le bien se trouve, et droit de préférence pour être payé sur le prix provenant de la vente en justice du bien, préférablement à tous autres créanciers.

A côté de cette prérogative du vendeur d'immeubles, dans

S. d'Olive. op. cit., liv. IV, ch. X, p. 582.

la vente des meubles au contraire, le vendeur, dans les pays de droit écrit, ne trouvait aucune protection légale. A cette absence de garantie légale, il y avait pour raison que le vendeur pouvait y suppléer en recourant aux garanties conventionnelles : la clause expresse de précaire ou l'hypothèque spéciale, sur le meuble vendu. L'hypothèque mobilière était admise en effet comme en droit romain au moins avec un de ses effets : le droit de préférence. Enfin comme autres motifs de refus de toute garantie tacite au vendeur de meubles, c'était que « leur possession est vile et passagère, et que le commerce serait grandement troublé si cette clause (la clause de précaire) était sous-entendue en ces contrats »[1] .

Telle était la jurisprudence des parlements des pays de droit écrit. Mais l'influence des pays de coutumes, où comme nous l'avons vu, le privilège du vendeur de meubles était admis, ne tarda pas à s'y faire sentir, et le parlement de Toulouse, dans un arrêt de 1628, reconnut au vendeur de meubles la qualité de créancier privilégié sur la chose mobilière qu'il avait vendue[2] . Simon d'Olive critique au point de vue du droit cette décision, mais il ajoute: « néanmoins la même équité qui a porté le Parlement à secourir les vendeurs en la vente des choses immobilières par la stipulation tacite du précaire, semble désirer de la justice quelque remède en leur faveur pour la vente des choses mobilières, qui ne peut être autre que le privilège de la préférence » (op. cit. p. 582). Cet arrêt du Parlement de Toulouse devint de jurisprudence courante, et le privilège du vendeur de meubles généralement admis, pourvu toutefois que la chose fût encore en la

---

[1] S. d'Olive, op. cit. p. 581.
[2] Arrêt rapporté par S. d'Olive, op. et loc. cit.

possession de l'acheteur et qu'elle n'ait été ni mêlée ni confondue avec d'autres [1].

Parallèlement à cette influence des pays de coutumes, la jurisprudence des pays de droit écrit exerçait une action réciproque et faisait prévaloir le privilège du vendeur d'immeubles dans les pays coutumiers. Il fut admis après bien des hésitations par les divers Parlements, celui de Paris entre autres [2].

On voit donc que grâce aux emprunts réciproques que se faisaient entre eux dans leurs jurisprudences les divers Parlements du royaume, les droits du vendeur étaient l'objet de sérieuses garanties. La chose vendue était-elle un immeuble ? Le vendeur non payé avait sur elle privilège avec droit de suite et de préférence. Etait-elle un meuble ? Le vendeur jouissait encore d'un privilège, mais d'un privilège conférant seulement un droit de préférence.

Sans préjudice de ce privilège, le vendeur, nous le rappelons, avait encore comme ressource le droit d'invoquer la résolution pour non paiement du prix. Et cette résolution, fût-elle tacite, était opposable aux tiers. De là toute une série de gêne pour le commerce, d'atteintes à la circulation des biens, d'entraves au développement prospère du crédit. Car le privilège sur les immeubles était occulte, et si les tiers détenteurs de meubles étaient à l'abri du droit de suite du privilège, ils étaient insuffisamment protégés, ayant à craindre d'un précédent vendeur, pour non paiement du prix, une action en résolution dont rien ne trahissait l'existence.

---

[1] D'Espeisses, op. cit., des contrats, liv. I, tit. I. sect. IV, n° 2. — Guy du Rousseaud de la Combe, recueil de jurispr. civile, v° vente, sect. IV, n° 8.

[2] Louet et Brodeau, op. cit. II, litt. P. XIX. 19. — de Ferrière, comment. de la cout. de Paris, sur l'art. 176, II, colonne 1331, n° 33 — Basnage, traité des Hypoth., éd. de 1778, p: 67.

Voilà donc quelles étaient les prérogatives du vendeur non payé au moment où parut le Code civil. Immédiatement les choses changent : c'est en vain que le vendeur voudrait encore exercer l'action en revendication contre les tiers tenant leurs droits de l'acheteur, en vertu de l'article 177 de la coutume de Paris ; il a cessé d'être propriétaire ; l'acheteur l'est devenu du jour même de la vente, le simple consentement opérant seul le transfert [1]. C'est aussi inutilement qu'il intenterait l'action en résolution pour non paiement d'un meuble contre un tiers possesseur de bonne foi tenant ses droits de son acheteur ; il se verrait repousser par la maxime. « en fait de meubles, possession vaut titre », qui confirme irrévocablement dans leur possession les tiers détenteurs de bonne foi (art. 2279 C. civ.).

Quant aux autres garanties du vendeur, le Code civil, nous le savons, les consacra de la manière suivante : le droit de rétention dans les articles 1612 et 1613, le droit de résolution dans les articles 1184 et 1654, et le privilège dans les articles 2102-4° et 2103-1°.

Si maintenant nous arrivons au Code de commerce, quels changements apporta-t-il ?

Constatons d'abord qu'en ce qui touche le privilège du vendeur de meubles, le Code de commerce n'en traitait même pas. Pouvait-on dès lors, en raison du silence du Code, appliquer l'article 2102-4° ? Auteurs et tribunaux étaient fort hésitants. La plupart des jurisconsultes inclinaient à refuser au vendeur son privilège, au moins dans le cas de vente de marchandises. [2]

Quant à la jurisprudence, elle faisait une distinction, accor-

---

[1] Art. 1133 et 1583, C. civ.

[2] Tarrible, rapport au Corps Législ., dans Locré, Législ. civile, comm. etc., tome 19, p. 590 et s. — Pardessus, droit comm. IV, n° 1204 — Duranton, XIX, n° 125 — Troplong, Privil. et hypoth. I, n° 200.

dant le privilège s'il s'agissait d'objets mobiliers ordinaires dont le vendeur ne faisait pas commerce, ou ne rentrant pas dans celui de l'acheteur, [1] et le refusant dans le cas contraire. [2]

Les mêmes hésitations ne se reproduisaient pas à propos du privilège du vendeur d'immeubles. Pour cette garantie, son existence n'est pas menacée par la faillite, la difficulté à résoudre consiste à savoir si malgré le jugement déclaratif de faillite, le privilège peut être rendu public par la transcription de l'acte de vente.

C'est une question que nous examinerons ultérieurement.

Les mêmes controverses s'étaient aussi élevées à propos du droit de résolution pour la même raison : le silence sur ce point du Code de commerce. La jurisprudence variait dans ses arrêts, dont les uns admettaient le vendeur d'objets mobiliers à demander la résolution de la vente, [3] et les autres lui déniaient cette faculté. [4]

Mais si le Code de commerce ne contenait aucune disposition relative au privilège et au droit de résolution, il n'en fut pas de même pour la revendication, qui, après de nombreux débats, il est vrai, fut définitivement inscrite dans le Code. Le Code civil l'avait consacrée, nous le savons, dans l'article 2102-4°; mais la réserve que contient la fin de ce paragraphe, semble bien indiquer que le législateur, en

---

[1] Paris, 25 juin 1831. S. 31, 2, 241 et 5 déc. 1832, S. 33, 2, 130 — Aix, 10 nov. 1834 — S. 35, 2, 154.

[2] Nancy, 28 déc. 1829, S. 30, 2, 87 — Paris, 25 juin 1831. S. 31, 2, 241 — Aix, 10 nov. 1834. S. 35, 2, 154 — Douai, 25 avril 1836, S. 36, 2, 409 — *Contra :* Cass. 23 déc. 1829 — S. 30. 1. 150.

[3] Paris, 18 août 1829, S. 30, 2, 10 — V. en ce sens une note de M. Devilleneuve sous l'arrêt de Cass. du 19 avril 1836 — S. 37, 1, 42.

[4] Limoges, 4 févr. 1835. S. 35, 2, 221 et 4 Févr. 1837. D. 37, 2, 155 — Paris 11 nov. 1837, S. 38, 2, 98 — Amiens, 29 nov. 1837. D. 40, 2, 20 — Cass. 19 avril 1836, S. 37, 1. 42.

réglementant la revendication, n'a eu en vue que les matières civiles, et cette restriction se concevait par cette considération que la revendication était accordée facilement et donnait lieu à de nombreux abus, de telle sorte que l'on avait
préféré ne pas statuer immédiatement sur les transactions
commerciales. D'ailleurs, comme le disent MM. Delamarre
et Lepoitvin, « le droit de suite, bien qu'il fût admis partout
en matière de faillite, se modifiait par un grand nombre
d'usages dont la contrariété ou la variété ne permettait pas
d'en former un corps de doctrine. » (VI, n° 185 in fine.)

Tel était l'état de la question lors de la confection du Code
de commerce. On discuta longuement pour et contre la revendication ; son abolition expresse fut demandée au Conseil
d'État dans le projet de loi sur les faillites du 24 février 1807 ;
mais le Conseil d'État n'accepta pas le rejet absolu que proposaient les rapporteurs, et son maintien, avec quelques restrictions pourtant, fut décidé. Ainsi soumise au Tribunal, elle
fut repoussée dans cette Assemblée. Le Conseil d'État n'en
persista pas moins dans ses vues. Napoléon devant qui la
question fut de nouveau agitée, chargea M. Joubert d'étudier la question, et c'est sur le rapport de ce dernier que la
revendication triompha en fin de compte.

Nous n'entrerons pas dans le détail des discussions et nous
ne rapporterons pas les arguments que faisaient valoir tour
à tour les partisans du maintien ou de l'abolition. [1] Si l'on
s'est décidé à inscrire la revendication dans le Code, c'est
peut-être que l'on a été plus touché par les raisons d'équité
que convaincu par les motifs de droit : « Certes, disait
M. Corvetto, dans l'hypothèse d'une vente à terme, l'acheteur est propriétaire : on devrait donc refuser la revendica-

---

[1] Locré, op. cit. t. 19, Procès-verbaux du Conseil d'Etat, séance du
1er août 1807, p. 486 et s.

tion, si l'on ne s'arrêtait qu'aux principes du droit. Mais quand la chose est encore là, les convenances veulent qu'on la rende. Un sentiment d'équité a fait adopter cet usage. Pourquoi écraser un malheureux qu'on peut sauver sans faire tort à personne ? Il est difficile de changer un usage aussi universellement admis ». [1] « La revendication, disait encore Napoléon, ne doit être considérée que sous des rapports de convenance. Si elle est un privilège utile au commerce... qu'on la maintienne ». [2]

Néanmoins l'opposition qu'avait rencontrée la revendication, nuisit à son triomphe complet, et ce ne fut pas sans restrictions qu'on l'introduisit. Il ressort en effet des articles 576 à 580 qui la renfermaient, qu'elle ne pouvait avoir lieu que si les marchandises étaient encore en route, et qu'elle n'était pas donnée si elles étaient entrées dans les magasins de l'acheteur, ou même si durant le transport, elles avaient été l'objet d'une revente sans fraude sur facture ou connaissement. De plus, les marchandises, même en cours de route, ne pouvaient être revendiquées que si elles étaient reconnues pour être identiquement les mêmes, et que s'il était bien constaté que les balles, barriques ou autres diverses enveloppes les renfermant, n'avaient pas été ouvertes, les cartes ou marques ni enlevées ni changées, et les marchandises elles-mêmes ni remplacées ni détériorées.

L'insertion de la revendication dans le Code de commerce eut pour résultat de créer une seconde revendication qu'on pourrait appeler la revendication commerciale, exigeant pour qui voulait y recourir des conditions spéciales, distinctes de la revendication consacrée par l'art. 2102-4° du Code civil. Cette dualité fit naître une difficulté ; devait-on restreindre

---

[1] Locré, id. p. 499.
[2] Locré, id. p. 49ɔ.

l'art. 2102-4° dans ses applications aux seules matières civiles, ou pouvait-on aussi l'étendre, même en cas de faillite, lorsque la vente ne portait pas sur des opérations relevant du commerce du failli ? C'est cette distinction qui parut triompher en doctrine et en jurisprudence [1].

Ainsi plusieurs questions délicates à résoudre divisaient la jurisprudence ; en présence du silence du Code de commerce, comment traiter le privilège et l'action résolutoire du vendeur ? Comment enfin concilier les dispositions de ce même Code sur la revendication, avec celles du Code civil ? Tous ces points de droit étaient d'une interprétation difficile et appelaient un remaniement dans la législation.

La réforme fut agitée dès 1835 pour aboutir en 1838 dans la loi du 28 mai.

Dans cette refonte, disparurent définitivement le privilège et l'action en revendication de l'art. 2102-4° ; les motifs de cette suppression reposaient surtout sur le désir de ne pas tromper la confiance des tiers, en laissant le vendeur enlever par l'exercice de la revendication un actif sur lequel en apparence ils étaient autorisés à compter comme sur un gage [2].

C'était le gouvernement qui avait proposé l'abolition de ces deux garanties. Il réclamait aussi le rejet définitif de la revendication, bien restreinte déjà en 1807. Il la représentait comme une source de procès nombreux ; comme contraire à la loi d'égalité pesant sur tous les créanciers ; comme inadmissible avec les nouveaux principes que le Code civil avait introduits sur le transfert de la propriété, résultant du simple consentement. Les Chambres cependant se refusèrent

---

[1] Pardessus, IV, n° 1294 — Troplong, Privil. et hyp. n° 200, — Metz, 29 mars 1828 et Cass. Réq. 23 déc. 1829. S. 30, 1, 150 — Paris, 5 déc. 1832, S. 33, 2, 130. — Aix, 10 nov. 1834. S. 35, 2, 154.

[2] V. le discours de M. Quénault à la Chambre des députés le 24 févr. 1835, dans le *Moniteur* du 25 et Renouard, II, p. 342 (2e édit.)

à sanctionner les propositions du gouvernement ; les deux rapporteurs, M. Tripier, à la Chambre des Pairs, et M. Renouard à la Chambre des Députés, conclurent au contraire au maintien du droit en revendication. Ils trouvaient : rigoureux de la prohiber, lorsque le failli ne s'était pas enrichi de l'objet de la revendication, même pas en apparence, de telle sorte que son crédit n'avait pu en être augmenté ; dangereux, car, en la supprimant, n'était-ce pas inviter l'acheteur de mauvaise foi à spéculer impunément sur l'ignorance de son vendeur, ignorance due à l'éloignement de l'acheteur ou aux précautions prises par lui pour cacher le mauvais état de ses affaires ; injuste presque toujours, puisque le vendeur a traité, la faillite étant imminente, et sa marchandise par suite exposée à une perte proche et certaine [1].

En droit, ajoutaient-ils, la revendication peut se justifier : « Les principes généraux du droit, ainsi s'exprimait M. Tripier, ne s'opposent pas au maintien de la revendication ; ils la consacrent même formellement par l'art. 2102 du Code civil. Tous les contrats synallagmatiques sont soumis à un principe commun qui est inséparable de leur nature, celui de la résolution à défaut d'exécution ; il est plus rigoureux à l'égard de la vente que de toute autre convention... La stipulation qui transmet la propriété n'est pas pure et absolue ; elle est subordonnée à la condition que l'acheteur paiera la somme convenue. Toute obligation conventionnelle est résolue de plein droit, si la condition ne se réalise pas [2] ». C'est dire, si nous entrons bien dans l'esprit du rapport, que la revendication s'exerce en vertu du droit

---

[1] V. le rapport de M. Renouard, dans le *Moniteur* des 27 et 31 janv. 1835 et Renouard, II, p 341 et s.

[2] Rapport de M. Tripier, dans Renouard, II, p. 348.

de propriété recouvré par le vendeur par suite de la résiliation du contrat de vente.

Quant au principe d'égalité entre les créanciers, invoqué par les partisans de l'abolition de la revendication, M. Tripier, tout en reconnaissant qu'il domine la faillite, ne croit pas qu'il soit violé par le vendeur revendiquant ; car les droits de chaque créancier varient avec la source d'où ils découlent. Tel créancier n'aura pas le même droit que tel autre, parce que chaque créance aura une nature et un effet propres. « Ainsi, ajoute le rapporteur, un prêt fait en espèces à un failli, constitue une créance soumises aux chances de la faillite, parce que les deniers confondus dans le patrimoine du débiteur lui sont acquis irrévocablement ; le même principe est appliqué à la vente d'une marchandise qui est entrée dans les magasins de l'acheteur, quoique l'opération soit différente. Mais la vente d'une marchandise non livrée n'a opéré aucune confusion avec la fortune du failli ; elle constitue un droit sur la chose qui n'est pas payée. Le vendeur avait une créance éventuelle qui s'évanouit par la revendication : il ne peut être assimilé à un préteur et rangé dans la même classe ». Il semble que les motifs que présente en dernier lieu le rapporteur ne sont pas très concluants, car il faut bien reconnaître que dans deux situations juridiquement identiques, c'est à une pure question de fait que la loi s'attache pour accorder ou refuser au vendeur la résolution cachée sous le nom de revendication. Une fois la vente conclue et les marchandises individualisées par la livraison, peu importe, dans les rapports de droit qui s'établissent entre l'acheteur et le vendeur, que le premier ait ou n'ait pas reçu les marchandises ; il est bien certain qu'il est propriétaire du jour de la conclusion du contrat ou de la livraison au plus tard. Si donc l'action en résolution n'est permise que dans le cas où les marchandises vendues ne sont pas cachées dans les magasins de l'acheteur, c'est une dérogation au droit commun, cette action étant ordinairement donnée sans autre condition que le non-paiement du prix. Quoi qu'il en soit, l'article 576 nous paraît surtout dicté par des motifs d'équité; la situation du vendeur non payé étant très digne de la protection du législateur, on lui a laissé ses prérogatives de droit commun toutes les fois que les règles de la faillite l'ont permis, c'est-à-dire toutes les fois que les créanciers de l'acheteur, en lui ouvrant crédit, n'ont pas pu compter pour être payés sur des marchandises non entrées encore en ses magasins ; mais, en définitive, ce n'est pas tant du vendeur que l'on s'est préoccupé que des créanciers de l'acheteur pour ne pas leur laisser concevoir des espérances illusoires sur l'actif apparent du failli ; et si en fait la loi a paru sacrifier le vendeur, on s'aperçoit, si l'on va au fond des choses, qu'en réalité le vendeur ne devait compter sur l'efficacité des différents moyens propres à lui permettre de reprendre ses marchandises que dans une mesure assez restreinte ; il n'ignorait pas, en concluant la vente, que ses marchandises étaient destinées à entrer immédiatement en circulation.

Ce qu'il est vrai de dire, c'est que toutes ces dispositions ont eu par dessus tout pour but les intérêts généraux du commerce et le développement facile des transactions.

SECTION II

Etude de l'article 550 in fine. —
Restrictions qu'il apporte aux droits du vendeur.

Nous connaissons dans quel esprit a été rendue la loi de 1838, cherchons maintenant à déterminer exactement la portée des restrictions qui en sont résultées pour le vendeur.

Ces restrictions sont contenues dans les articles 550 *in fine* et 576 ; nous rappelons ici que ces articles ne se réfèrent qu'à l'hypothèse où le vendeur s'est dessaisi des marchandises vendues ; mais cette hypothèse elle-même est double : ou bien les marchandises sont définitivement en possession de l'acheteur, ce qui explique le titre de ce chapitre ; ou bien, quoique livrées, elles ne sont pas arrivées dans les magasins de l'acheteur ; c'est l'espèce régie par l'article 576, nous la traiterons dans le chapitre suivant.

Nous supposons uniquement que les marchandises garnissent les magasins de l'acheteur ; cela revient à préciser les limites d'application de l'art. 550 dernier alinéa.

Les motifs, nous les avons donnés, se résument en trois principaux : présomption que les créanciers de l'acheteur failli ont dû compter, en lui faisant crédit, sur toutes les marchandises se trouvant en ses magasins ; aucune déception à redouter pour le vendeur, les marchandises n'ayant été achetées que pour être revendues ; enfin confusion presque inévitable des marchandises avec leurs pareilles, à leur arrivée dans les magasins de l'acheteur, étant donné qu'ordinairement la vente commerciale ne porte que sur des choses *in genere*.

Quant à l'article 550 *in fine*, il édicte une déchéance, il est général, il est absolu : trois effets qui appellent quelques explications.

De ce qu'il édicte une déchéance pour le vendeur, ce qu'on ne saurait contester puisqu'il réduit le vendeur au simple rôle de créancier chirographaire, il s'en suit qu'on doit seulement l'appliquer aux cas qu'il prévoit, sans l'étendre à d'autres espèces qui en seraient pas identiques. Or les termes mêmes de l'art. 550 prouvent qu'il ne vise que le privilège et l'action en revendication de l'article 2102-4° ; si donc le vendeur tire son privilège d'un autre texte de loi, il pourra l'exercer sans entrave.

Echapperont en conséquence aux dispositions abolitives de l'art, 550, les privilèges accordés :

1° Par l'art. 191-8° du Code de commerce pour les sommes dues au vendeur, aux fournisseurs et employés à la construction, si le navire n'a pas encore fait de voyage, et les sommes dues aux créanciers pour fournitures, travaux, main-d'œuvre, pour radoub, victuailles, armement et équipement avant le départ du navire, s'il a déjà navigué [1].

2° Par l'art. 2101-5° du Code civil, pour les fournitures de subsistances faites au débiteur et à sa famille ; savoir, pendant les six derniers mois, par les marchands de détail, et pendant la dernière année, par les maîtres de pension et marchand en gros [2].

3° Par la loi du 26 pluviôse an II, art, 3, aux ouvriers et fournisseurs sur les somme dues par l'Etat à un adjudicataire de travaux publics et par le Décret du 12 décembre 1806, art. 2, sur les sommes dues par l'Etat pour une entreprise soumise aux dispositions du décret du 13 juin 1806.

On ne peut qu'approuver le législateur de de pas avoir aboli ses privilèges, surtout ceux de l'art. 2101-5° et ceux, tout à fait spéciaux de la loi de pluviôse et du décret de 1806 en raison de la faveur que méritent ces créances privilégiées, et de ce fait que les ventes qui leur ont donné naissance, ne portent le plus souvent que sur des objets mobiliers achetés par le failli, sans idée de spéculation. Il n'y avait plus pour ces privilèges les mêmes motifs de suppression que pour le

[1] Arth. Desjardins, dr. comm. maritime, I, n° 141. — Renouard. faill. et banq., II, p. 264. — Lyon-Caen et Renault. Précis, II, n° 2469.
[2] Boistel, Précis, n° 1018.

privilège ordinaire du vendeur de meubles. Quant au vendeur de navire, qui conserve son privilège nonobstant la faillite de l'acheteur, nous ferons remarquer avec MM. Lyon-Caen et Renault, que si cette solution est en droit positif très logique, au point de vue législatif elle ne saurait guère se justifier. Le vendeur du navire, en cas de faillite de l'acheteur, n'est pas plus digne de faveur que le vendeur de tout autre bien mobilier.

Si l'article 550 ne porte pas atteinte aux prérogatives concédées au vendeur, en dehors de l'art. 2102-4° du Code civil. il laisse subsister aussi les droits acquis au vendeur antérieurement au jugement déclaratif de faillitte.

Supposons, par exemple, que l'acheteur, ne prenant pas livraison des marchandises, le vendeur obtienne contre lui, avant toute déclaration de faillite, un jugement ordonnant la revente des marchandises pour le compte de l'acheteur. La survenance de la faillite ne sera pas un obstacle à l'exécution de ce jugement : les marchandises seront mises aux enchères, et sur le prix produit par leur réalisation, le vendeur exercera son privilège : c'était pour lui un droit irrévocablement acquis avant la mise en faillite de son acheteur.[2]

De même encore, si le vendeur a été colloqué par privilège pour le prix dans un règlement de contribution antérieur à la déclaration de faillite, on n'appliquera pas la disposition de l'art. 550 *in fine*; par suite, en effet, de ce règlement, le vendeur a un droit acquis au montant de sa collocation :[3] il n'a pas à craindre qu'elle ne soit révoquée,

---

[1] Lyon-Caen et Renault. Précis, II, p. 543, note 1.

[2] En ce sens : Trib. comm. Marseille, 20 mai 1859. Gir. et Clar. 37, 1, 231. — A noter pourtant que, bien que ce jugement reconnaisse le bien fondé de la prétention du vendeur, il l'appuie cependant par des attendus erronés : le droit de rétention s'exerçant sur le prix même des marchandises, nous paraît être une extension injustifiable de ce droit.

[3] Demangeat sur Bravard, V, note 1, p. 578, (2° éd.).

car la somme mise en distribution ne saurait être comprise dans les opérations de la faillite [1] ; elle a été comme le dit un arrêt de 1882, cité à la note 1, placée en dehors de la faillite et soustraite aux effets du dessaisissement qu'elle emporte de la part du débiteur failli.

Dans le même ordre d'idées, l'art. 550 ne s'applique pas aux effets d'une saisie-revendication opérée et validée avant le jugement déclaratif de faillite. C'est pour le vendeur un droit acquis, consacré par une décision judiciaire, et auquel la faillite ne saurait rétroactivement porter atteinte. [2]

Allant plus loin, il faut même dire que le jugement déclaratif serait non opposable au vendeur non payé, ayant intenté avant la déclaration de faillite son action, par exemple, l'action en résolution de l'art. 1654 du Code civil. C'est là une conséquence de l'effet rétroactif du jugement au jour de la demande [3] ; le juge, pour apprécier si la demande est recevable, devant se reporter au jour où elle a été introduite. D'ailleurs, jusqu'au prononcé du jugement de déclaration de faillite, le débiteur reste saisi activement et passivement de tous ses droits. Jusqu'à ce moment, par conséquent, il peut valablement exercer ses actions et défendre à celles intentées contre lui.

En second lieu, ainsi que nous l'avons dit, l'art. 550 est général ; pour qu'il reçoive son application, il suffit que l'acheteur soit en faillite ; il n'y a donc pas lieu de rechercher si la vente est commerciale pour le vendeur comme pour l'acheteur, ou seulement pour ce dernier ; pas de distinction à faire non plus entre le cas où la vente porterait sur des mar-

[1] Paris, 4 déc. 1856, S. 57, 2, 770 et 25 juill. 1882. S. 84, 2, 33.

[2] Bédarride, faill. et banq. III, n° 922. Cass. — 24 janv. 1853. D. 53, 1. 124. — Douai, 17 juin 1875. D. 76, 2, 65.

[3] En ce sens, Cass. 24 déc 1889. S. 91, 1, 455, cassant un arrêt en sens contraire de Paris, 21 mai 1887. S., id.

chandises entrant dans le commerce de l'acheteur, et celui où elle aurait pour objet des choses achetées dans tout autre but [1]. C'est ce qui résulte de la généralité des termes de l'art. 550 qui n'établissent aucune distinction. C'est d'ailleurs conforme à l'esprit de la loi ; le législateur n'a pas voulu que les choses contribuant à grossir le crédit de l'acheteur puissent ne pas servir de gage à ses créanciers, et il est évident qu'un commerçant peut, en dehors de son commerce, s'entourer de choses très propres à inspirer une confiance illusoire.

Enfin l'art. 550 est absolu : les parties par des conventions particulières ne pourraient y déroger ; c'est donc en vain que par une clause additionnelle à la vente, le vendeur se réserverait le privilège en cas de non-paiement ; l'art. 550 est prohibitif ; les dispositions de la loi en matière de privilège sont d'ordre public, et elle seule peut créer une telle cause de préférence. Or ce serait le faire que de s'en attribuer l'exercice alors que la loi la refuse formellement [2].

Toutefois si directement le vendeur ne peut ni maintenir le privilège aboli, ni en créer un autre, peut-il tourner pour ainsi dire la loi en insérant valablement dans le contrat de vente des clauses grâce auxquelles les déchéances de l'article 550 ne l'atteindraient pas ?

Telle serait celle par laquelle le vendeur se réserverait expressément la propriété de la chose vendue, jusqu'à paiement intégral. Sans doute, les dispositions du Code civil sur le transfert de la propriété par la convention seule ne sont ni

---

[1] Demangeat sur Bravard, V, p. 578, note 1. — Lyon-Caen et Renault, Précis, II, n· 3012.

[2] Alauzet, VI *bis*, n· 2784. — Amiens, 12 janv. 1849. S. 49, 2,1 43. — Paris, 20 déc. 1849. D. 50, 2, 207. — Cass. 4 août 1852. S. 52, 1, 705. — Un arrêt décide que les syndics sont recevables à établir à l'aide de présomptions qu'une simulation a été pratiquée entre le failli et des tiers au préjudice du droit des créanciers pour éviter l'application de l'art. 550 (Rennes 23 août 1847. — D. 49, 2, 111).

impératives ni d'ordre public ; les contractants peuvent donc y apporter des clauses dérogatoires. Mais il est d'abord certain que le vendeur ne peut par ce moyen se ménager un droit de préférence, le privilège ayant été expressément aboli par l'art. 550 *in fine*. Il ne pourrait pas davantage s'appuyer sur la clause pour obtenir la résolution de la vente ; nous verrons plus tard, sauf à l'établir, que les dispositions restrictives de l'art. 576 n'ont trait qu'à l'action résolutoire, dont l'exercice est impossible en dehors des limites posées par cet article. La clause dérogatoire ne saurait donc toucher à l'existence du contrat. Le vendeur s'y réserverait-il utilement le droit de revendication ? C'est la seule ressource qui lui resterait : elle lui est aussi refusée. Car sa revendication se produirait dans les termes de l'art. 2102-4° du Code civil, ce qui lui permettrait d'exercer le droit de rétention sur les marchandises reprises jusqu'à complet paiement : or cette faculté lui est expressément interdite par l'art. 550 *in fine*, Et la revendication du vendeur ne saurait prendre une autre forme, car c'est ainsi que s'est réduite l'action en revendication de la propriété, permise autrefois au vendeur. Les analogies entre celle de l'ancien droit et celle de l'art. 2102 sont assez frappantes pour mettre ce point hors de doute. [1]. Toutes deux laissant le contrat subsister, paraissent bien n'avoir pour but que la reprise de la possession, et toutes deux encore, données dans les ventes au comptant, doivent s'intenter dans un bref délai [2]. La différence est que les rédacteurs du Code civil ont dû donner à l'action en revendication un autre fondement : le vendeur qui a perdu la propriété, ne peut plus réclamer que sa rentrée en possession

---

[1] V. *supra*, p. 49.

[2] L'art. 2102-4 acorde au vendeur huit jours et de Ferrière (Nouv. Comment. de la cout. de Paris, sur l'art. 176), semble bien indiquer que le vendeur devait autrefois agir dans le même délai.

pour reprendre son droit de rétention. C'est bien là le caractère généralement reconnu à la revendication de l'art. 2102-4°, dont l'exercice est refusé au vendeur en cas de faillite de l'acheteur. Comme nous, la jurisprudence infirme, d'ailleurs avec raison, la validité de pareilles clauses dérogatoires ; car, ainsi que le porte un arrêt de la cour de Montpellier du 20 février 1885 (*Journ. faillites*, 1885, p. 301), une telle clause deviendrait bientôt de style dans toutes les ventes commerciales et serait une cause de ruine pour le crédit [1].

Mais on ne devrait pas appliquer l'art. 550, si le vendeur s'était réservé dans le contrat de vente un droit de gage sur les objets vendus [2], car la convention, clause essentielle de la vente serait licite et devrait recevoir tout son effet.

Une dernière question relative à la suppression du privilège du vendeur par l'art. 550 mérite d'être examinée. On sait que la cession d'une créance comprend la créance cédée avec ses accessoires, les privilèges qui y sont attachés par conséquent (C. civ. art. 1692), et que le cédant est soumis à la garantie de droit qui s'étend à tout ce qui est cédé et qui doit être entendue en ce sens que ce qui est garanti, c'est l'existence du droit cédé et de ses accessoires [3].

Cela posé, supposons qu'un vendeur d'effets mobiliers ait cédé sa créance du prix de vente et que le débiteur cédé, dans l'espèce l'acheteur, vienne à être déclaré en faillite par un jugement en reportant l'ouverture à une date antérieure à la cession ; il est certain que la survenance de la faillite mettra obstacle à l'exercice du privilège. Le ven-

---

[1] En ce sens : Bourges, 26 déc. 1887, S 88, 2, 78. — V. cependant Paris, 3 juin 1876, journ. *le Droit*, 8 oct. 1876.

[2] Alauzet, VI *bis* n° 2784 — Paris 26 mars 1858, D. 59, 2, 24 et 15 janv. 1874, S 76, 2, 10. — V. aussi Cass. 17 janv. 1859, D. 59, 1, 229.

[3] V. Baudry-Lacantinerie, Précis de droit civil, III, n° 634.

deur sera-t-il responsable de l'inefficacité de cette garantie ?
Il faudrait pour qu'une pareille responsabilité lui incombât,
que le privilège fût regardé comme inexistant lors de la cession. C'est ce que l'on a soutenu, en alléguant qu'au moment
de la cession, il ne pouvait avoir qu'une existence apparente,
puisque déjà à cette époque, l'acheteur était dans une situation équivalente en fait à la faillite, cause de la suppression
du privilège. Mais c'est là une allégation très contestable ; ce
n'est pas la sûreté qui est abolie, mais seulement son exercice qui est paralysé. L'annulation du privilège n'est donc
pas absolue et, ce qui le prouve bien, c'est qu'elle ne peut
être invoquée que par la masse et qu'elle prend fin si la
faillite vient à être rapportée. La conclusion est qu'il faut
affranchir le vendeur de tout recours pour inefficacité du privilège. Cette solution est en même temps plus rationnelle,
puisque, la cessation de paiements survenue n'eût-elle amené
qu'une déconfiture au lieu d'une faillite, le privilège cédé eût
conservé son effet plein ; plus équitable, parce que cette cessation de paiements, situation toute de fait, était très vraisemblablement ignorée du vendeur lors de la cession ; il y aurait
donc quelque injustice à lui faire supporter les conséquences
de faits purement personnels au débiteur cédé, tenus par lui
cachés et échappant à la connaissance du vendeur [1].

L'article 550 ne mentionne pas le droit de résolution accordé par les articles 1184 et 1654 du Code civil. Nous répétons ici que, malgré le silence du Code de commerce, on ne
doit permettre au vendeur d'exercer aucune action en résolution contre le failli ; cela ressort des travaux préparatoires
de la loi de 1838 ; le souci du législateur de ne pas frustrer

---

[1] Bourges, 14 août 1855, S. 55, 2, 613. — M. Baudry-Lacantinerie
décide de même que le cédant ne garantit que l'existence des accessoires,
et non leur efficacité (Précis, III, n° 634).

les créanciers de ce qu'ils ont pu considérer comme leur gage éventuel, domine l'art. 550 ; il a principalement pour but de faire observer le principe d'égalité qui est la loi des faillites. Ne serait-il pas violé, l'art. 550 ne serait-il pas tourné, si le vendeur pouvait en exerçant l'action en résolution retirer la chose des mains de l'acheteur?

Comprendrait-on que le législateur eût enlevé au vendeur des droits limités dans la durée de leur exercice pour lui permettre pendant trente ans d'obtenir la restitution de la chose vendue? La suppression implicite de l'action résolutoire ne paraît donc pas douteuse [1] ; les motifs militant pour dépouiller le vendeur de ses prérogatives de droit commun, furent jugés décisifs, ou au moins assez concluants pour que le vendeur fût privé de ses garanties dans un cas où précisément il en avait le plus grand besoin. La suppression du privilège et du droit de revendication établis par l'art. 2102-4° au profit du vendeur d'effets mobiliers, entraîne donc par une conséquence nécessaire, celle du droit de résolution de la vente (Cass. 24 déc. 1889, S. 91, 1,455). Mais il faut d'ailleurs reconnaître que s'il est manifeste qu'on doive refuser l'action résolutoire au vendeur en cas de faillite de l'acheteur, les dispositions de la loi sont plus claires dans leur esprit qu'explicites dans leur texte, qui ne se rapporte qu'à l'action en revendication [2] .

---

[1] Lors de la discussion de l'art. 550 à la Chambre des Députés, on repoussa même un amendement tendant à laisser au vendeur de meubles incorporels, tels qu'un fonds de commerce, ses diverses prérogatives, à condition qu'il se les fût réservées dans l'acte de vente ayant acquis date certaine avant la faillite (séance du 23 févr. 1835, dans le *Moniteur* du 24).

[2] Alauzet, VI *bis*, n° 2784, — Massé, III, n° 1830. — Thézard, Privil. et hypoth. n° 363, p. 479, — Lyon-Caen et Renault, Précis, II, n° 3012. — Paris, 24 août 1839, S. 39, 2 533 et la note. — Caen 3 janv. 1849. D. 51, 2, 103. — Paris, 12 déc. 1850, S. 51, 2, 79. — Cass. 21 avril 1884. S. 86, 1, 105. — Paris, 2 fév. 1888. D. 89, 2, 103.

Mais puisque c'est par application de l'art. 550 que l'action en résolution disparaît aussi devant la faillite, cette suppression devra être restreinte dans les cas où s'applique l'art. 550. Dans ceux qui lui échappent, comme la vente des navires, il est hors de doute que le vendeur continuera de jouir de l'action en résolution.

Quant à l'action en revendication, sa suppression est formelle, et une clause expresse ne pourrait la faire revivre [1]. Mais quelle est donc la nature de cette action en revendication? Il règne à ce sujet une grande controverse; sans y entrer à fond, ce qui serait sortir des limites de notre sujet, nous dirons cependant que l'opinion qui a nos préférences, est celle qui fait dériver l'action en revendication du droit de rétention. C'est ce qui paraît bien résulter de l'interprétation la plus plausible des textes. L'action de l'art. 2102-4° a surtout pour but de prémunir le vendeur contre une revente de la chose; il suffit pour cela que le vendeur rentre en possession, il exercera le droit de rétention qu'il avait perdu par une livraison hâtive. La disposition que nous étudions s'analyserait donc en une revendication du droit de rétention. Comme ce droit, en effet, l'action en revendication n'est donnée que si la vente a été faite sans terme; et encore doit-elle être intentée dans le très court délai de huit jours après la livraison, comme si l'on présumait que passé ce délai, le vendeur avait renoncé à son droit de rétention. S'il s'agissait d'ailleurs, sous le nom d'action en revendication, de l'exercice de l'action résolutoire, pourquoi le délai ne serait-il pas de trente ans? Les dangers d'un aussi long délai ne seraient en somme qu'apparents, l'art. 2279 les atténuant dans une singulière mesure. Il ne peut pas davantage être question pour le ven-

---

[1] Montpellier, 20 févr. 1885. *Journ. faillites*, 1885, p. 301.

deur d'une action véritable en revendication du droit de propriété, il est certain que par le seul effet de la vente, même le prix non payé, il a cessé d'être propriétaire. L'action de l'art. 2102-4° est donc bien autre chose qu'une revendication. Qu'on n'accuse pas pourtant les rédacteurs du Code de s'être mépris sur le sens de cette expression ; jurisconsultes consommés, ils en connaissaient très bien la portée, s'ils l'ont maintenue, c'est donc en lui donnant un sens détourné, puisque les principes qu'ils introduisaient ailleurs dans le Code, leur interdisaient de lui donner ici sa véritable signification. S'ils l'ont conservée, c'est par respect pour une doctrine ancienne qu'ils voulaient reproduire, au moins quant à ses effets ; mais n'admettant plus comme autrefois que le vendeur au comptant non payé restait propriétaire et pouvait revendiquer jusqu'à complet paiement, ils ont dû donner à la revendication, dont ils ne le privaient pas, une autre base juridique : au lieu de rester la revendication de la propriété, elle ne fut plus que la revendication de la possession [1], Que si l'on est choqué de l'emploi du mot revendication dans une telle acception, il faut adresser pareille critique aux rédacteurs du Code pour le 1° de l'art. 2102. Là encore, ils ont qualifié de revendication le droit pour le bailleur de saisir les meubles garnissant la maison louée ; or il est bien évident que le bailleur n'est nullement propriétaire de ces objets [2].

[1] Colmet de Santerre, IX, n° 33 *bis* II et s. — Boistel, Précis, n° 1005 — Laurent, XXIX, n° 494 — *Contra* : Demangeat sur Bravard, V, p. 576, note 1.

[2] Notre très savant maître, M. Rataud, enseigne à son cours que l'action dont l'art. 550 prohibe l'exercice à l'encontre de la faillite, est l'action en résolution de la vente (En ce sens : Demangeat sur Bravard, V, p. 577, note 2 — *Contra* : Boistel, Précis, n° 1005 — Lyon-Caen et Renault, Précis, n° 3012 — Paris, 2 févr. 1888 — D. 89, 2, 163). Il ne nie pas que la revendication de l'art. 2102-4° ne soit simplement une action en reprise de la possession ; mais comme le véritable caractère de cette action n'a été découvert par M. Vuatrin qu'en 1839, au con-

L'article 550 fait donc perdre au vendeur en cas de faillite le droit de revendication tel qu'il a été établi par l'art. 2102. Pourtant, l'art. 576 reconnaît ce même droit au profit du vendeur. Peut-on concilier ces deux textes? C'est ce que nous allons voir en traitant du cas où les marchandises sont en cours de route.

cours d'agrégation, il s'en suit que les auteurs de l'art. 550, qui légiféraient en 1838, voyaient cachée sous le nom de revendication dans l'article 2102-4° du Code civil, l'action en résolution consacrée par l'art. 1654 du même Code, et que c'est elle qu'ils ont abolie par l'art. 550 *in fine*.

Cet argument ne change pas notre manière de voir. Que la loi de 1838 abolisse expressément l'action accordée au vendeur par l'art. 2102-4°, c'est ce qui est incontestable. Il s'agit seulement de savoir quel est le caractère de ce droit. Mais sur ce point, nous n'avons pas à nous laisser lier par les auteurs de la loi de 1838; l'interprétation reste libre; il est toujours temps de redresser une erreur, et si maintenant on s'accorde avec raison pour reconnaître, en matière civile, à la revendication de l'art. 2102-4° le caractère d'une action destinée à faire recouvrer la possession au vendeur, on doit le lui reconnaître aussi en matière commerciale. Et il n'y a rien de choquant à ce que l'art. 550 n'abolisse la revendication de l'art. 2102-4° qu'en tant qu'action en reprise de la possession. Car l'action en résolution, plus grave que la simple reprise de la possession, ne peut être exercée sous le titre de revendication que dans les limites très restreintes tracées par l'art. 576 (Cass. 21 avril 1884, S. 86, 1, 105). Nous avons d'ailleurs essayé de démontrer un peu plus haut son abolition implicite par la loi de 1838. Il résulte en effet de la combinaison de l'art. 550 avec les art. 576 et 577 de cette loi, comme le disent MM. Lyon-Caen et Renault (Précis, n° 3012), que le droit de résolution est perdu pour le vendeur d'effets mobiliers, quand, lors du jugement déclaratif, la livraison en était déjà effectuée dans les magasins de l'acheteur.

CHAPITRE III

LORS DE LA DÉCLARATION DE FAILLITE DE L'ACHETEUR,

LA CHOSE VENDUE AVAIT ÉTÉ EXPÉDIÉE,

MAIS N'ÉTAIT PAS ARRIVÉE DANS SES MAGASINS.

SECTION I

Droit de revendication accordé au vendeur par l'article 576.—
Nature et conditions d'exercice de ce droit.

Supposons donc maintenant que les marchandises, qui sont
en cours d'expédition, ne sont pas encore arrivées dans les
magasins de l'acheteur, quand il est déclaré en faillite.

Si l'on appliquait à cette hypothèse les dispositions de
l'art. 550, le vendeur perdrait tout droit sur les marchandises en cours de route. Mais ici les motifs qui avaient fait
enlever au vendeur ses garanties ordinaires, ne paraissent
plus aussi impérieux [1]. Les créanciers de l'acheteur failli ne
pourraient pas alléguer, pour repousser les prétentions du
vendeur, qu'ils avaient envisagé comme leur gage éventuel
des marchandises n'ayant à aucun moment encore grossi

[1] Rataud, à son cours.

l'actif de leur débiteur ; d'un autre côté, en refusant au vendeur le moyen de reprendre ses marchandises, ne pourrait-on pas craindre que l'acheteur, pour différer sa mise en faillite, ne procédât à des achats suivis aussitôt de reventes au comptant, et ne se procurât ainsi un crédit trompeur ?

L'absence des motifs qui avaient dicté l'art. 550, les craintes de manœuvres frauduleuses dont le vendeur pourrait être victime, décidèrent à son profit l'insertion, dans la loi de 1838, de l'art. 576.

Cet article lui reconnaît, dans certaines limites, la faculté de revendiquer les marchandises en cours, sans se mettre cependant en contradiction avec l'art. 550. Nous venons de voir en effet que les hypothèses prévues par les deux articles sont toutes différentes : l'art. 550 ne visant que le cas où l'acheteur est définitivement en possession ; l'art. 576 s'appliquant seulement au cas où les marchandises sont en cours de route. Et ce qui confirme surabondamment qu'il n'y a aucune contradiction entre ces deux textes, c'est que l'art. 576 apparaît non pas tant comme une dérogation à l'art. 550, que comme une disposition d'une portée autre.

On s'accorde en effet à voir dans l'art. 576, malgré la qualification de revendication, non un droit de cette nature, mais un droit de résolution pour défaut de paiement du prix. Les travaux préparatoires de la loi de 1838 jettent un jour non douteux sur la question [1].

Le gouvernement qui trouvait la revendication en désaccord avec les principes juridiques de la législation nouvelle, voulait la rayer du Code de commerce ; il admettait pourtant que « les marchandises faisant route, mais dont la livraison aura été subordonnée par la lettre de voiture, au paiement

---

[1] V. Renouard, faill. et banq. II, p. 340 et s. (2ᵉ éd.)

immédiat du prix seront réputées non livrées » [1], auquel
cas il reconnaissait au vendeur un droit de rétention, lequel,
à vrai dire, n'était autre chose qu'un droit de revendication,
puisque d'après le Code civil, le transfert de la propriété
s'effectue par le seul consentement des parties ou au plus
tard par la livraison.

Le gouvernement se mettait donc en désaccord avec lui-
même, car, si en refusant au vendeur en général l'action en
revendication, il se conformait à l'art. 1138 du Code civil,
il violait ce même article dans l'hypothèse spéciale où il
l'accordait.

La Chambre des Députés ne sanctionna pas le projet du
gouvernement ; mais il ne se tint pas pour battu, et dans un
second projet, il maintint fermement son désir de supprimer
toute revendication même dans le cas de marchandises en
voie d'expédition.

Malgré cette nouvelle tentative de suppression, la revendication ne disparut pas tout à fait, et les Chambres reconnurent au vendeur le droit de revendiquer les marchandises
en cours de route. Mais sous ce nom de revendication, c'est
en réalité l'action résolutoire qui fut donnée au vendeur. Le
rapporteur devant la Chambre des Pairs, M. Tripier, lui
assigne manifestement comme fondement, les principes du
code civil contenus dans les art. 1184 et 1654 : « Tous les
contrats synallagmatiques sont soumis à un principe commun
qui est inséparable de leur nature : celui de la résolution à
défaut d'exécution ; il est plus rigoureux à l'égard de la
vente que de toute autre convention. Si le vendeur consent
à transmettre la propriété de la chose, c'est sous la foi de
l'obligation contractée par l'acheteur de payer le prix » [2].

[1] V. Renouard, id.
[2] V. Renouard, II, p. 348.

Sans doute, M. Tripier oublie que seule la condition résolutoire expresse opère de plein droit ; mais il ne ressort pas moins de ces lignes qu'il a voulu rattacher à la résolution de la vente, motivée par le non-paiement du prix, ce qu'il conservait au vendeur de garanties dans la perte totale de celles que le droit commun lui reconnaît. De cela, la preuve en est encore suffisamment contenue dans l'art. 576-3°, qui oblige le vendeur de rendre tous acomptes reçus et de payer tous frais de transport, fret, voiture, etc., restitutions qui ne se comprendraient pas si la vente n'était pas résolue [1] .

C'est donc l'action résolutoire qui a été maintenue par les législateurs de 1838 sous le nom de revendication ; mais son application en est restreinte au seul cas prévu par l'art. 576, ainsi conçu : « Pourront être revendiquées les marchandises expédiées au failli, tant que la tradition n'en aura point été effectuée dans ses magasins, ou dans ceux du commissionnaire chargé de les vendre pour le compte du failli. — Néanmoins la revendication ne sera plus recevable si, avant leur arrivée, les marchandises ont été revendues sans fraude, sur factures et connaissements, ou lettres de voiture signées par l'expéditeur. — Le revendiquant sera tenu de rembourser à la masse les acomptes par lui reçus ainsi que toutes avances faites pour fret ou voiture, commission, assurances ou autres frais, et de payer les sommes qui seraient dues pour ces mêmes causes ».

Tel est l'art. 576 ; nous connaissons la nature du droit qu'il accorde au vendeur ; nous savons aussi que si dans l'espèce qu'il régit, les auteurs de la loi de 1838 n'ont pas enlevé au

---

[1] En ce sens : Rataud, à son cours. — Boulay — Paty, faill. et banq. II, n° 1019. — Rivière, répét. écrites sur le Code de com., 4e éd.. p. 646 — Demangeat sur Bravard, V. p. 535, note 1. — Boistel, Précis, n° 1005. Lyon-Caen et Renault, Précis, II, n° 3013 — Cass. 21 avril 1884, S. 86, 1, 105.

vendeur toutes ses garanties en paralysant l'exercice de son droit de résolution, c'est que les marchandises achetées par le failli ne sont jamais devenues pour lui un élément de crédit. Etudions-le en détail.

§ I. — *Conditions implicitement contenues dans l'article 576.*

1° Par qui peut être exercée l'action en revendication ?

Le vendeur, commerçant ou non, ayant fait ou non acte de commerce, peut exercer la revendication sur les marchandises, qu'elle aient été achetées par le failli pour son commerce, ou seulement pour son usage personnel [1]. Il n'importe pas non plus que la vente ait été faite au comptant ou à terme ; dans les deux cas le droit existe.

Et comme ce droit n'a nullement le caractère de droit personnel, il appartient non seulement au vendeur, mais à ses ayant-cause, quels qu'ils soient, héritiers, cessionnaires et créanciers. Ces derniers l'exerceront à l'aide de l'art. 1166 du Code civil [2].

Appartient-il aussi au commissionnaire acheteur pour le compte du failli ? Il faut supposer qu'il expédie les marchandises dont il a payé le prix de vente à son commettant, qui est mis en faillite durant le trajet des marchandises. Avant de répondre à la question, il faut encore se demander comment s'est effectuée l'intervention du commissionnaire. Il a pu agir en son nom ou au nom de l'acheteur son commettant.

Dans ce dernier cas, c'est-à-dire, si c'est au nom de l'acheteur qu'il a traité, c'est ce dernier seul qui est obligé ; s'il paie au vendeur le prix d'achat, il acquitte l'obligation de

---

[1] Dalloz, répert., v° faillite, n° 1233.
[2] Dalloz, id. n° 1230.

l'acheteur et non la sienne ; il ne peut donc invoquer ni l'art. 1251-3° du Code civil pour se dire subrogé aux droits du vendeur, ni par conséquent l'art. 576. Seule dans ce cas, la subrogation conventionnelle peut lui permettre d'exercer la revendication [1].

Devrons-nous donner la même solution, si s'est en son nom personnel qu'il est intervenu ? Nous ne le croyons pas, et il nous paraît préférable de le laisser exercer la revendication. Sans doute, dans ses rapports avec l'acheteur, son commettant, il n'est pas un vendeur, puisque dès la conclusion de l'affaire, la propriété est immédiatement passée du vendeur à l'acheteur ; sans doute encore, à l'égard des tiers, c'est le commissionnaire seul qui joue le rôle d'acheteur, de telle sorte que le vendeur n'a qu'un seul débiteur du prix, et que le commissionnaire ne pourrait pour se dire subrogé à ses droits, prétendre qu'il est tenu avec d'autres de la dette, comme l'exige l'art. 1251-3° du Code civil ; mais en réalité, le prix ne doit-il pas enfin de compte être payé par l'acheteur, et si le commissionnaire doit cependant l'acquitter, n'en est-il pas tenu pour lui de telle sorte que l'art. 1251-3° retrouve toute son application et permet la subrogation ? Soit, dit-on, mais si tant est qu'il y ait possibilité à subrogation, faut-il encore qu'elle puisse avoir lieu ; le pourrait-elle, le vendeur n'ayant jamais eu de droits contre l'acheteur, mais seulement contre le commissionnaire ? L'objection n'est pas sans réponse, car s'il est exact de dire qu'à l'égard des tiers, quand le commissionnaire a agi en son nom, les conséquen-

---

[1] Rataud, à son cours. — Lyon-Caen et Renault, Précis, II, n° 3026, et Traité, III, 2° éd., n° 500.

De même celui qui a prêté de l'argent à l'acheteur pour payer les marchandises, ne pourrait exercer la revendication appartenant au vendeur qu'en se rendant cessionnaire des droits de ce dernier, ou qu'en obtenant la subrogation conventionnelle (C. civ. art. 1250-1°).

ces de l'opération par lui faite se réalisent sur sa personne , cela n'est vrai que tout autant que l'intérêt des tiers est en jeu ; s'ils sont désintéressés dans la manière dont les effets se produisent, ce qui est fait par le commissionnaire est réputé fait par le commettant ; celui-ci seul est alors créancier ou débiteur, suivant la nature de l'opération. Il reste donc vrai de dire que le commissionnaire qui a agi en son nom, peut en vertu de l'art. 1251 du Code civil, exercer contre la faillite du commettant, et comme subrogé aux droits du vendeur, la revendication établie par l'art. 576 [1].

2° Il faut que le prix n'ait pas été payé.

C'est ce que suppose la nature de l'action accordée au vendeur, puisque c'est une véritable action en résolution fondée sur le non-paiement du prix. D'ailleurs en cas de paiement intégral, l'opération serait consommée. Le Code de commerce ne mentionne pas cette condition et nous aurions pu aussi la passer sous silence, s'il était toujours aisé d'affirmer avec certitude que le prix a ou n'a pas été complétement versé.

C'est ce qui arrive lorsqu'il a été régé en valeurs.

Le vendeur pourra-t-il, malgré ce règlement, exercer la revendication de l'art. 576 ? Non, si la dette du prix est éteinte ; oui, dans le cas contraire. Or, les effets de commerce constituent-ils un paiement véritable comme celui fait en argent ? C'est là une question de fait résultant de l'interprétation de la volonté présumée des parties. Les effets commerciaux émanent-ils de l'acheteur, même débiteur principal, la faillite met obstacle à leur acquittement, et comme un tel règlement en valeurs n'est supposé accepté dans les usages commerciaux, que conditionnellement et

---

[1] Bédarride, des Commissionnaires. n° 225 — Lyon-Caen et Renault, op. et loc. cit. — *Contra :* Alauzet, II, n° 824 — Boistel, Précis. n° 535, p. 373 (3° éd.).

sauf encaissement, le vendeur n'est pas déchu de ses droits. Mais si ces effets sont tirés sur des tiers avantageusement connus et de solvabilité notoire, ou portent leur signature, il est vraisemblable que le vendeur ne les a acceptés que comme un paiement avec tous ses résultats extinctifs.

Toute la question revient donc à celle-ci : en acceptant les effets de commerce, le vendeur les a-t-il considérés comme les équivalents du prix de vente, de telle sorte qu'il y ait eu novation et que le vendeur ait cessé d'être créancier du prix pour le devenir du montant de ces effets? Sans doute, la novation ne se présume pas, mais il suffit pour qu'elle prenne naissance que la volonté de l'opérer résulte clairement de l'acte (C. civ., art. 1273). Il sera donc permis, puisque la la force novatoire ne réside pas dans telle ou telle formule sacramentelle imposée aux parties, de chercher leur intention dans les actes contenant l'accord de leur consentement, les factures, livres, correspondances, et en général les différents moyens dont se sert le commerce pour constater ses transactions, rendront le plus souvent apparente l'intention du vendeur.

Une facture acquittée, en échange de traites fournies par l'acheteur, ne laissera aucun doute sur l'effet novatoire de cette remise.

Pareillement le vendeur se rendrait toute revendication impossible s'il endossait à forfait les traites données par l'acheteur.

S'il existe un compte-courant entre l'acheteur et le vendeur, et que celui-ci ait été crédité du prix de vente, la revendication sera-t-elle encore possible ? Ici une distinction est nécessaire. Sans méconnaître l'effet novatoire du compte-courant, il nous paraît douteux que la simple insertion dans un compte-courant, ouvert seulement au moment de la vente, paralyse la revendication du vendeur ; sinon, la revendication ne serait plus qu'une garantie illusoire ; il faut évidemment que le compte-courant soit réellement établi entre les deux parties pour qu'elle soit prohibée. Mais, le compte-courant supposé sérieux, suffit-il que le prix de vente y ait été passé, ou faut-il encore, comme l'exige l'art. 575-2° pour la revendication du prix des marchandises consignées, que le prix soit compensé dans le compte ? On pourrait exiger cette dernière condition en tirant argument de l'analogie entre les deux articles 575 et 576, qui tous deux s'occupent de la revendication. Mais l'art. 575-2° constitue une dérogation aux principes de l'effet novatoire et de l'indivisibilité du compte-courant, et son extension doit être repoussée, comme d'ailleurs celle de toute disposition exceptionnelle. Au reste, si le compte-courant est réellement sérieux, la créance du prix qui y est portée est éteinte ; c'est là un effet certain de son inscription, alors même qu'elle ne serait pas compensée par un crédit inverse ; et le droit de revendication de l'art. 576, qui est une garantie de cette créance, est éteint avec elle.

Et de fait, on comprend que si les auteurs de la loi de révision de 1838 ont exigé non plus seulement une passation, mais une compensation en compte-courant dans le cas de l'art. 575, ils aient gardé le silence pour l'art. 576. Les deux hypothèses sont en effet un peu différentes : pourquoi la compensation seule paralyse-t-elle la revendication dans l'espèce prévue par l'art. 575 ? C'est qu'ici le revendiquant n'est plus celui qui est crédité par l'acheteur, mais le commettant qui a consigné les marchandises entre les mains du commissionnaire crédité du prix de vente ; or, pour que l'acheteur invoque contre le commettant l'extinction de la créance due au compte-courant, il faut qu'il ait quelque intérêt à le faire : que lui importe autrement de s'acquitter du prix entre les mains du commettant ou du commissionnaire, tant qu'il reste exclusivement débité dans le compte-courant du prix de vente? Cet intérêt ne naît que quand il est crédité par le commissionnaire; entre ce crédit et le débit du prix de vente, s'établit alors une compensation à laquelle il a droit et qu'il peut opposer au vendeur pour repousser sa revendication. Mais entre le commissionnaire et lui, le compte-courant n'a jamais cessé de produire tous ses effets, et comme le dit notre savant maître, M. Boistel : « la simple inscription éteint la créance » (Précis, n° 1003). Or ce commissionnaire de l'art. 575, il a agi en son nom [1] ; nous rentrons donc dans l'hypothèse de l'art. 576; il n'y a plus en présence qu'un acheteur et un vendeur, et on n'aperçoit pas pour quelles raisons la convention du compte-courant n'aurait par entre eux tous ses effets ordinaires; les créanciers de l'acheteur failli ont comme lui le droit de les invoquer, et dans l'espèce, ils y ont grand intérêt pour soumettre le vendeur à la loi de l'égalité proportionnelle. On comprendra par tous ces motifs pourquoi les solutions à donner dans l'un ou l'autre cas peuvent être différentes.

Le vendeur qui n'a touché qu'une partie du prix, peut-il revendiquer la totalité de la chose vendue? Le Code de commerce de 1807 laissait la question irrésolue. Il n'est pas douteux aujourd'hui que le vendeur n'ait ce droit; l'art. 576 autorise en effet la revendication, à charge pour le vendeur de restituer les acomptes reçus.

3° Il faut qu'il y ait identité entre la marchandise vendue et celle qui est revendiquée.

A la différence du Code de 1807, la loi de 1838 n'a pas

---

[1] Sic, Lyon-Caen et Renault, Manuel, p. 521.

expressément déclaré qu'il devait y avoir identité entre la marchandise vendue et celle revendiquée. Il n'en est pas moins vrai que cette identité doit être certaine ; la revendication la suppose pour pouvoir être exercée [1]. Si le législateur de 1838 n'a pas reproduit expressément cette condition, c'est pour éviter les erreurs de celui de 1807. L'ancien article 580 [2] ne se bornait pas en effet à exiger la preuve de l'identité, mais il la soumettait à de grandes difficultés, en énumérant minutieusement les signes où on devait la reconnaître. C'était exposer le vendeur à la mauvaise foi de l'acheteur ou du voiturier. Les auteurs de la loi de 1838 ont pensé avec raison qu'il appartenait aux juges d'apprécier librement si la marchandise revendiquée était bien la même que celle qui avait été vendue [3].

Désormais par conséquent, et contrairement à la loi de 1807, que les balles, caisses ou autres enveloppes aient été ou non ouvertes, pourvu d'ailleurs que l'identité soit bien établie, la revendication sera possible.

De ce que les juges ont toute liberté, ils auront à apprécier si le changement dans la quantité est une preuve suffisante de non-identité et si le changement de forme, difficile à prévoir pour des marchandises en cours de route [4], en détruit aussi l'identité.

Quant à l'altération, le mélange et la confusion des marchandises, elles empêchent le plus ordinairement toute revendication, parce qu'elles les rendent méconnaissables et qu'elles les supposent en possession définitive et apparente de l'acheteur,

---

[1] Boistel, Précis, n. 1009 — Lyon-Caen et Renault, id., II, n° 3016.

[2] V. *supra*, p. 60.

[3] Cass. 16 avril 1866, S.66, 1, 249 et 17 août 1871, S. 71, 1, 134. — Bédarride faill. et banq. III, n° 1149 — Alauzet, VI *bis*, n° 2839 — Boistel, loc. cit. Lyon-Caen et Renault, loc. cit.

[4] V. cependant Rouen, 18 mars 1839, S. 39, 2, 322.

ce qui, en vertu de l'article 576 est une condition du refus de l'action en revendication. Si pourtant ces divers changements provenaient de cas accidentels ou de force majeure, la revendication serait possible, si toutefois les marchandises étaient reconnaissables [1].

Sont-elles de même espèce mais de qualités différentes, leur mélange met obstacle à la revendication exercée séparément par chacun des vendeurs; comment leur rendre identiquement ce qu'ils ont vendu? Mais la revendication collective des vendeurs, sauf règlement ultérieur entre eux de leurs droits respectifs, devrait triompher [2]; on ne peut plus dire en effet que la condition d'identité qui fait défaut à l'égard de chacun d'eux individuellement, manque aussi, si on les considère comme ne formant plus qu'une seule masse et n'exerçant plus qu'un seul recours [3].

Enfin il est bien certain que si les marchandises avaient été remplacées par d'autres, le vendeur ne pourrait aucunement revendiquer celles qui seraient ainsi substituées; la condition d'identité ferait totalement défaut. Le vendeur devrait donc se résoudre à rester simple créancier du failli; c'est à celui-ci qu'il appartient de poursuivre le voiturier, et il n'a plus l'exercice de ses actions, seuls les syndics pouvant les intenter.

L'article 576 suppose qu'au moment de la vente l'acheteur n'était pas encore en faillite, et qu'il n'y a été mis que durant le trajet des marchandises en cours de route. Si au jour de la conclusion de la vente, l'acheteur était déjà en faillite à l'insu du vendeur, les principes conduisent à lui accorder encore la

---

[1] Cass. 11 nov. 1812, Dalloz, rép. v° faill. n° 1241 et 1277 — V. cependant Dalloz, id., n° 1280 et Amiens 29 nov. 1837, D. 40, 2, 20.

[2] *Contra* : Amiens, 20 déc. 1837, D. 40, 2, 20.

[3] Alauzet, VI *bis*, n° 2839 — Boistel, Précis, n° 1009 — *Contra*, Bédarride, n. 1150.

revendication. D'une part, en effet, le failli privé, en vertu de l'article 443, de l'exercice de ses droits et actions, ne pouvait à aucun moment prendre possession des marchandises. D'autre part, on sait que le jugement déclaratif fixe irrévocablement la situation des parties ; les syndics ne pourraient donc eux-mêmes prendre possession des marchandises que sauf le droit de revendication du vendeur, dont elles étaient grevées à la date du jugement de déclaration de la faillite.

De tout cela il résulte encore que l'entrée des marchandises dans les magasins de l'acheteur, postérieure à la déclaration de faillite, ne met pas obstacle à la revendication du vendeur non payé selon l'art. 576 [1].

Cet article serait-il encore applicable, si la marchandise était arrivée dans l'intervalle de la cessation des paiements au jugement déclaratif de faillite ? Cela revient à se demander si elle résulte de la suspension des paiements, ou en ce qui concerne spécialement les art. 576 et 577, si leur application n'est possible que tout autant que la faillite de l'acheteur a été préalablement déclarée.

La jurisprudence est constante : elle soutient très fermement que l'état de faillite existe par le seul fait de la cessation des paiements d'un commerçant, et indépendamment de toute déclaration judiciaire.

Elle déclare donc recevable la demande en revendication d'une marchandise formée par le vendeur non-payé à l'encontre de son acheteur tombé en état de suspension de paiement, mais non judiciairement déclaré en faillite [2].

---

[1] Bédarride, faill. et banq. III, n° 1151 — Alauzet, VI *bis*, n° 2838. — Rennes, 26 mars 1858, S, 58, 2, 632 — Cass. 13 août 1879, S. 80, 1, 264.

[2] Trib. com. Marseille, 20 juillet 1869, Gir. et Clar. 47 1, 226 et 17 août 1869, id., 47, 1, 254 — Aix, 16 déc. 1885, Journ. faill. 1887, p. 404 — Trib. com. Hâvre, 14 janvier 1889, Gir. et Clar., 67, 2, 152 et 26 nov. 1889, id. 68, 2, 196.

Nous ne croyons pas cette jurisprudence bien fondée ; pour nous l'état de faillite n'existe que lorsqu'il est constaté par le tribunal compétent pour en connaître ; lui seul a qualité pour prononcer la faillite et pour en organiser la procédure. D'ailleurs depuis la loi de 1838, le dessaisissement n'atteint plus le failli que du jour du jugement déclaratif; c'est donc, que, contrairement à l'ancien état de choses en vigueur sous le Code de 1807, il conserve jusqu'à ce jour l'exercice de ses droits et actions; jusque là par conséquent il conserve aussi le droit de recevoir les marchandises par lui achetées. Tant qu'il n'y a pas de faillite prononcée, le vendeur jouit contre son acheteur de toutes les garanties du droit commun ; il les perd dès qu'il y a faillite ; alors seulement il peut demander l'application de l'art. 576, et l'art. 578 qui donne un droit d'option aux syndics dans les hypothèses des art. 576 et 577, laisse bien entendre qu'il en est ainsi, puisque dans ces deux mêmes hypothèses, il suppose qu'un syndic a été nommé [1].

§ II. — *Conditions expressément posées par l'article 576.*

Concours du vendeur : A — Avec des tiers pouvant invoquer sur la chose vendue un droit de propriété (conditions de validité des reventes ; B — Avec des tiers invoquant seulement un droit de gage. — Charges imposées au vendeur revendiquant.

Nous venons d'étudier les conditions d'exercice du droit de revendication, implicitement contenues dans l'art. 576 ; en étudiant séparément chacun de ses trois alinéas, nous en trouverons d'expressément mentionnées.

[1] Bédarride, op. cit., n° 1151. — Alauzet, id., n° 2832. — V. Boistel Précis, n. 898.— Lyon-Caen et Renault, id., n° 2647 et s.

L'article 576 commence ainsi :, « Pourront être revendiquées les marchandises expédiées au failli, tant que la tradition n'en aura pas été effectuée dans ses magasins, ou dans
ceux du commissionnaire chargé de les vendre pour le
compte du failli. »

L'entrée des marchandises dans les magasins de l'acheteur fait donc perdre au vendeur son droit de revendication,
ce qui est en harmonie avec la pensée constante du législateur, d'empêcher que tout ce qui a pu contribuer à augmenter le crédit de l'acheteur n'échappe aux créanciers de ce
dernier.

Le motif de la loi bien compris, les conséquences découlent
d'elles-mêmes.

Que le vendeur ait lui-même expédié les marchandises à
l'acheteur failli [1] ; que celui-ci pour déterminer son choix
et faciliter le transport au vendeur, les ait acceptées, numé-
rotées ou marquées dans les magasins du vendeur, pourvu
d'ailleurs qu'il n'ait pas entendu en prendre une possession
définitive, mais simplement arrêter son choix [2] ; qu'elles
aient voyagé dans des récipients appartenant à l'acheteur [3],
n'importe ; la revendication sera admise, si elle est intentée
avant leur entrée dans les magasins de l'acheteur, c'est-à-dire
là où elles doivent contribuer à augmenter son crédit et à
inspirer confiance à ses créanciers, La jurisprudence a ainsi
interprété ces mots : magasins de l'acheteur, que le législateur n'a pas définis. On lit dans un arrêt de la cour de Montpellier du 12 mars 1875 (S. sous Cass. 78, 1, 104) que par
ces mots il faut entendre un lieu choisi par l'acheteur pour
le mettre en possession à la fois apparente et réelle ; un

[1] Cass. 11 févr. 1840. S. 40,1,565.
[2] Besançon, 27 févr. 1865. S. 65, 2, 127.
[3] Cass. 29 nov. 1875. S. 78, 1, 104.

emménagement local dont il ait la personnelle et libre disposition, et de nature à augmenter son crédit et à persuader
aux tiers qu'il est bien le possesseur de la marchandise
emménagée [1]. En résumé, la revendication sera refusée au
vendeur toutes les fois que l'acheteur aura pris une possession réelle des marchandises, de telle sorte qu'il puisse les
mettre en vente en les offrant au public comme un élément
de son actif. Et comme une prise de possession ainsi carac-
térisée peut s'effectuer non seulement dans les magasins de
l'acheteur à proprement parler, mais dans bien d'autres
endroits, il s'en suit que l'expression *magasins* ne doit pas
recevoir un sens étroit.

Nous ne donnerons pas non plus une portée restrictive au
mot *tradition* dont se sert la loi. Le projet exigeait bien la
tradition réelle des marchandises au lieu de leur destination ;
mais cette exigence fut critiquée et combattue lors de la discussion, et le mot *réelle* disparut de la rédaction définitive ;
c'est donc à dessein que la loi ne distingue pas entre une tradition réelle et une tradition simulée aux termes de l'art. 1606
du Code civil ; toutes deux paralysent la revendication du
vendeur. Pour qu'elle soit repoussée, il suffit, par exemple,
qu'au moment de la vente, remise ait été faite à l'acheteur
des clefs des magasins renfermant les marchandises [2].

Concluons donc de tout ce qui précède, que la condition
indispensable pour assurer le triomphe de la revendication du
vendeur, c'est qu'à aucun moment l'acheteur n'ait été possesseur des marchandises vendues.

Immédiatement nous en déduirons que s'il s'agit d'objets

---

[1] Rataud à son cours. Bédarride, faill. et banq., III, n° 1145 — Lyon-
Caen et Renault, Précis II, n° 3017.

[2] Besançon, 14 déc. 1864. S. 65,2,127 — Bédarride, n° 1145 — Alauzet,
VI *bis*, n° 2834 — *Contra* : Boistel, Précis, n° 1006.

portatifs, comme la bijouterie, le fait par l'acheteur de les emporter à l'instant même de la conclusion du contrat, suffit pour empêcher toute revendication, puisque dès cet instant également il peut en tirer crédit [1].

Le droit d'invoquer l'art. 576 serait encore perdu pour le vendeur, si l'acheteur avait été possesseur des marchandises, si courte qu'eût été la durée de sa possession, et quand même les marchandises auraient été immédiatement réexpédiées sur son ordre à un tiers chargé de les recevoir pour lui et de les tenir à sa disposition. Elles sont devenues élément de crédit pour l'acheteur, cela suffit pour qu'elles ne soient plus susceptibles de revendication [2].

Mais encore pour que les marchandises soient pour l'acheteur un élément de crédit, faut-il qu'elles soient en un lieu où il groupe pour les offrir au public tous les éléments de son crédit commercial ; c'est-à-dire dans l'endroit où il exerce son commerce et en met les différents articles en vente. Toutefois il serait difficile de préciser davantage, et la Cour de cassation a décidé avec raison qu'il appartient aux juges d'apprécier si les marchandises doivent être considérées comme étant entrées dans les magasins du failli (21 avril 1884, S, 86, 1, 105).

Ainsi, on a considéré comme magasin de l'acheteur dans le sens de l'art. 576, quand il s'agit de spiritueux, le lieu désigné dans l'acquit-à-caution comme destination de la

---

[1] Boistel, op, et loc. cit.

[2] Cass. 29 juillet 1875. S. 76,1,49. — Il a encore été jugé en ce sens que les marchandises expédiées à l'acheteur sont censées entrées en ses magasins et ne sont plus susceptibles de revendication, lorsqu'à leur arrivée, l'acheteur, après en avoir pris possession, les a réexpédiées à un autre destinataire (Besançon, 16 mars 1860. D. 61, 2, 81), alors même que ce tiers ne serait pas un commissionnaire chargé de les vendre (Bruxelles, 13 avril 1822. Dalloz, rép. v° faillite, n° 1253 — Bédarride, faill. et banq. III, n° 1147).

livraison, et celui où le commerçant a l'habitude de prendre ses acquits pour réexpédier la marchandise qu'il reçoit [1].

Seront réputés livrées et non susceptibles de revendication, les marchandises déposées dans les entrepôts publics et magasins généraux au nom et pour le compte de l'acheteur [2]. Il en serait différemment si la marchandise avait été déposée sous le nom du vendeur ; elle serait regardée comme n'étant pas sortie de ses magasins, l'acheteur ne pouvant la retirer sans son intervention [3].

On a jugé que les gares de départ et d'arrivée des marchandises ne pouvaient être assimilées aux magasins de l'acheteur [4]. Cependant le fait par l'acheteur de payer les frais de transport et de magasinage de la marchandise et d'en retirer une partie, indiquerait suffisamment qu'il en est devenu possesseur et que les gares doivent être considérées désormais comme ses magasins [5]. La revendication serait accordée au vendeur, même durant le transport des marchandises de la gare destinataire aux magasins de l'acheteur, pourvu que le voiturier ne soit pas un préposé de l'acheteur [6].

Pareillement encore, transportées par eau, même sur un bateau appartenant à l'acheteur ou frété pour son compte, les marchandises pourront cependant être revendiquées tant qu'elles ne seront pas entrées dans ses magasins [7], si l'acheteur n'emploie pas ce bateau à l'exploitation de son commerce, en y recevant les objets y afférents pour les mêler

---

[1] Poitiers, 19 févr. 1877. S. 77, 2, 210.
[2] Paris, 27 févr. 1883. Journ. faill. 1883. p. 323.
[3] V. Rennes, 9 oct. 1890. Journ. faill. 1891, p. 210.
[4] Aix, 4 mai, 1869, S, 70,2,71 — Limoges, 24 mars 1870, S. 70, 2, 202 — Cass. 18 févr. 1874, S. 74. 1, 369.
[5] Trib. com. Marseille, 4 avril 1865. Gir. et Clar. 43, 1, 121.
[6] Besançon, 27 févr. 1865 S. 65, 2, 127.
[7] Rennes, 26 mars 1858, S. 58, 2, 632 — Cass. 16 avril 1866, S. 66, 1, 249 — 17 août 1871, S. 71, 1, 134.

avec d'autres de nature semblable ou différente, et en s'en servant comme magasin mobile [1].

Il ressort de ces décisions que la revendication est possible même pour des marchandises transportées dans les voitures de l'acheteur, comme nous le disions plus haut ; la cour de Montpellier a même pensé que le fait par l'acheteur de faire entonner par ses employés et dans ses futailles des vins achetés par lui, n'était pas une prise de possession suffisante pour priver le vendeur du bénéfice de l'art. 576 [2].

La vente a-t-elle eu pour objet des machines, il n'y a ni tradition définitive, ni impossibilité d'exercer la revendication, par cela seul que les pièces principales ont été transportées et montées dans l'atelier de l'acheteur ; il faut encore pour que le droit à la revendication soit éteint, que la machine ait été mise en état de fonctionner [3].

Quant au parterre d'une coupe de bois, il constituera d'ordinaire le magasin de l'acheteur, tout en étant la propriété du vendeur, parce que, comme le dit M. Boistel, le bois abattu peut très bien être revendu sur place par l'acheteur de la coupe, et lui servir pour trouver du crédit [4].

Puisqu'il est de jurisprudence constante que le parterre de la coupe doit être assimilé au magasin de l'acheteur, le vendeur peut-il empêcher qu'il n'en soit ainsi ? L'Etat prend soin ordinairement, dans les ventes qu'il fait de ses bois par adjudication, d'introduire une clause dans le cahier des charges, dans laquelle il est expressément stipulé que le parterre des coupes ne sera pas considéré comme le magasin

[1] Cass. 20 juin 1859. S. 59, 1, 737.
[2] Montpellier, sous Cassation, 29 nov. 1875, S. 78, 1, 104.
[3] Rouen, 14 juin 1841, S, 41, 2, 476. — Metz, 3 juin 1856, S. 57, 2, 46.
[4] Précis, n° 1007. — Bordeaux, 28 févr. 1870, S . 70, 2, 176 — Orléans, 25 août 1880, S. 82, 2, 104.

des adjudicataires, et qu'en cas de faillite de ceux-ci, les bois abattus pourront être revendiqués conformément à l'art. 576 ; quelle est la valeur d'une pareille clause ? Puisque le parterre de la coupe est la propriété du vendeur, ce ne peut être qu'en interprétant la volonté présumée des parties qu'on peut fictivement le traiter comme le magasin de l'acheteur. Il ne dépend évidemment que du vendeur qu'il en soit autrement ; sa volonté clairement manifestée fera tomber toute présomption contraire. Là n'est pas la difficulté. Incontestablement, une telle clause doit produire ses effets entre les parties ; mais le vendeur l'invoquerait-il utilement contre les tiers, de telle sorte qu'en cas de faillite de l'acheteur, il exercerait la revendication à l'encontre des créanciers de la faillite ? Nul doute qu'une convention expresse entre l'acheteur et le vendeur ne pourrait pas plus maintenir la revendication au profit de ce dernier, en dehors de l'art. 576, que le privilège supprimé par l'art. 550. Mais la clause qui nous occupe, étudiée en dernière analyse, n'a trait qu'à la possession qu'elle réserve au vendeur, tant que la coupe n'est pas enlevée du parterre. Elle a pour résultat de suspendre les effets de la tradition feinte (C. civ. art. 1606) qui s'effectue d'ordinaire sur le parterre de la coupe au profit de l'acheteur, et qui suffit, nous le savons, pour empêcher la revendication du vendeur. Celui-ci, grâce à la clause, ne se dessaisit pas de la chose vendue, sur laquelle dès lors il peut exercer son droit de rétention. Ni les créanciers du failli, ni les tiers sous-acquéreurs ne constesteraient utilement la validité de la clause : elle a reçu dans les ventes par adjudication la publicité des enchères ; elle est opposable à tous. Le droit de rétention d'ailleurs, bien que n'engendrant pas un droit de suite, est lui-même opposable aux tiers, même en cas de faillite, ainsi que le reconnaissent

MM. Aubry et Rau [1]. Et celui donc qui aura été déclaré adjudicataire de la coupe, ne l'acquerra que grevée du droit de
rétention, et ne pourra en prendre possession qu'en échange
du prix . La jurisprudence est indécise [2][3].

Mais le parterre d'une coupe de bois n'est considéré comme
étant le magasin de l'acheteur qu'à l'égard du bois abattu;
pour le bois sur pied, le vendeur conserve sur lui la faculté
de revendication [4].

L'art. 576 assimile aux magasins de l'acheteur ceux du
commissionnaire chargé de revendre pour le compte du failli.
Les motifs de cette assimilation, on les devine : les marchandises peuvent aussi bien servir à relever le crédit de l'acheteur, dans les magasins de ceux qui ont reçu de lui mission
de les revendre, que dans les siens propres. Si ce commissionnaire avait simplement reçu le mandat de les réexpédier
à un tiers pour le compte de l'acheteur, le dépôt dans ses
magasins ne saurait pas plus empêcher la revendication que
la remise des marchandises au voiturier chargé du transport [5].

Et comme il suffit pour faire évanouir la revendication que
l'acheteur puisse disposer librement des marchandises, leur
entrée dans les magasins d'un commissionnaire chargé par
l'acheteur de les tenir à sa disposition, rendrait encore la
revendication irrecevable.

L'art. 576 ne parle que du commissionnaire; mais il n'es

---

[1] III, 4ᵉ éd. § 256 *bis*, p. 119. — V. *supra*, p. 33.
[2] V. Thézard, Privil. et hyp., n° 26, p. 39.
[3] Arrêts validant la clause : Cass. 25 janv. 1869. S. 69,1,154 — Paris,
17 janv. 1878, S. 78, 2, 35 — Cass. 2 août 1880, S. 80, 1, 401 — Dijon, 11
févr. 1881 S. 82, 2,7 — Arrêts infirmant la clause: Bourges, 11 nov .1865.
S. 63, 2. 244. — Orléans, 13 avril 1867, S. 67, 2, 237., — Cass. belge, 2
nov. 1883. S. 86, 4, 4.
[4] Bourges, 26 mars 1855, S. 6. 55, 2, 588.
[5] Cass. 7 mars 1848, S. 49, 1, 140.

pas douteux [1] qu'il ne faille lui assimiler tout tiers ayant reçu de l'acheteur l'ordre de vendre la marchandise ou de la tenir à sa disposition. Quant à l'étendue de ce mandat, il appartient au juge du fait d'apprécier souverainement si le tiers désigné pour recevoir la marchandise, l'a reçue pour la tenir à la disposition de l'acheteur, ou pour en disposer selon ses ordres, ou simplement en vue du transport ou de la réexpédition [2].

L'exercice de la revendication, telle que l'autorise l'art. 576, ne se conçoit que pour la totalité de la marchandise, puisqu'en réalité c'est l'action résolutoire qui est mise en jeu, et que c'est le contrat de vente tout entier qui est menacé de résolution. Si donc une partie des marchandises expédiées est entrée dans les magasins de l'acheteur, la partie encore en route restera également soustraite à la revendication du vendeur ; à moins pourtant qu'il ne s'agisse d'un objet indivisible dans ses parties, d'une machine, par exemple, réputée non livrée jusqu'à son installation définitive.

Bien qu'entrées dans les magasins de l'acheteur, les marchandises resteraient-elles susceptibles de revendication, s'il ne les avait emmagasinées qu'après avoir déclaré les laisser pour compte du vendeur ? Certains auteurs [3] pensent que cette déclaration rend possible la revendication de ce dernier, l'acheteur dans ce cas n'ayant reçu les marchandises qu'à titre de dépôt sans en avoir pris une possession véritable. Sans contester le caractère de cette possession toute de fait, nous hésitons à accorder au vendeur son droit de revendication. La loi l'a sacrifié aux créanciers toutes les fois qu'il y a présomption que ceux-ci, en faisant crédit à l'acheteur, ont pu compter sur les marchandises se trouvant en ses magasins.

---

[1] V. *Supra*, p. 98.
[2] Cass. 29 juill. 1875, S. 76, 1, 49.
[3] Bédarride, faill. et banq., III, n° 1147. — Alauzet, VI *bis*, n° 2836.

Or dans notre hypothèse, rien ne prévient les tiers que l'acheteur ne possède les marchandises que pour le compte du vendeur, et les créanciers paraissent bien légitimement fondés à considérer les marchandises comme leur gage éventuel. Nous sommes donc conduit à appliquer ici au vendeur les déchéances de l'article 550 *in fine*.

Il y aurait mêmes motifs de refuser au vendeur la revendication, l'acheteur, pour obtenir livraison, eût-il même recouru à des manœuvres frauduleuses [1].

De même encore, les marchandises livrées par erreur à un commerçant autre que l'acheteur peuvent être revendiquées malgré la faillite de ce commerçant [2].

Nous n'avons dans tout ce qui précède étudié les conditions d'exercice de la revendication du vendeur qu'en le supposant en présence de l'acheteur ou de son mandataire. Qu'arriverait-il s'il se trouvait en face de tiers pouvant invoquer des droits sur la marchandise ? « Néanmoins, c'est l'art. 576-2° qui s'exprime ainsi, la revendication ne sera pas recevable si, avant leur arrivée, les marchandises ont été vendues sans fraude, sur factures et connaissements ou lettres de voiture signées par l'expéditeur ».

Le législateur avait à concilier ici des intérêts opposés : d'une part les transactions commerciales sur une même marchandise se succédant parfois fort rapprochées, il y avait à craindre que l'acheteur ne procédât à la revente de la marchandise avant même son arrivée ; les subséquents acheteurs pouvant être de très bonne foi, leurs droits méritaient

---

[1] Un arrêt de la cour de Paris du 12 déc. 1857 (S. 58, 2, 332), paraît contraire à notre opinion, puisque, l'acheteur s'étant rendu coupable de fraude, il valide la restitution accordée au vendeur auquel les marchandises avaient été extorquées ; mais ce qui diminue la portée de l'arrêt, c'est que dans l'espèce, la restitution avait été faite en présence et du consentement des créanciers.

[2] Cass. req. 4 déc. 1850, D. 51, 5, 259.

quelque protection. Mais d'autre part, il était possible que pour retarder la mise en faillite, un commerçant se sentant à bout de ressources, se procurât des marchandises en les achetant au loin à crédit pour les revendre immédiatement au comptant à des tiers de connivence avec lui. Contre ces frauduleuses reventes, il fallait protéger le vendeur plein d'illusions sur le crédit de l'acheteur à cause de son éloignement. De là les conditions multiples exigées pour la validité d'une revente. Se trouve-t-il en présence de tiers qui aient traité avec l'acheteur sur la production de pièces justifiant sa mise en possession définitive, le vendeur ne revendiquera plus valablement les marchandises expédiées. Tout invitait les tiers à compter sur l'efficacité des reventes conclues avec l'acheteur, même avant l'entrée des marchandises dans ses magasins. Mais on a pris toutes les précautions pour que le vendeur n'ait à reprocher qu'à lui-même la perte de son droit, et pour cela on l'a mis en garde contre toute imprudence et contre tout regret tardif, en ne le frappant qu'autant qu'il a fourni lui-même la preuve des droits de l'acheteur. Il ne saurait alors faire aucun reproche au législateur; il a entendu suivre la foi de son co-contractant, il en doit subir les conséquences.

Déjà sous l'empire du Code de 1807, l'ancien art. 578 portait que les marchandises « ne pourront être revendiquées si, avant leur arrivée, elles ont été vendues sans fraude sur factures et connaissements ou lettres de voiture. ». La loi de 1838 ne fit qu'ajouter ces mots : « signées par l'expéditeur. »

Bien qu'on l'ait contesté, ces mots se réfèrent non seulement à la lettre de voiture, mais encore à la facture et au connaissement [1] . Que la lettre de voiture et le connais-

<hr>

[1] Renouard, faill. et banq., II, p. 356 et s. — Demangeat sur Bravard, V. p. 542, n. 1. — Boistel, précis, n° 1008. — Lyon-Caen et Renault, id. II, n° 3020.

sement doivent être signés, c'est ce que la loi n'avait pas besoin de dire, puisque c'est une énonciation qu'ils doivent nécessairement contenir (C. com. art, 102 et 282). Seulement, on a cherché à prévenir les fraudes possibles de l'acheteur qui, à l'insu et sans le consentement de l'expéditeur, se serait fait remettre par le capitaine du navire un duplicata du connaissement, ou par le voiturier une copie de la lettre de voiture. Quant à l'exigence de la signature sur la facture, elle s'explique, à notre avis, de la manière suivante. Le législateur de 1838, dominé par cette idée que le Code de 1807 ne garantissait pas suffisamment le vendeur, a cherché une protection plus sûre. Avec l'ancien article 578, il suffisait que le vendeur se dessaisît des pièces mentionnées par l'article, pour que son droit à la revendication fût irrémédiablement perdu ; c'était exposer le vendeur à se voir extorquer ces pièces par surprise ou par des manœuvres destinées à lui inspirer assez de confiance pour en provoquer la remise entre les mains de l'acheteur ; on a pensé qu'il fallait appeler plus directement l'attention du vendeur sur l'abandon de ces pièces, de manière qu'il n'y ait plus pour lui aucun doute sur la perte de son droit. Et quel moyen plus propice pour réveiller son attention, que de l'obliger à une formalité non usitée en pratique ! Il n'est pas d'usage en effet que le vendeur non payé signe la facture, si ce n'est pour l'acquitter ; s'il la signe donc préalablement au paiement, c'est qu'il entend bien renoncer, au moins à l'égard des tiers, à son droit de revendication.

Ainsi la résolution du contrat de vente pourra être demandée chaque fois que les deux titres ne seront pas signés, ou que l'un d'eux seul le sera.

V. p. 512, note 1. — Boistel, Précis, n° 1008. — Lyon-Caen et Renault, id., II, n° 3020.

Mais cette signature doit-elle être apposée sur les titres mêmes, ou peut-elle être simplement mise au bas de la lettre d'envoi du connaissement et de la facture ? L'art. 576 exige pour la validité de la revente que les titres eux-mêmes portent la signature du vendeur, et aucune autre signature, fût-elle apposée au bas d'une lettre ne contenant aucune réserve, ne pourrait suppléer au défaut de signature des titres[1]. Sans doute peut-on dire, la loi a voulu avoir la certitude que les pièces émanent bien du vendeur, et l'on ne saurait le contester en présence d'une lettre démontrant son intention bien arrêtée de suivre la foi du destinataire; mais puisque le vendeur n'a signé ni la facture, ni le connaissement ou la lettre de voiture, il y a présomption qu'il a voulu se réserver le droit de revendiquer, et c'est quelque peu téméraire de vouloir la détruire par une signature mise au bas d'une simple lettre, à laquelle peut-être le vendeur n'a jamais eu la prétention de faire produire telles ou telles conséquences. D'ailleurs, l'art. 576 édicte une déchéance; comme tel, il doit être strictement appliqué dans ses termes.

Pourtant nous admettrions que la lettre de voiture serait valablement remplacée par un récépissé de chemin de fer. L'usage les assimile, et c'est autorisé par les lois de finance du 13 mai 1863 et du 30 mars 1872 [2].

---

[1] En ce sens : Rataud, à son cours. — Boistel, Précis, nº 1008. — Lyon-Caen et Renault, II, nº 3020. — Amiens, 14 juill. 1848. S. 48, 2, 686. — Caen, 14 août 1860, S. 61, 2, 115. — *Contra* : Alauzet, VI *bis*, nº 2840 et 2841. — Rouen, 14 janv. 1848. S. 48, 2, 460.

[2] Douai, 12 déc. 1874, S. 75, 2, 25. — V. au surplus une note en ce sens de notre éminent professeur, M. Boistel, sous un arrêt de la Cour de Cassation du 9 déc. 1873. D. 74, 1, 409.

Si cette assimilation est possible, c'est que les récépissés contiennent les énonciations essentielles que doivent renfermer une lettre de voiture ou un connaissement régulier. Toute autre pièce ne les mentionnant pas toutes, ne pourrait bénéficier d'une pareille assimilation. Aucune forme sacramentelle n'est d'ailleurs requise et il suffit qu'aucune des

Pour tout le reste, nous devons suivre à la lettre l'art. 576 dans toutes ses prescriptions, malgré les dérogations qu'il apporte aux effets ordinaires de l'endossement. Ainsi, quoique l'endossement régulier d'un connaissement ou d'une lettre de voiture suffise en principe pour le transfert de la propriété et de la possession, de telle sorte que le porteur soit considéré comme véritable propriétaire, tant vis-à-vis de l'acheteur qui a procédé à la revente qu'à l'égard du vendeur expéditeur et de tous autres, néanmoins le vendeur non payé conserve le droit de revendiquer les marchandises non encore entrées dans les magasins de l'acheteur, même contre les tiers porteurs du connaissement ou de la lettre de voiture, si avec ses pièces ils ne possèdent pas aussi la facture.

L'art. 576 est impératif; il est nécessaire que les deux titres soient remis par l'expéditeur à l'acheteur, et par celui-ci enfin au sous acheteur, au moins avant l'ouverture de la faillite [1]. Ce n'est pas dans l'art. 576 que le législateur s'est préoccupé de l'effet de l'endossement du connaissement ou de la lettre de voiture ; avant tout, il a songé à entourer la revente de formalités apparentes ne laissant aucun doute sur la renonciation du vendeur à ses prérogatives. Le sous-acquéreur fera bien de se mettre à l'abri de tout soupçon d'entente frauduleuse avec l'acheteur failli. Il ne devra donc pas se contenter de la possession fictive résultant du connaissement ou de la lettre de voiture; la situation est toute particulière; l'empressement mis par l'acheteur à se défaire des marchandises avant leur réception est de nature à lui laisser

conditions principales des lettres de voiture ou connaissements ne soit omise. —V. Cass. 31 juill. 1844. S. 45, 1, 110 et 12 févr. 1850, S. 50, 1, 246.

[1] V. en ce sens la note 2, sous l'arrêt du 1 déc. 1860, dans Sirey, 61, 2, 117.

concevoir des doutes ; qu'il les dissipe en se faisant remettre la facture ; alors seulement, il sera sûr que l'expéditeur a eu l'intention de transférer la propriété des marchandises expédiées. Et cette conviction, il la rendra plus certaine, en s'assurant de l'identité des signatures apposées sur les pièces. L'objection, qu'autoriser la revendication dans le cas d'une revente sur connaissement seul serait méconnaître le principe général du transfert de la propriété *erga omnes* par le simple endossement du connaissement, ne nous arrêtera pas. Sans doute le législateur n'ignorait pas quel était le droit commun en pareille matière ; mais précisément il avait à envisager une hypothèse toute spéciale, qu'il fallait traiter avec précaution. Les reventes devaient être entourées de conditions d'autant plus étroites qu'elles exposent le vendeur à une entente frauduleuse entre l'acheteur et les sous-acquéreurs ; les laisser possibles selon les usages commerciaux, c'est-à-dire par simple voie d'endossement des titres à ordre, c'eût été une faible garantie pour le vendeur ; le législateur ne s'en est pas tenu là ; il a ajouté la formalité de la signature et de la remise de la facture [1].

Nous ne saurions donc souscrire à un arrêt de la cour de Paris, selon lequel les termes de l'art. 576 seraient non pas impératifs, mais seulement énonciatifs [2]. Pour être à l'abri de la revendication, le sous acquéreur doit rigoureusement observer les prescriptions imposées.

On a alors essayé d'expliquer l'article 576 par une distinction : l'article ne s'appliquerait pas si le connaissement ou la lettre de voiture avait été transmis régulièrement. En vertu de cette transmission régulière, le sous-acquéreur de bonne

[1] Boistel, Précis, n° 1008.
[2] Paris, 1er déc. 1860, S. 61, 2, 117. — *Contra* : Alauzet VI *bis*, n° 2841 — Cass. 13 janv. 1862, S. 62, 1, 207 et la note.

foi, possesseur du titre qui représente la marchandise, a le droit de se la faire délivrer lors de son arrivée à destination [1]. L'article 576 viserait seulement une revente faite sur facture et connaissement ou lettre de voiture. Il suffirait donc qu'au moment de la revente, l'acheteur eût montré les deux titres au sous-acquéreur, ou qu'il les lui eût remis, sans que cette remise dût présenter le caractère d'une transmission régulière [2]. Nous nous permettons d'emprunter à l'excellent livre de M. Boistel la réfutation péremptoire de ce système : « Il nous semble impossible de restreindre ainsi l'application de l'article 576.-2° à une hypothèse aussi peu probable, et (on peut même le dire) à peu près irréalisable en pratique [3] ; car comment supposer que le sous-acheteur à qui on aura montré ou remis le connaissement ou la lettre de voiture n'en ait pas exigé un transport régulier, qu'il ait voulu se porter acheteur ferme en restant exposé à ce que son vendeur transmît à une autre la possession régulière de ces titres, et anéantît ainsi la première transmission de propriété ? De plus on ne voit pas du tout pourquoi la loi protégerait ce sous-acheteur dans ce cas : il a commis une très grave imprudence en n'exigeant pas un transfert régulier du connaissement ou de la lettre de voiture ; et c'est pour cela que la loi viendrait à son secours par une disposition tout à fait exorbitante du droit commun, et contraire à l'intérêt de la masse qu'elle cherche toujours à protéger ! Cette absence de transmission régulière laisse à peine subsister pour lui la présomption qu'il est de bonne foi ;

[1] Demangeat sur Bravard, V. p. 541, note 3 *in fine*. — Lyon-Caen et Renault, Précis, II, n° 3022.

[2] Lyon-Caen et Renault, op. cit., n° 3021.

[3] Il est à remarquer en effet que l'usage est que le vendeur cède toujours à l'acheteur le connaissement de la marchandise, en le lui endossant ou en le lui remettant de la main à la main, s'il est au porteur.

car il a dû soupçonner que si on ne lui transmettait pas ces titres, c'était peut-être qu'il y avait quelque vice dans les droits de son vendeur » [1]. Une transmission régulière des titres parait donc nécessaire [2].

Est-ce à dire qu'il n'y ait pas de réserves à faire sur l'opportunité de l'économie de le loi? C'est ce que l'on ne saurait soutenir. A plusieurs points de vue notamment, la loi a mis des entraves à la facilité des transactions commerciales, en aggravant encore les conditions de validité des reventes posées par le Code de 1807. C'est ainsi, par exemple, qu'en exigeant la signature du vendeur sur les diverses pièces, elle a rendu plus rares les reventes des marchandises non encore entrées dans les magasins de l'acheteur. Il suffit en effet pour les rendre impossibles que le vendeur ait omis quelque signature, ce qui peut être assez fréquent, la facture n'étant ordinairement pas signée. On comprend aussi qu'on ait hésité à appliquer la loi dans le sens le plus rigoureux pour éviter d'autres graves inconvénients, Qui ne voit en effet que l'art. 576 est de nature à empêcher les reventes partielles? Le sous-acquéreur d'une partie seulement des marchandises vendues, aura bien soin, s'il est prudent, de se faire remettre les diverses pièces signées. Comment alors l'acheteur parviendra-t-il à se défaire du restant? Enfin l'acheteur peut avoir intérêt à garder par devers lui les diverses pièces, et ceci pour deux raisons : il peut en avoir besoin dans le règlement ultérieur de son compte avec le vendeur et désirer tenir secrètes au sous-acquéreur les conditions de la première vente.

Ces réserves faites, il faut s'en tenir rigoureusement aux textes de l'art. 576 pour l'exercice de la revendication.

Il est certain, l'art. 576 avait à peine besoin de le dire, que

[1] Boistel, Précis, n. 1008.
[2] Trib. com. Marseille, 14 juin 1882, Gir. et Clar. 60, 1, 201.

la revendication serait possible si la revente avait été le résultat d'un concert frauduleux entre l'acheteur et son acquéreur ; seulement la bonne foi se présumant toujours, c'est au vendeur revendiquant à faire la preuve de la mauvaise foi du tiers acquéreur et il appartiendrait au juge d'apprécier [1].

Il est non moins certain que le vendeur perdrait tout droit à la revendication s'il avait consenti lui-même à la revente, ce qui s'induirait, par exemple, s'il avait expédié les marchandises au sous-acquéreur sur l'ordre même de l'acheteur.

L'art. 576 ne met le vendeur en présence que de tiers pouvant invoquer un droit de propriété sur les marchandises ; quel sera le sort de la revendication du vendeur si on lui oppose un gage ?

Pas de difficulté, si le gage a été constitué par une remise de la marchandise elle-même au créancier. Cela suppose en effet que le créancier a reçu mandat de prendre livraison pour le compte du failli ; il y a donc eu prise de possession réelle par le mandataire de l'acheteur ; il n'en faut pas davantage pour faire perdre au vendeur son droit de revendication. Et cette déchéance ne cesserait pas de frapper le vendeur, quand même le gage tomberait sous le coup des nullités de l'art. 446 et s; car cette nullité ne peut être invoquée que par la masse des créanciers du failli. Ce n'est qu'au syndic qu'il appartient d'intenter les actions fondées sur l'application de cet article, et le vendeur non payé ne serait pas admis à se substituer à lui [2]. Au surplus, cette nullité reste étrangère aux rapports du vendeur et du créancier gagiste. C'est à ce dernier seul de régler entre lui et le failli ou ses créanciers les consé-

---

[1] Cass. 5 nov. 1845, D, 45, 4, 273. — Trib. com. Marseille, 3 mai 1880. Gir. et Clar. 58, 1, p. 195.

[2] V. Lyon-Caen et Renault, Précis, II, n° 2680 et 2811. — V. aussi n° 2818.

quences de la livraison en gage des marchandises [1].

Il a même été jugé que le vendeur ne serait pas admis à revendiquer l'excédent de la valeur du gage sur la créance garantie, parce que l'entrée des marchandises dans les magasins de l'acheteur ou dans ceux de la personne chargée de les recevoir pour lui, rend pour le tout irrécevable la revendication du vendeur [2].

Mais la constitution en gage résultant de la remise au créancier du connaissement ou de la lettre de voiture, sera-t-elle aussi une fin suffisante de non-recevoir à l'exercice de la revendication ? Il y a deux sérieuses raisons d'appliquer par analogie l'art. 576 et d'exiger comme pour une revente, la constitution du gage sur connaissement ou lettre de voiture et sur facture, le tout portant la signature du vendeur. Sans doute, le créancier au profit duquel le gage a été constitué selon les prescriptions de l'article 92 du Code de commerce, a bien un droit opposable à tout créancier de son débiteur. Mais le sous-acquéreur de bonne foi, en vertu d'une transmission régulière du connaissement ou de la lettre de voiture, ne jouit-il pas aussi d'une propriété inattaquable par tout autre que le vendeur, si la revente ne s'est pas effectuée aussi sur la facture signée de ce dernier ? La bonne foi indubitable des tiers ne les sauve donc pas : le vendeur non payé paraît bien, dans l'esprit de la loi, un créancier placé hors du droit commun ; aucun droit adverse, si respectable que soit sa source, ne lui est opposable, s'il n'a pas de lui-même, par un ensemble de signatures répétées, indiqué clairement sa renonciation à ses garanties.

---

[1] Cass. req., 27 avril 1853, S. 53, 1, 353. — Dijon. 20 mars 1882, *Journ. faill.* 1882, p. 544.

[2] Trib. com. Hâvre, 29 avril 1889, *Journ. faill.* 1889. p. 450. — V. cependant trib. com. Marseille, 6 Déc. 1887, Gir. et Clar. 66, 1, p. 117.

Tel n'est pas cependant le système de la jurisprudence et les arguments sur lesquels elle s'appuie nous ont semblé convaincants. Nous avons reconnu à l'art. 576 le caractère d'une disposition exceptionnelle ; il ne faut donc pas en étendre l'application en dehors de ses termes : ce serait le faire que de laisser le vendeur l'invoquer dans une hypothèse non expressément visée dans le texte. Que si l'on nous objecte que c'est adopter une opinion peu rationnelle, puisque nous refusons à l'art. 576 une portée que nous lui avons reconnue dans un cas analogue, nous répondrons que ce n'est qu'à regret que nous avons donné à cet article une extension choquant les principes du droit et nuisible aux intérêts du commerce, mais inéluctable devant l'esprit formel de la loi et ses termes impératifs. Peut-être d'ailleurs le vendeur n'a-t-il pas à craindre une constitution en gage au même degré qu'une revente de ses marchandises. L'art. 576 suppose que l'acheteur n'a été mis en faillite qu'après l'expédition des marchandises. L'acheteur dont le crédit est ébranlé trouvera plus facilement à le refaire en revendant les marchandises qu'en les donnant en gage. Ses créanciers antérieurs ne s'exposeront pas à recevoir un gage tombant sous le coup des nullités de droit de l'art. 446. Pour trouver un crédit immédiat par une mise en gage des marchandises, l'acheteur devra donc les engager en contractant la dette qu'elles garantissent ; mais outre que ces constitutions de gage restent exposées aux nullités facultatives de l'art. 447, les tiers qui consentiront à traiter avec l'acheteur, préfèreront ordinairement, à raison même de la nature des marchandises sujettes le plus souvent aux hasards des cours, à acquérir sur elles un droit de propriété aussi sûr et d'une transmission aussi facile [1].

[1] Lyon-Caen et Renault, Précis, II, n° 3023. — Douai, 12 déc. 1874,

Nous donnerions les mêmes solutions, si le vendeur exerçait la revendication contre le commissionnaire de l'acheteur. Celui-ci en effet a un privilège sur les marchandises qu'il est chargé de vendre pour l'acheteur, pour tous prêts, avances ou paiements faits par lui pour ce dernier (C. Com., art. 95) ; privilège soumis, quant à son exercice, aux conditions de l'art. 92, c'est-à-dire que le commissionnaire en jouit quand les marchandises sont entrées dans ses magasins, ou quand remise lui est faite du connaissement ou de la lettre de voiture. La situation est donc identique à celle du créancier gagiste.

Que si dans les deux cas précédents où le vendeur se trouve en conflit avec un créancier gagiste ou un commissionnaire, les conditions de l'art. 576 ont été observées, il échouera dans l'exercice de sa revendication, et ce, alors même qu'il désintéresserait son adversaire. L'acheteur en effet a disposé des marchandises soit pour les donner en gage soit pour se faire remettre des avances sur elle ; il en a donc pris possession et il en a tiré crédit ; la revendication ne saurait dès lors être accordée au vendeur.

La revendication du vendeur échouerait encore contre le privilège de l'aubergiste, qui, aux termes de l'art. 2102-5° du Code civil a privilège pour les fournitures sur les effets du voyageur qui ont été transportés dans son auberge, et contre celui du voiturier pour frais de transport (C. civ. art. 2102-6°) [1].

Enfin la loi du 22 avril 1791 a accordé un privilège à la douane sans préjudice toutefois du droit de revendication du

S. 75, 2, 25. — Cass. 29 juill. 1875, S. 76, 1, 49. — Trib. com. Marseille, 2 mai 1881, Gir. et Clar. 59, 1, p. 185, et 6 déc. 1887, Gir. et Clar. 66, 1, p. 173 et 177. — Trib. com. Hâvre, 29 avril 1889, *Journ faill.* 1889, p. 450. — *Contra* : Alauzet, VI *bis*, n° 2842. — Boistel, Précis, n° 1008.

[1] Pardessus, IV, n° 1291.

vendeur pour « marchandises en nature qui sont encore sous balle et sous corde » (titre XIII, art. 22). Un conflit ne pourrait donc, ce semble, s'élever entre la douane et le vendeur. Cependant la douane a essayé de se soustraire aux conséquences de ce texte en soutenant qu'il est de principe qu'elle ne relève que de la juridiction et du droit civils, et que dès lors la seule revendication qui lui soit opposable, est celle de l'art. 2102-4° du Code civil, laquelle est précisément abolie par l'art. 550 du Code de commerce. La Cour de cassation a repoussé ces prétentions : « Attendu que, quel que soit le droit de l'Administration des douanes de ne reconnaître que la juridiction des tribunaux civils, il n'en résulte pas qu'elle puisse se soustraire à l'application de l'art. 22, titre XIII, de la loi fondamentale qui régit les douanes, que le droit de revendication expressément réservé par cet article est indépendant de la juridiction à laquelle sont soumises les parties, et que la nature de ce droit ne peut changer parce qu'il aura dû être exercé devant telle ou telle juridiction [1] ». Mais dans le cas de fraude des dispositions fiscales, le privilège du Trésor serait préférable aux droits du vendeur (Loi du 22 août 1791, titre XII, art. 5).

Nous venons d'examiner les cas où le vendeur est autorisé à revendiquer les marchandises en cours de route et les droits qu'on peut élever contre lui ; l'art. 576 dans son troisième et dernier alinea, impose plusieurs charges au vendeur exerçant son droit : « Le revendiquant sera tenu de rembourser à la masse les acomptes par lui reçus, ainsi que toutes avances faites pour fret ou voiture, commission, assurances ou autres frais, et de payer les sommes qui seraient dues pour même cause ».

---

[1] Cass. 12 févr. 1845, S. 45, 1, 205, et la note.

Cette exigence de la loi, en ce qui concerne les avances reçues sur le prix nous a aidé à déterminer la nature de la revendication de l'art. 576 ; elle n'a donc pour nous rien de surprenant ; l'action en revendication n'étant autre chose que l'action en résolution, il est évident que les parties doivent, au moyen de restitutions réciproques, effacer toute trace du contrat.

Il est plus difficile d'expliquer rationnellement l'obligation où est le vendeur de rembourser les divers frais occasionnés par la vente et l'expédition de la marchandise. On a essayé de la justifier en disant que c'est au vendeur « de s'imputer la confiance qu'il a eue de vendre à crédit ; et, puisque dans la rigueur du droit, la revendication pouvait lui être refusée, elle ne lui est accordée qu'au moyen de ce sacrifice. » [1]. On ajoute qu'il s'agit de frais qui sont censés avoir profité au vendeur lui-même et qu'on ne pouvait lui permettre de reprendre ses marchandises, sans tenir compte de la valeur dont elles se sont accrues par suite du voyage [2]. Ces raisonnements ne sont pas satisfaisants, car, ainsi que l'explique très bien Pothier (Traité de la vente, n· 470), c'est à l'acheteur que doivent incomber les frais occasionnés par la vente. Et c'est bien ce qu'ont pensé les rédacteurs du Code civil, qui mettent de même à sa charge les frais d'acte et autres accessoires à la vente (C. civ. art. 1593). Au surplus il est naturel que l'acheteur supporte les conséquences d'une résolution dont il est la cause. Devra-t-on en décider autrement à raison de la plus-value résultant du transport pour ses marchandises ? Assurément non, car il n'y a là qu'un

---

[1] Pardessus, IV, n° 1289.
[2] V. : Des droits du vendeur à livrer dans la faillite de l'acheteur, par M. C. Appleton, dans les Annales de droit commercial, année 1886-87, tome I, p. 284 et s.

avantage très incertain pour le vendeur, lequel même, à vrai dire, risque fort de n'en pas profiter, si jamais il existe, les syndics ayant le droit d'exiger l'exécution du marché (C. com. art. 578). Le motif de cette dérogation aux principes du droit commun, on le trouve dans cette idée erronée qui poussait les rédacteurs du Code de commerce à restreindre le plus possible la revendication accordée au vendeur, comme contraire à l'égalité obligatoire entre les créanciers dans la faillite [1].

Quoiqu'il en soit, en présence de l'intention non douteuse du législateur, il faut refuser au vendeur qui a remboursé les divers frais, la possibilité de se faire admettre pour leur montant au passif de la faillite.

SECTION II

Effets du droit de revendication. — Droit des syndics d'opter pour l'exécution du marché. — Forme de la revendication du vendeur ; son admission par les syndics.

Quant aux effets de l'exercice de l'action en revendication du vendeur, nous avons dit que, selon nous, elle avait pour résultat la résolution de la vente ; mais il découle de ce que nous venons de dire, touchant le remboursement par le vendeur des divers frais occasionnés par la chose revendiquée, qu'on ne doit pas lui permettre de réclamer des dommages-intérêts en raison du préjudice que lui cause l'inexécution du contrat [2].

Aux termes de l'art. 578, les syndics ont le droit, avec

---

[1] Rataud, à son cours — Bravard et Demangeat, V. p. 548 — Boistel, Précis, nº 1010 — Lyon-Caen et Renault, id, nº 3024.

[2] Trib. com. Marseille, 25 juill. 1881. Gir. et Clar. 59, 1, p. 242.

l'autorisation du juge-commissaire, d'opter soit pour l'exécution de la vente, soit pour la résolution du contrat.

Cette faculté, ils en jouissent aussi lorsque le vendeur retient les marchandises par l'application de l'art. 577 ; nous renvoyons donc touchant cette option laissée aux syndics aux développements que nous avons donnés à ce propos [1].

Nous ferons remarquer que les syndics seraient déchus du bénéfice que leur réserve l'art. 578, si à la suite de leur refus de recevoir les marchandises, ils avaient été assignés par le vendeur en revendication, et si celui-ci avait obtenu un jugement qui lui reconnût le droit de revendication et fût déclaré susceptible d'exécution provisoire [2].

Ce choix qu'auront à exercer les syndics suppose que c'est à eux que le vendeur adresse sa demande en revendication. De fait, il n'est pas astreint à observer les formes de la saisie-revendication. L'art. 579 lui permet de s'en passer : « les syndics pourront avec l'approbation du juge-commissaire admettre les demandes en revendication: s'il y a contestation le tribunal prononcera après avoir entendu le juge-commissaire ». Ce n'est donc que s'il y a refus d'admission de la part du syndic que le vendeur introduira son action devant le tribunal saisi des opérations de la faillite [3], lequel ne prononce, à peine de nullité, qu'après avoir entendu le rapport du juge-commissaire [4].

Dans le silence du Code, on doit décider que l'action en revendication est recevable à toutes les phases de la faillite [5],

---

[1] V. *Supra*, p. 22.

[2] V. Poitiers, 19 févr. 1877. D. 77, 2, 109.

[3] V. C. Pr. civ. art. 59.

[4] Rennes, 23 août 1847, D. 49,2, 111 — Lyon-Caen et Renault, Précis, II n° 2808, 2992 et 3025.

[5] Il a été jugé que le concordat intervenu entre le failli et les créanciers, ne faisait pas obstacle à la revendication du vendeur (Paris, 27 févr. 1857, S. 57, 2, 336).

S'il est prudent, le vendeur ne différera pas l'exercice de son droit, car les marchandises pourraient se confondre dans l'actif de la faillite, et une des conditions d'admission de la revendication disparaîtrait ; l'identité de la chose vendue ne pourrait plus être établie.

Cette admission peut être prononcée après l'autorisation du juge-commissaire par les syndics provisoires ou défi-nitifs [1] . En reconnaissant pareil pouvoir aux syndics provi-soires, on n'oblige pas le vendeur à introduire une demande en revendication, dont les frais accroîtraient le passif, si le revendiquant avait gain de cause.

Une fois l'adhésion des syndics obtenue, elle est irrévoca-blement acquise; aucune contestation ultérieure ne saurait s'élever. Mais si le jugement déclaratif de faillite venait à être rapporté, l'accord intervenu entre le vendeur revendi-quant et les syndics subsisterait-il avec tous ses effets? « L'affirmative ne nous paraît pas douteuse, dit M. Bédarride (faill. et banq, III, n° 1175 bis). Le jugement déclaratif doit être exécuté provisoirement et malgré toute opposition. Les syndics ont donc forcément droit et qualité pour discuter, vérifier les prétentions que l'état de faillite fait surgir, e lorsque, avec l'approbation du juge-commissaire, ils ont admis une revendication, ils ont réellement agi dans les limites du mandat qu'ils avaient reçu de la justice. — La rétractation met fin à ce mandat, mais ne saurait, en fait, faire qu'il n'ait pas légalement existé : on ne comprendrait donc pas qu'elle pût annuler *de plano* tout ce qui a été régulière-

---

[1] Pardessus IV, n° 1270 — Alauzet, VI *bis*, n° 2846. — Avant 1838, le jugement déclaratif de faillite nommait des agents provisoires pour procéder aux actes conservatoires les plus urgents. Mais leur adhésion à une demande en revendication pouvait rester sans effet, les syndics ayant le droit de la révoquer (Cass. 10 janv. 1822, S. 22, 1, 332).

ment et légalement accompli, dans la période du jugement déclaratif à son retrait » [1].

De là, il résulte qu'en cas où la faillite viendrait à être rapportée, le vendeur ayant revendu à perte les marchandises à la suite de sa revendication, réclamerait en vain de l'acheteur remis à la tête de ses affaires l'excédent du prix de vente sur celui de la revente comme dommages-intérêts [2].

On reconnaît généralement que les créanciers pourraient contester la revendication admise par les syndics, pourvu que ceux-ci, l'ayant contestée eux-mêmes, il ne soit pas intervenu contre eux, représentant la masse, un jugement définitif. L'art. 494 permet en effet aux créanciers de contredire les créances produites à la vérification, et l'art. 551, les privilèges reconnus par les syndics. Or, au fond, la revendication n'est autre chose qu'un privilège [3]. D'ailleurs les frais du procès restant à la charge de la partie succombante, ce qui n'est pas douteux, puisque l'art. 576 ne les impose pas au revendiquant, le créancier contestant à tort l'admission de la revendication, les supporterait seul [4].

[1] En ce sens : Alauzet, loc. cit.
[2] Aix, 6 janv. 1842. S. 45. 4, 31.
[3] En ce sens: Bédarride, III, n° 1172 et s. — Aix, 11 janv. 1831, S. 31.2,149.
[4] Bédarride, n° 1175. — Alauzet, n° 2346.

DEUXIÈME PARTIE

DROITS DU VENDEUR D'IMMEUBLE

Nous avons vu dans quelles limites la faillite portait atteinte aux garanties du vendeur de meubles ; que deviennent en semblable hypothèse celles du vendeur d'immeuble ?

Pour ce qui est du droit de rétention, nous avons peu de chose à dire. Puisqu'il s'exerce sur les immeubles comme sur les meubles, le vendeur en jouit dans tous les cas: l'art. 1612 du Code civil d'ailleurs, ne distingue pas,

La règle est qu'en principe le droit de rétention n'est admis que dans les ventes au comptant ; mais alors même qu'un délai eût été accordé pour le paiement du prix, le vendeur, si l'acheteur était tombé en faillite depuis la vente, reprendrait l'exercice de son droit de rétention (C. civ. art. 1613).

I. — Privilège

Quant au privilège du vendeur d'immeuble, il se conserve ou par la transcription de l'acte de vente, requise par l'acheteur ou par le vendeur lui-même (C. civ. art. 2108), ou par une simple inscription prise par le vendeur avant toute transcription (loi du 25 mars 1855, art. 6-2°).

Or, au moment de la déclaration de faillite de l'acheteur, le vendeur, nous le supposons, ne s'est pas encore mis en règle. Peut-il remplir cependant les formalités conservatoires de son privilège ?

Non, sans aucun doute, car à partir du jugement décla. ratif de la faillite, toute inscription de privilège ou d'hypo-thèque reste dénuée de tout effet envers la masse des créanciers (C. com. art. 448).

Que le vendeur ne se plaigne pas de cette rigueur de la loi ; elle est moins grande qu'elle ne l'était sous le Code de 1807, puisque son article 443 déclarait nulle et sans effet non seulement l'acquisition ou la constitution de privilège ou d'hypothèque dans les dix jours antérieurs à la faillite, mais encore l'inscription qui en aurait été prise dans ces mêmes dix jours.

Qu'il n'objecte pas que l'art. 448 ne parlant que d'in-scription, la transcription de l'acte de vente reste possible [1] ; ce serait un argument sans valeur, l'art. 2108 du Code civil reconnaissant lui-même que la transcription vaut inscription.

Qu'il n'allègue pas non plus que la transcription n'ayant pas eu lieu, il est resté propriétaire et que par conséquent si elle a lieu après la déclaration de faillite, elle doit entraîner ces deux effets inséparables : transférer la propriété au failli, conserver sur l'immeuble vendu un privilège au ven-deur [2]. Ce serait une erreur ; la loi de 1855 n'a pas voulu

---

[1] En ce sens : Ruben de Couder, dictionn. de dr. commerc. v° faillite, n° 458 — V. Cass. req. 5 août 1869, S, 69. 1, 393.

[2] V. en ce sens : Bordeaux, 15 févr. 1875, D. 77, 2, 191. — P. Pont, Privil. et hyp., n° 902 et s. et Revue critique de législ. et de jurispr., t. XVI, p. 289 et s.

régler les rapports de l'acheteur et du vendeur ; elle s'est seulement proposé de protéger « les tiers qui ont des droits sur l'immeuble et qui les ont conservés en se conformant aux lois »(art. 3). S'il en est ainsi, les effets de la vente doivent se produire comme à l'ordinaire, l'acheteur est donc devenu immédiatement propriétaire, et le vendeur, comme garantie du paiement, a une créance munie d'un privilège qui tombe, le cas échéant, sous l'application des articles 2146 du Code civil et 448 du Code de commerce.

Voilà donc les arguments du vendeur réduits à néant, en peut-il produire d'autres ? Il pourrait peut-être soutenir qu'il n'a encouru aucun reproche de négligence.

En effet, les créanciers de l'acheteur peuvent-ils faire au vendeur un grief de ne pas avoir fait procéder à la transcription, alors qu'aucun délai pour l'effectuer ne lui est assigné, et que conséquemment, sans avoir égard à l'époque où cette formalité est remplie, il peut opposer le droit de préférence résultant de son privilège aux créanciers de l'acheteur, même hypothécaires, leur hypothèque fût-elle d'ailleurs inscrite antérieurement à la transcription.

Non, sans doute, le vendeur n'est pas astreint à s'inscrire dans aucun délai, du moins quant au droit de préférence ; sans doute aussi, même après l'expiration d'un délai de quarante-cinq jours accordé au vendeur pour conserver à l'encontre des sous-acquéreurs, le droit de suite afférent au privilège (loi du 23 mars 1855. art. 6-2°), le vendeur peut utilement s'inscrire, l'immeuble étant entre les mains d'un sous-acquéreur, puisque le droit de préférence, pour lequel aucun délai n'est assigné, survit au droit de suite, ce qui permet au vendeur de primer les autres créanciers sur le prix de l'immeuble dû ou consigné par le sous-acquéreur ; sans doute encore, la transcription ou l'inscription du privilège du vendeur, destinée à conserver un état de chose antérieur, ne lui assigne pas un rang, pas plus qu'elle ne l'assigne à celui du co partageant, par exemple ; tout cela est incontestable. Mais ce qui ne l'est pas moins, c'est que, comme le dit l'éminent doyen de la Faculté, M. Colmet de Santerre, l'inscription, c'est la condition *sine qua non* du rang ; c'est la constatation du privilège jusque-là à l'état latent, la confirmation de son existence : mais cette confirmation du privilège, elle est aussi impossible que sa naissance, depuis la déclaration de faillite, puisque la situation respective des créanciers doit être arrêtée à cet instant à partir duquel ils ne sauraient ni améliorer, ni confirmer leurs droits. Qu'on soit tenté de trouver la loi bien rigoureuse, c'est possible ; mais sa disposition est absolue : l'art. 448 est formel ; d'ailleurs, l'article 2146 du Code civil, plus sévère encore, puisqu'il annulait les inscriptions prises dans les dix jours précédant la cessation des paiements, ne faisait aucune réserve concernant l'inscription des privilèges ayant cause antérieure au jugement déclaratif ; pourtant les rédacteurs du Code civil pouvaient-ils ignorer le délai indéfini ou limité, accordé par eux pour s'inscrire dans les articles 2108, 2109 et 2111 ? [1]

II. — DROIT DE RÉSOLUTION.

Ainsi, selon nous, la déclaration de faillite met obstacle à ce que le vendeur inscrive utilement son privilège. Il n'y a

[1] Bordeaux, 15 juill. 1857, S. 57, 2, 641. Nancy, 6 août 859, S. 59, 2, 594 — Rataud, à son cours — Colmet de Santerre, IX, 120 *bis* IX et s. — Mourlon, Transcription, II, n° 643 et s. — Boistel, Précis, n° 918 — Lyon-Caen et Renault, Précis, II, n° 2716.

MM. Aubry et Rau (4ᵉ édit. III, § 278, note 8, p. 358) enseignent bien en revenant sur leur précédente opinion, que le privilège du vendeur ne peut plus être utilement inscrit après le jugement déclaratif de faillite,

d'ailleurs pour lui que demi mal, car il y a une autre garantie : le droit de résolution. Nous allons essayer de démontrer que si le vendeur ne peut invoquer son privilège, à défaut de transcription on d'inscription en temps utile, il n'en
conserve pas moins le droit d'exercer pendant trente ans, à
l'encontre des créanciers de l'acheteur failli, l'action en résolution de la vente.

C'est ce qui n'était pas contesté avant 1855. Le doute vient
de ce que l'art. 7 de la loi du 23 mars de cette année n'autorise pas, après l'extinction du privilège, l'exercice de l'action
résolutoire. Pour le dissiper, il faut donc démontrer, quand le
vendeur ne s'est pas mis en règle avant la faillite de son
acheteur, ou que le privilège n'est pas éteint, ou que l'article 7 n'a pas prévu cette hypothèse.

La jurisprudence avait d'abord suivi le premier moyen.
Pour elle, si le vendeur qui avait perdu son privilège conti-
nuait de jouir de son action en résolution, c'est que l'extinction du privilège qui entraîne celle de l'action en résolution,
n'était pas complète, comme l'exige la loi. Le privilège
n'était pas éteint, son exercice seul était paralysé, suspendu.
Car la jurisprudence admettait qu'il pouvait être valablement
invoqué contre le failli, contre les tiers détenteurs et contre
les créanciers postérieurs à la faillite, et que toute entrave à
son plein exercice disparaissait même, si la faillite venait à
être effacée [1].

Si la solution de la jurisprudence était bonne, il faut

mais ils inclinent à admettre que « dans le cas où la faillite éclate immédiatement après la vente, le vendeur jouit, comme au cas de revente
suivie de transcription, d'un délai de quarante-cinq jours pour la conservation de son privilège. »

[1] Bordeaux, 15 juill. 1857, S, 57, 2, 641 — Grenoble, 13 mars 1858,
S, 59, 2, 209 — Cass. 1er mai 1860, S, 60, 1, 602 — Grenoble, 24 mai 1860,
S, 60, 2, 526 — Dijon, 13 juin 1864, S, 64, 2, 244.

avouer que les motifs qu'elle donnait à l'appui, laissent à désirer.

Si tant est d'abord que le privilège ne soit pas complètement éteint, on n'aperçoit pas bien contre qui il subsiste : serait-ce contre le failli ? mais les privilèges ne servent que contre les tiers ; contre les tiers détenteurs ? mais lesquels, puisqu'il ne s'agit que d'un conflit entre la masse et le vendeur, ce qui suppose que la propriété de l'immeuble n'a pas cessé de résider sur la tête de l'acheteur ; serait-ce enfin contre des créanciers postérieurs à la faillite ? mais le vendeur se trouvera-t-il jamais en lutte avec eux, les actes passés par le failli, après la déclaration de faillite restant sans effet à l'égard de la masse ?

En réalité, à l'égard de la masse, le privilège est tout à fait éteint, et n'y eût-il que cette condition pour faire écarter l'action en résolution, le vendeur chercherait vainement à en éviter la perte.

Mais l'art. 7 de la loi fondamentale sur la transcription n'a rendu l'action en résolution solidaire du privilège qu'à l'égard des tiers qui ont acquis du chef de l'acheteur un droit sur l'immeuble et qui l'ont conservé conformément à la loi [1]. Donc déjà tant que le syndic n'a pas inscrit l'hypothèque de la masse sur les immeubles du failli, le privilège rendu public après la déclaration de faillite, est certainement perdu ; mais il est non moins certain que le vendeur conserve son action en résolution,

Mais lorsque le syndic a pris inscription, la jurisprudence enseigne maintenant que l'action en résolution du vendeur pour défaut de paiement du prix ne peut plus être intentée contre la masse. Ce revirement date de l'arrêt de cassation

[1] V. Lyon, 6 avril 1865, S, 66, 2, 196 et la note.

du 24 mars 1891 (V. S. 91, 1, 209 et là note de M. Lyon-Caen). M. Lyon-Caen appuie de toute son autorité la nouvelle jurisprudence. Trois conditions sont requises pour l'extinction de l'action résolutoire, et toutes trois selon lui sont remplies. C'est d'abord que le privilège soit éteint : nous le reconnaissons avec lui. Il faut en outre que le vendeur soit en présence de tiers ayant acquis des droits réels sur l'immeuble vendu du chef de l'acheteur, et que ces mêmes tiers les aient conservés, en remplissant les formalités légales. D'après notre savant maître, ces conditions se trouveraient encore remplies, la masse des créanciers chirographaires de l'acheteur ayant un droit réel sur les biens de leur débiteur failli, droit qu'ils conserveront et rendront opposable aux tiers par l'intermédiaire du syndic, chargé de prendre inscription de l'hypothèque que leur confère l'art. 490 du Code de commerce. Dès cette inscription le vendeur est donc privé de son action résolutoire comme du privilège.

Telle est la solution de la jurisprudence et de M. Lyon-Caen. Il la trouve, il est vrai, très rigoureuse pour le vendeur : « Celui-ci, dit-il, est placé dans une situation fort mauvaise, contre laquelle il ne lui est pas toujours possible de se prémunir. La faillite de l'acheteur peut survenir le lendemain de la vente, et dans notre opinion, le malheureux vendeur privé et de son privilège et de son action résolutoire en est réduit à se présenter comme simple créancier chirographaire, alors qu'il n'y a aucun reproche à lui faire, puisqu'il n'a pas eu le temps de rendre son privilège public par la transcription de la vente ou par une inscription spéciale ». Ainsi la situation du vendeur mériterait souvent plus de ménagement ; voyons donc s'il ne serait pas possible de décider que, lors même que le syndic de la faillite aurait pris au nom de la masse l'inscription prescrite par l'art. 490 du Code de commerce, avant la transcription de la vente et l'exercice de l'action résolutoire, le vendeur serait cependant en droit d'intenter utilement cette action ?

On serait d'autant plus porté à admettre ce tempérament, qu'on assurerait ainsi au vendeur une compensation à la perte de son privilège. Les principes ne semblent pas s'opposer à ce qu'il en soit ainsi : d'une part, le vendeur qui a le droit de faire résoudre la vente contre le failli, ne l'aurait pas contre ses créanciers ? Seraient-ils bien fondés à se plaindre d'actes passés antérieurement à la faillite, pour lesquels, par conséquent, la loi ne les protège pas ? L'immeuble n'est-il pas entré dans le patrimoine grevé de l'action résolutoire, et le gage des créanciers, qui porte sur cet immeuble comme sur l'ensemble du patrimoine, n'est-il pas affecté comme l'est l'objet sur lequel il porte ? Dès lors, si l'acheteur n'a qu'une propriété résoluble, comprendrait-on que ses créanciers n'aient pas un droit de gage résoluble lui-même ? La survenance de la faillite pourrait-elle empêcher qu'il en soit ainsi, puisqu'elle n'affecte les biens du débiteur qu'en l'état où ils sont, et par suite sous la réserve des charges qui les grèvent ?

Ce qui confirme d'autre part dans cette manière de voir et dissipe tous les doutes, c'est que l'article 7 n'a point eu en vue le cas de faillite, mais uniquement l'intérêt des sous-acquéreurs et de leurs créanciers hypothécaires. La loi de 1855 a voulu pourvoir à la sûreté des acquéreurs d'immeubles, et consolider leur propriété en la mettant à l'abri des évictions imprévues, provenant du privilège et de l'action résolutoire du précédent vendeur ; l'hypothèse principale à laquelle se réfère l'art. 7 est la suivante : une vente d'immeuble a été suivie d'une revente qui seule a été transcrite ; passé les quarante-cinq jours à dater de la première vente, le second acheteur est à l'abri de tout recours possible du premier vendeur. Il faut donc entendre par « tiers qui ont acquis des droits sur l'immeuble du chef de l'acquéreur, et qui se sont conformés aux lois pour les conserver », les sous-acquéreurs ayant transcrit, ou les créanciers hypothécaires ayant inscrit leur hypothèque, c'est-à-dire, ayant respectivement satisfait au principe de publicité quant à leurs garanties. On voit combien l'art. 7 de la loi de 1855 est étranger à la question d'une vente non transcrite avant la faillite de l'acheteur ; les créanciers du failli ne peuvent pas être considérés comme tiers dans le sens de l'art. 7. Qu'on n'objecte pas que l'inscription prise par le syndic dans l'intérêt de la masse, les range dans la catégorie des tiers que vise l'art. 7. Sans doute, comme l'exige cet article, ils ont bien, par l'intermédiaire du syndic, conservé le droit dont ils sont investis en se conformant aux lois ; mais ce droit, l'acquièrent-ils du chef de l'acquéreur, comme l'exige aussi l'art. 7? Evidemment non, puisqu'ils le tiennent de la loi. Ils ne remplissent donc pas les conditions de l'art. 7 et ne sauraient l'invoquer pour priver le vendeur de son action résolutoire [1].

Le vendeur ne perdant pas son action en résolution, il n'y aurait aucun inconvénient à ce qu'il conservât aussi son privilège ; la masse serait désintéressée dans la question, puisque d'une façon ou d'autre le vendeur retire de son gage l'immeuble ou sa valeur. Cependant la saine interprétation des textes nous a conduit à refuser au vendeur l'exercice de son privilège.

Ainsi que nous l'avons vu plus haut, le vendeur de

<hr>

[1] Rataud, à son cours — Colmet de Santerre, IX, 120 *bis*, XII et s. — Mourlon, Transcription, n° 811 et s. — Aubry et Rau, III, § 278, note 10, p. 359 — Boistel, Précis, n° 918, — *Contra* : Riom, 1er juin 1859, S. 59, 2, 597 Cass. arrêt cité, p. 120 — Lyon-Caen et Renault, Précis, II, n° 2717.

meubles jouit encore d'un droit de revendication (C. cir. art. 2102-4° et C. com. art. 576).

Le silence de la loi refuse formellement aux vendeurs d'immeuble toute semblable garantie. On peut être tenté de reprocher au législateur d'avoir accordé moins de garanties au vendeur d'immeuble qu'au vendeur de meubles; le reproche serait en apparence fondé en matière civile, mais en apparence seulement, car le droit de revendication n'est qu'une juste compensation pour le vendeur de meubles, du peu d'avantages que lui confère son privilège, en raison de sa fragilité extrême; mais il ne le serait plus, même en apparence, en matière commerciale. En effet, ce droit de revendication de l'art. 2102-4° est supprimé par l'art. 550 du Code de commerce, et bien que l'article 576 paraisse le rétablir, ce n'est que nominalement, car nous avons démontré que sous ce nom de revendication, l'art. 576 n'avait en vue, pour le limiter, que l'exercice du droit de résolution.

APPENDICE I

DROITS DU VENDEUR NON PAYÉ EN CAS DE LIQUIDATION JUDICIAIRE
DE L'ACHETEUR

Nous avons jusqu'ici examiné le cas ou le vendeur non payé se trouve en présence d'un acheteur déclaré en faillite. Supposons maintenant que par application de la loi du 4 mars 1889, cet acheteur ait obtenu le bénéfice de la liquidation judiciaire.

Cette hypothèse ne nous retiendra pas longtemps, attendu que l'art. 24 de la loi de 1889 prononce un renvoi général au Code de commerce pour toutes les dispositions non modifiées par elle. Or aucun changement n'a été apporté à celles qui concernent la faillite et s'appliquent au sujet que nous traitons. Nous n'avons donc nous-même qu'à renvoyer à tous les développements que nous avons donnés touchant la faillite de l'acheteur [1].

APPENDICE II

APERÇU DE LÉGISLATION COMPARÉE

Les dispositions législatives concernant le vendeur non payé, en cas de faillite de l'acheteur, nous étant connues, il

[1] V. notamment un jugement du Tribunal de commerce de Marseille du 24 juin 1889 (Gir. et Clar. 67, 1, p. 259), qui étend à la liquidaion judi-

n'est peut-être pas sans intérêt de rechercher quel sort a été fait à ce vendeur par les lois des principales nations.

§ I. — *En ce qui concerne le vendeur de meubles*

Occupons-nous d'abord du vendeur de meubles.

La loi commerciale française l'a assez durement traité. S'il n'a pas livré l'objet vendu, elle lui reconnaît bien le droit de rétention et celui de résolution; mais dans le cas inverse, elle lui supprime le privilège et le droit de revendication, et si elle lui accorde le droit de résolution, ce n'est que dans une étroite mesure, alors que l'objet vendu n'est pas entré en la possession de l'acheteur de façon à accroître manifestement son crédit.

La plupart des législations étrangères, hormis celle de l'Autriche [1], ont aussi restreint les droits du vendeur qui s'est imprudemment dessaisi des marchandises vendues en faveur de l'acheteur [2]. Elles sont d'accord avec notre code de commerce pour enlever au vendeur le droit, au moyen de l'action en résolution, de retirer de l'actif de l'acheteur un objet que

ciaire la jurisprudence admise en cas de faillite sur les effets de la résolution du marché obtenue par le vendeur contre l'acheteur mis en état de liquidation judiciaire.

[1] En Autriche, en effet, les droits du vendeur nullement restreints par la faillite de l'acheteur, restent soumis aux dispositions du Code civil, comme s'il n'y avait pas faillite (loi du 25 déc. 1868 sur les faillites, art. 26 et 137). Il résulte même de l'art. 26 que, en cas de revente de la chose depuis l'ouverture de la faillite, le revendiquant peut exiger le prix de vente de la masse, si elle l'a déjà touché, sinon de celui qui le doit encore. Toutes dettes qui dérivent de conventions valables, antérieures à l'ouverture de la faillite, sont d'ailleurs à la charge de la masse (même loi, art. 29-2.).

[2] Le code de commerce portugais ne s'occupe spécialement de la faillite de l'acheteur, que pour décharger le vendeur de son obligation de livrer avant paiement du prix (C. com. port. de 1888, art 468).

e s créanciers avaient été autorisés à prendre pour un de ses éléments.

Le droit de résolution existe cependant encore en matière commerciale dans les Pays-Bas et en Espagne [1] ,(C, com. holl. art, 230 et s, — esp., art. 908 et 909-8°). Seulement il est entouré de tant de conditions que ce n'est que dans très peu de cas que le vendeur pourra s'en servir. C'est ainsi qu'en Hollande, les marchandises ne peuvent être revendiquées si elles n'ont pas été confondues avec d'autres, passé trente jours à dater de celui où elles sont livrées au failli (C. com, holl., art. 232). Mais tandis que le Code hollandais autorise la revendication dans les ventes à crédit, comme dans les ventes au comptant, quand même les marchandises auraient été déballées ou diminuées, en Espagne, la revendication n'est permise que dans les ventes au comptant, et que, tout autant qu'entrées dans les magasins du failli, les marchandises s'y trouvent encore emballées avec leurs marques ou leurs numéros respectifs (C. com. esp., art. 909-8°). Dans de telles conditions, il arrivera souvent que le vendeur sera dans l'impossibilité d'exercer la revendication, ce qui est juste, étant donné que dès l'instant où il a voulu placer sa confiance dans le failli, en lui livrant les marchandises, on n'aperçoit pas en vertu de quelles considérations il devrait être traité avec plus de ménagements que les autres créanciers de l'acheteur.

Toutes les législations cependant, comme la nôtre d'ailleurs, reconnaissent au vendeur, sous le nom de revendication, l'action résolutoire de la vente, quand les marchan-

---

[1] Il est à noter en effet que, sous le nom de revendication, le code néerlandais traite en réalité du droit de résolution ; ses dispositions ne laissent aucun doute à cet égard ; de même en Espagne. C'est la même erreur qu'ont commise, dans l'art. 576, les rédacteurs du code de commerce français.

dises ne sont pas encore entrées dans les magasins de l'acheteur (C. com. belge, art. 568 — italien, 804 — roumain, 817 — monégasque, 547 — argentin, 1509 [1] — loi fédérale suisse du 11 avril 1889, sur la poursuite pour dettes et la faillite, art. 203).

N'est-ce pas une disposition inconciliable avec l'œuvre égalitaire qu'ont voulu faire les législateurs, des différents pays? Le vendeur qui a livré les marchandises, nous le répétons, s'est confié entièrement à l'acheteur, tout comme un simple créancier chirographaire. En quoi sa situation devient-elle plus digne d'intérêt, quand les marchandises, bien que livrées, sont encore en cours d'expédition? Ce n'est pas la crainte que l'acheteur, sur le point de tomber en faillite, ne multipliât ses achats, qui a pu décider à accorder au vendeur la revendication de la marchandise en cours de route, parce que, sur le point de tomber en faillite, l'acheteur a recours au moins autant, sinon plus, aux emprunts qu'aux achats. Serait-ce le commerce, qui serait intéressé au maintien de cette garantie? Non encore, car elle est une source fertile de contestations, tout en n'offrant au vendeur qu'une sûreté sur laquelle il ne peut compter que d'une façon très incertaine. D'où vient donc l'entente commune entre les législateurs des différents pays pour conserver au vendeur une telle garantie? « Ce système (de la revendication) des marchandises en route, a son explication historique..... Il a dû se former à une époque où les notions de la tradition et du transfert de la propriété mobilière, encore à l'état de rudiment, manquaient de précision. Partant de l'idée que la tradition opère la mutation des meubles, idée peu exacte du cou-

---

[1] Ces législations laissent également comme la nôtre, aux syndics ou curateurs de la faillite, la faculté d'exiger la livraison des marchandises, en échange du prix convenu (C. com. belge art. 571 — holl., 239 — ital., 806 — esp., 909 dernier alinéa — roum. 8, 19. — monégasque, 549. — Argentin, 1513).

trat de vente, d'après le droit romain, mais vraie de la généralité des conventions, on s'était dit que le vendeur devait demeurer propriétaire et par conséquent apte à revendiquer, jusqu'au moment où la tradition serait parfaite. Or dans les envois à travers la distance, l'acheteur est ensaisiné par la réception des marchandises à destination. Cette allégation a été depuis reconnue fausse dans la plupart des cas, du moins : on peut acquérir la possession par autrui ; il arrivera maintes circonstances où l'agent de transport jouera au départ le rôle de représentant de l'acheteur pour recevoir la délivrance. Même quand les parties n'auraient pas entendu donner à la prise en charge cet effet juridique, il se pourra que l'expédition à l'acheteur du titre de transport, connaissement ou lettre de voiture, entraîne au fond délivrance dès avant la fin du voyage, l'acquéreur se disant à bon droit possesseur, puisqu'il a en main les pièces qui lui permettront de retirer le colis. Mais ces perfectionnements successifs introduits dans la doctrine de la possession n'ont pas altéré l'application de la règle primitive à la vente et à la faillite. La revendication *in transitu* s'est maintenue et a vu même avec le temps sa popularité redoubler ». (Thaller, des faillites en droit comparé, II, p. 104). Le droit du vendeur de marchandises, de les reprendre lorsqu'elles sont en cours de route, trouve donc son origine dans le vieux précepte abandonné par le Code civil que la tradition réelle seule entraîne mutation de la propriété, et sa raison d'être dans cette considération que les marchandises n'ont pas pu influer sur le crédit que l'acheteur a obtenu des tiers.

Mais si les législations étrangères se rencontrent avec la nôtre sur la reconnaissance au vendeur de son droit de reprise des marchandises en cours d'expédition, toutes n'en déduisent pas comme elle les mêmes conséquences, et n'exigent pas pour son exercice les mêmes conditions.

Nous avons été étonnés de voir le législateur français mettre à la charge du vendeur revendiquant les frais de transport et autres. L'inobservation du marché étant imputable à l'acheteur, ne devrait-il pas indemniser le vendeur du préjudice qu'il lui cause ?

C'est ce que les principes laisseraient supposer. Pourtant il n'en est rien en France [1], puisqu'il ressort bien de l'esprit du Code de commerce que la résolution s'effectue sans dommages-intérêts pour le vendeur.

Mieux inspirées ont été les législations qui ont tenu compte des principes généraux qui dominent les conventions comme la vente. Telles sont les lois des pays suivants : Allemagne (Code sur les faillites de 1877), Espagne, Suisse, etc. Il n'est rien dit dans chacune d'elles, touchant le remboursement des frais : il est donc permis de penser que la résolution se produirait dans chacun de ces pays au profit du vendeur, avec faculté pour lui de réclamer des dommages-intérêts, notamment dans le cas de baisse du cours des marchandises au moment de la résolution [2].

---

[1] Et de même en Belgique (C. com., art. 569), dans les Pays-Bas (id., art. 235), en Italie (id. art. 804-3'), en Roumanie (id. art. 817-3°) dans la Principauté de Monaco (id., art. 547-3° et dans la République Argentine (id., art. 1507). — En Autriche, bien que la revendication du vendeur soit réglée, même en cas de faillite, par les dispositions générales du Code civil, néanmoins, les frais faits à l'occasion de la chose à restituer par le failli ou la masse, restent à la charge du revendiquant qui en doit le remboursement (Loi du 25 déc. 1868 sur des faillites, art. 27).

[2] Plusieurs articles d'ailleurs de ces diverses lois posent nettement le principe de la résolution avec dommages-intérêts. C'est notamment l'art. 22 de la loi autrichienne de 1868, qui, visant l'accomplissement des formalités antérieures à la faillite, décide que si la partie qui a traité avec le failli, a seule rempli ses engagements, elle a un recours contre la masse avec dommages-intérêts, faculté qu'elle conserve encore, si c'est la masse qui n'exécute pas la convention — De même en Angle-

On ne peut aussi qu'approuver les législateurs étrangers, la Belgique exceptée (C. com., art. 568 *in fine*), de ne pas avoir reproduit les conditions dont le législateur français s'est plu à entourer l'exercice, par le vendeur, de son droit de revendication. En les étudiant, ces conditions, nous les avons critiquées [1], nous trouvons un nouveau sujet de reproche à leur faire dans cette constatation, que la presque unanimité des législations étrangères, les passe sous silence. Il en résulte en effet que, puisque les vendeurs étrangers ignorent les formalités de notre Code, l'acheteur aura le plus souvent à sa disposition les deux pièces, facture et lettre de voiture ou connaissement, non signées. Comment parviendra-t-il à trouver du crédit sur les marchandises durant eur trajet ? Le nouvel acquéreur, auquel il s'adressera, ne réclamera pas la signature du vendeur sur les deux pièces, ou bien parce qu'il sera étranger, ou bien parce que l'acheteur lui inspirera assez de confiance. N'est-il donc pas à craindre que l'acheteur ne parvienne pas à se défaire des marchandises pendant le temps du voyage ?

Et que dirons-nous encore des législations qui, sauf aussi la Belgique, n'exigent pas pour la validité des reventes, la remise des deux pièces au sous-acquéreur ? Cette suppression lève l'obstacle que la nécessité de la transmission des deux pièces mettait aux reventes partielles, ce qui les rendait

---

terre, la créance des dommages-intérêts pour inexécution d'un contrat conclu avec le failli, est admissible à la faillite (Loi de 1883, art. 55-5°). — Enfin la Cour de cassation belge, s'appuyant sur des textes identiques à ceux de la loi française, a admis que le vendeur de marchandises peut se faire admettre à la faillite pour des dommages intérêts, si le syndic n'offre pas de prendre livraison contre paiement intégral, c'est-à-dire, si le contrat reste inexécuté (Cass. belge 7 févr. 1889, S. 90,4,1 et la note en ce sens de notre savant maître, M. Labbé). On sait que la Cour de cassation s'est prononcée, en France, en sens contraire.

[1] V. *Supra*, p. 104.

presque impossibles, et elle facilite en même temps les transactions sur les marchandises, en n'obligeant pas l'acheteur à divulguer, par la remise de la facture, le prix fixé dans la première vente. N'est-il pas d'ailleurs plus logique de laisser l'endossement produire ses effets ordinaires? Une cession à l'acheteur par une pareille voie de la lettre de voiture ou du connaissement, le rend propriétaire des marchandises, et les met à sa disposition. C'est là plus qu'il n'en faudrait pour priver le vendeur de son action en résolution, sans qu'il soit nécessaire pour la validité des reventes éventuelles, durant le trajet que les marchandises ont à parcourir, que remise soit faite au sous-acquéreur non-seulement dela lettre de voiture ou du connaissement, mais encore de la facture[1] .

Voilà ce qui concerne le vendeur qui a livré. Quant au vendeur qui ne s'est pas dessaisi, il ne pouvait être traité aussi sévèrement, n'ayant pas témoigné à l'acheteur le même degré de confiance. Aussi toutes les législations s'accordent-

---

[1] C'est ainsi qu'en Angleterre, « le droit de revendication n'est pas perdu seulement quand la chose vendue a été livrée à l'acheteur : il l'est également dans le cas où l'acheteur, même avant cette livraison, a endossé au profit d'un tiers un connaissement relatif à la chose vendue. » (Loi anglaise sur la faillite du 25 août 1883, traduite et annotée par M. Lyon-Caen. Introduction, p. XLIII). — De même l'art. 203 *in fine* de la loi fédérale suisse du 11 avril 1889 sur la poursuite pour dettes et la faillite, décide que la revendication ne peut s'exercer, si les choses ont été vendues ou données en gage à un tiers de bonne foi, sur lettre de voiture, connaissement ou lettre de chargement. — Enfin l'art. 238 du code de commerce néerlandais décide que la revendication sera non avenue, si un tiers a de bonne foi acheté les marchandises en route sur facture et connaissement ou lettre de voiture (Sic, C. Com. arg., art. 1509). Seulement, il y a ceci de particulier, que la législation hollandaise donne au vendeur primitif le droit de réclamer jusqu'à concurrence de ce qui lui est dû, le prix encore dû par le second acheteur. Et le vendeur, pourvu qu'il en fasse la demande dans les trente jours après la première livraison, n'a pas àcraindre la confusion du prix dans la masse ; tant que le second acheteur n'a pas payé ; la demande faite par le vendeur primitif dans le délai indiqué, lui conserve un privilège sur le prix de la revente (C. com. holl. art. 238 et 245 combinés).

elles pour lui reconnaître la faculté de rétention (C. com.
belge, art. 570, — ital., 805 — roum., 818 — monég.,
548) [1].

Mais, dès que les marchándises vendues sont sorties de
ses magasins, il perd son droit de rétention et aussi le moyen
de le recouvrer par la faculté de revendication de la possession. Ce bénéfice, en effet, la loi française ne le lui reconnaît
qu'en matière civile (C. civ., art. 2102-4°), ainsi que les
législations étrangères (C. civ, belge, art. 2102-5° (loi du
16 déc. 1851), — ital., 1513 — esp. de 1889, 1922-1°). En
Angleterre pourtant, lorsque les marchandises sont en cours
de transport, le vendeur peut les arrêter tant que l'acheteur
n'en a pas pris possession. Cet arrêt des marchandises durant
leur trajet, appelé le *stoppage in transitu*, permet au vendeur
de rester en possession de ce qu'il a livré. Quant à ses conséquences, il ressort des décisions judiciaires rendues sur ce
point, qu'elles n'on trait qu'à la reprise de la possession et
non à la résolution de la vente. Cependant ce droit du vendeur anglais semble bien correspondre, ainsi que le fait
remarquer notre savant maître, M. Lyon-Caen, au droit de
revendication accordé, dans la législation française, au vendeur en cas de faillite de l'acheteur [2]. Les analogies entre eux
sont nombreuses. Pour ne rappeler que les principales, nous
ferons remarquer qu'il faut, pour l'exercice de l'un et de
l'autre droit, que les marchandises soient en cours de route,
que ni l'acheteur ni un tiers en son nom n'en aient pris possession, et qu'elles n'aient pas été revendues à un tiers auquel
l'acheteur aurait, par exemple, endossé le connaissement.

Le vendeur anglais trouve aussi dans le *stoppage in tran-*

---

[1] V. Thaller ,op. cit., p. 91.

[2] Lyon-Caen, loi anglaise snr la faillite du 25 août 1883. Introduction,
p. XLIII.

situ, le moyen de conserver le privilège que lui ferait perdre toute livraison faite à l'acheteur. C'est là un avantage que ne lui procure pas la loi française qui abolit purement et simplement le privilège du vendeur en cas de faillite de l'acheteur. Cette proscription, on la retrouve d'ailleurs dans maintes législations qui, comme le code de commerce espagnol, et la loi suisse sur la faillite de 1889, ne mentionnent au profit du vendeur aucune espèce de privilège. Ce n'est d'ailleurs que justice et cela pour bien des raisons ; parce que d'abord, comme le remarque avec raison, M. Thaller (op. cit., p. 90), « le privilège s'exerce sur une valeur livrée à l'acheteur, dont le créancier n'est pas saisi » ; qu'on n'aperçoit pas non plus pour quelles raisons le vendeur qui a suivi, en livrant, la confiance de l'acheteur, serait plus favorisé que les autres créanciers, et qu'enfin, permettre au vendeur d'invoquer une telle garantie, ne serait pas sans danger pour les créanciers qui auraient à en souffrir, bien qu'occulte, et partant aussi pour le développement des transactions et du crédit commercial.

La Belgique, l'Italie et la Roumanie ont évité ce dernier reproche en ce qui concerne le privilège du vendeur de machine. Ce privilège est soumis à la publicité : transcription de l'acte de vente devant être faite au greffe du tribunal de commerce, dans un délai plus ou moins court suivant les différents pays (quinze jours en Belgique, trois mois en Italie et en Roumanie). Quant au privilège, il doit-être exercé dans un délai partant du jour de la livraison, de deux ans en Belgique et de trois ans en Italie et en Roumanie [1].

La conclusion qui ressort de cet aperçu de droit comparé, est que les législateurs des différents pays ont naturellement

---

[1] V. C. com. belge, art. 546 — ital, 773-3° — Roum. 786-3°.

été amenés à prendre pour base de la réglementation des droits du vendeur, la distinction entre le cas où il n'a pas livré la marchandise vendue, et celui où il s'est, au contraire, décidé à accorder sa confiance à l'acheteur. Ce qui empêche la différence entre les deux situations d'être tout à fait tranchée, c'est pour le vendeur cette faculté, qu'ont insérée dans leurs articles presque toutes les lois continentales, de reprendre sa marchandise, pourvu qu'au moment de la déclaration de faillite, elle soit encore en cours de voyage.

C'est là un vestige des garanties exorbitantes dont jouissait le vendeur qui gardait son droit de propriété et pouvait l'affirmer par la revendication, tant que la tradition réelle et véritable de la chose vendue n'avait pas été effectuée. Prévoir la disparition de ce dernier débris de ses prérogatives redoutables, ce n'est pas une conjecture trop hardie, quand on constate les progrès accomplis dans l'œuvre destructive des droits du vendeur. C'est d'abord son droit de revendication qui est battu en brèche par les nouveaux principes du Code civil sur le transfert de la propriété par la simple convention ; c'est son droit de revendiquer la possession, que lui avait accordé le même Code, comme compensation, que vient lui enlever le Code de commerce. Les limites vont se resserrant, et il ne lui reste plus qu'une revendication, possible seulement quand les marchandises ne sont pas arrivées. Mais contre cette dernière ressource, les tendances spoliatrices s'accusent toujours. C'est la science juridique qui perfectionne la doctrine de la possession par autrui, permettant aussi que dans bien des cas, la possession passe à l'acquéreur dès la remise de la chose à l'agent de transport ; c'est le commerce qui, par ses interprètes, les chambres de commerce, se déclare hostile au maintien de la revendication *in transitu ;* c'est enfin le grand nombre des contestations qui portent sur cette revendication. Et cette hostilité s'explique étant donné que la vente a cessé d'être l'unique source du commerce. A côté d'elle, ont pris naissance et se sont développés d'autres éléments et d'autres formes de l'activité commerciale. Pour l'extension du crédit, il fallait réduire ou supprimer les garanties excessives et dangereuses ; c'est ce que les législateurs ont compris.

Peut-être, n'ont-ils pas fait le dernier pas dans cette voie. Déjà nous voyons la loi suisse fédérale de 1889, empêcher celui qui avant la faillite, a vendu et livré un objet, de le réclamer ou de demander la résiliation du contrat, se fût-il même expressément réservé cette faculté (Loi fédérale suisse du 11 avril 1889, sur la poursuite pour dettes et la faillite, art. 212).

§ II. — *En ce qui concerne le vendeur d'immeuble.*

Le vendeur d'immeuble jouit en outre des moyens d'action que le droit commun reconnaît à tous les créanciers, de deux garanties exceptionnelles : le privilège et le droit de résolution.

Le privilège, en sa qualité de garantie immobilière, est assujetti à la publicité et le vendeur qui ne l'aurait pas encore rendu public au moment de la déclaration de faillite, ne serait plus que simple créancier chirographaire du prix de vente. C'est du moins ainsi que nous l'avons décidé . Et de même, la plupart des législations d'Europe ont admis que la publicité des garanties immobilières ne saurait s'effectuer après la déclaration de faillite (C. com. belge, art. 447 —

---

¹ V. *supra*, p. 117 et s.

TOURS, IMP. E. MAZEREAU. — E. SOUDÉE, SUCCESSEUR

ital., 710 — roum., 723 — monég., 419 — loi autrich. sur les faill. de 1868, art. 11) [1].

Le vendeur perd donc son privilège, lorsque la vente n'a pas été transcrite avant la déclaration de faillite ; mais si le privilège est non avenu, cependant la masse des créanciers de l'acheteur ne profite pas de l'immeuble. Car le vendeur a pour ressource le droit de résolution, garantie qui ne disparaît pas avec la faillite, nous le savons déjà [2]. De telle sorte qu'il y a un manque d'harmonie dans les dispositions de la loi puisqu'elle supprime le privilège, sans toucher à une garantie non moins dangereuse pour la masse.

La législation belge a un système qui lui est propre. C'est celui de la loi de révision du 16 décembre 1851. En vertu des dispositions de cette loi, c'est bien la transcription qui conserve le privilège, mais c'est aussi seulement par la trans-

[1] Bien que les Codes de commerce espagnol et hollandais ne disent pas expressément que toute publicité donnée à l'hypothèque ou au privilège, après la déclaration de faillite, le soit tardivement, c'est cependant ce qu'ils permettent de croire, puisqu'ils posent nettement le principe du dessaisissement pour le débiteur de la disposition et de l'administration de ses biens (C. comm. holl., art. 770 — esp., art. 878). Or une garantie qui exige pour sortir tous ses effets, l'accomplissement de certaines formalités destinées à la rendre publique, est une garantie incomplète qui demande confirmation. Cette confirmation pourrait-elle pour donner plein effet à des droits, intervenir à un moment où ces droits ne pourraient pas même prendre naissance ?

Quoi qu'il en soit, en Espagne, le vendeur d'immeuble sera préféré sur l'immeuble aliéné, si son hypothèque sur cet immeuble, a été transcrite sur le registre de la propriété (C. civ. esp. art. 605 et s., 1923-3°). Il n'apparaît pas d'ailleurs que la créance du prix jouisse d'un privilège analogue à celui de l'art. 2103-1° de notre Code civil (V. C. civ esp., art. 1921 à 1925). Il en est différemment pour le vendeur de meubles (même C., art. 1922-1°). — En Hollande, l'inscription de l'hypothèque consentie en vertu de l'acte d'acquisition sur l'immeuble aliéné au profit de l'aliénateur, doit être inscrite dans les huit jours de la transcription de la vente sur les registres publics. Elle primera alors les hypothèques dont l'acquéreur aurait pu dans cet intervalle grever l'immeuble (C. civ. holl., art. 1227).

[2] V. *supra*, p. 118 et s.

cription que la propriété est transmise à l'égard des tiers [1]. Qu'en résulte-il ? C'est que si la transcription a eu lieu avant la déclaration de faillite, elle conserve au vendeur toutes ses garanties ; au contraire, faite après elle reste inopérante, à cause du dessaisissement, de telle sorte que, comme c'est grâce à elle que s'opère le transfert de la propriété à l'égard des tiers, le vendeur peut revendiquer l'immeuble, puisqu'il n'a pas cessé d'en être propriétaire vis-à-vis des tiers, et que la masse des créanciers constitue bien un tiers.

C'est un système à peu près identique que paraît avoir adopté le code civil espagnol de 1889. Son article 606 dit en effet que les titres de propriété ou d'autres droits réels sur les immeubles qui ne sont pas dûment mentionnés et transcrits sur le registre de la propriété, ne portent point préjudice aux tiers. Si donc les droits soumis à transcription restent sans effet contre eux, tant qu'ils n'ont pas été transcrits, la masse ne peut pas, jusqu'à l'accomplissement de cette formalité, comprendre l'immeuble vendu dans l'actif du failli : par suite le vendeur peut le revendiquer.

En Italie, tant que la vente n'a pas été transcrite, l'aliénateur est à l'abri des droits que pourrait conférer l'acquéreur sur l'immeuble ; leur transcription ou inscription ne prévaudrait pas contre l'hypothèque légale accordée au vendeur par le législateur italien (C. civ. ital. art. 1942-2° et 1969-1°). En présence de cette disposition qui fixe l'aliénation avec les charges qu'elle contient pour l'acquéreur au jour de la transcription, n'est-il pas permis de penser que peut-être malgré une transcription faite après la déclaration de faillite, le vendeur serait cependant préféré à la masse ?

[1] En ce sens : Laurent, principes de droit civil, XXX, n° 83, p. 74.

Nous arrêterons ici notre modeste étude. Nous ne la présentons ni comme neuve, ni cependant comme ayant épuisé un sujet déjà traité. Seulement, pour emprunter notre conclusion à l'excellent ouvrage de M. Thaller, la matière était « singulièrement ténébreuse et hérissée de broussailles », et notre imperfection aura pour excuse son obscurité. Nous n'avons pas la prétention d'être complet, et nous serons heureux si nous avons pu apporter la lumière sur quelques points, et si nos savants maîtres reconnaissent que les leçons qu'ils nous ont données, n'ont pas été infructueuses pour nous. Qu'ils nous permettent de consigner publiquement à la fin de ce travail, l'expression de toute notre gratitude et de notre profond respect.

POSITIONS

—

POSITIONS DANS LA THÈSE

DROIT ROMAIN

I. — Lorsque la tradition de la chose vendue avait été faite à l'acheteur, sous la condition tacite du payement du prix, le vendeur avait les interdits contre les tiers, mais non contre l'acheteur. (V, p. xxxv et s.).

II. — En droit romain, la condition résolutoire, pour défaut de payement du prix, n'était pas sous-entendue dans la vente. (V. p. lvii et s.).

III. — La *lex commissoria* pouvait affecter la vente d'une condition suspensive (V. p. lviii et s.).

IV. — Les actions *venditi* et *præscriptis verbis* pouvaient être arbitraires. (V. p. xcviii et s.).

V. — La théorie d'Ulpien, selon laquelle la propriété revenait de plein droit au vendeur par l'effet de la condition résolutoire, fut consacrée législativement par Justinien. (V. p. cxv et s.).

VI. — En droit romain, le vendeur n'avait pas de privilège sur la chose vendue. (V. p. cxxiii et s.).

DROIT FRANÇAIS

I. — Le vendeur de marchandises non payé, qui exerce le droit de rétention en vertu de l'art. 577 du Code de commerce, peut, en cas de résolution du contrat, produire à la faillite pour des dommages-intérêts (V. p. 25 et s.).

II. — L'art. 1657 du Code civil est applicable aux ventes commerciales (V. p. 39 et s.).

III. — Le commissionnaire qui a acheté en son nom personnel et a payé le prix au vendeur, peut exercer les droits et actions de ce dernier contre la faillite du commettant (V. p. 80 et s).

IV. — Pour que le gage constitué par l'acheteur sur les marchandises en cours de route puisse être opposé au vendeur revendiquant, il suffit que les formalités de l'art. 92 du Code de commerce aient été remplies ; l'art. 576 de ce même Code n'est pas applicable à cette hypothèse (V. p. 106 et s,).

V. — Le privilège du vendeur d'immeuble n'est pas opposable à la masse des créanciers de la faillite, si, au jour où le jugement déclaratif est rendu, le vendeur n'a pas encore accompli les formalités de publicité conservatoires de son privilège (V. p. 116 et s.).

VI. — Nonobstant l'extinction de son privilège pour défaut de transcription ou d'inscription en temps utile, le vendeur d'immeuble conserve son action en résolution à l'encontre de la masse (V. p. 118 et s.).

POSITIONS EN DEHORS DE LA THÈSE

DROIT ROMAIN

I. — La translation de la propriété ne s'effectue pas si les parties sont en désaccord sur le but de l'aliénation à laquelle elles consentent.

II. — Les affranchis pouvaient être adrogés par leur patron et par un tiers avec le consentement de ce dernier.

III. — La constitution de dot n'emporte pas de plein droit garantie en cas d'éviction.

IV. — La *venditio bonorum* n'avait pas pour effet de libérer le débiteur de ses obligations antérieures.

DROIT CIVIL

I. — L'antinomie entre les art. 692 et 694 du Code civil n'est qu'apparente.

II. — En ce qui concerne les créances héréditaires, le partage est déclaratif de propriété conformément à l'art. 883 du Code civil.

III. — Le codébiteur déchargé de la solidarité n'a pas d'action récursoire contre le créancier pour se faire rembourser la somme représentant sa portion contributoire dans la part de son codébiteur insolvable.

IV. — La séparation de biens résultant accessoirement du jugement qui prononce la séparation de corps ne rétroagit pas au jour de la demande.

DROIT COUTUMIER

I. — La réserve coutumière n'atteignait pas les donations entre vifs.

II. — Suivant l'opinion commune, la légitime dans le pays de droit écrit était *pars bonorum*.

DROIT COMMERCIAL

I. — La femme mariée ne peut être autorisée par justice à faire le commerce au refus de l'autorisation du mari.

II. — Les sommes dont il a été fait remise par le concordat ne sont pas soumises aux règles sur le rapport des dettes.

DROIT CONSTITUTIONNEL

I. — En matière de lois de finances, le Sénat a les mêmes pouvoirs que la Chambre des députés, sauf la priorité.

II. — Le scrutin uninominal est plus conforme aux principes de la représentation nationale que le scrutin de liste.

DROIT INTERNATIONAL PRIVÉ

Le tribunal français chargé de donner l'*exequatur* à un jugement étranger n'a pas le droit de le reviser quant au fond.

Vu par le Président de la thèse,

A. BOISTEL.

Vu par le doyen,

COLMET DE SANTERRE.

Vu et permis d'imprimer,

Le vice-recteur de l'Académie de Paris,

GRÉARD.

TABLE DES MATIÈRES